VOYAGE
AU
PAYS DES MILLIARDS

PAR

VICTOR TISSOT

SIXIÈME ÉDITION.

Revue et corrigée.

PARIS

E. DENTU, LIBRAIRE-ÉDITEUR,

PALAIS-ROYAL, 17-19, GALERIE D'ORLÉANS.

—

1875

Tous droits réservés.

VOYAGE

AU

PAYS DES MILLIARDS

DU MÊME AUTEUR :

A la Recherche du bonheur (contes et nouvelles), 1 vol. in-18 Michel Lévy, édit., 1872.

Les Beaux-Arts en Suisse, trois brochures, Lausanne, 1869, 1870 et 1872.

Le Congrès de la paix, cinquième représentation, Genève et Paris, 1870.

En préparation :

(Pour faire suite au *Voyage au Pays des milliards*.)

LES PRUSSIENS EN ALLEMAGNE.

La Prusse en Bavière. — Bamberg. — Nuremberg. — Sur le Danube. — Munich. — Les hommes et les choses. — La peinture en Allemagne. — La musique de l'avenir : Richard Wagner. — Le roi Clair-de-Lune. — Dans les Alpes bavaroises. — Le théâtre de Bayreuth. — La Saxe. — Une semaine à Dresde. — Les environs de Berlin. — En pays wende. — M. de Bismarck à Varzin. — De Berlin à Hambourg. — L'émigration allemande. — Le port militaire de Wilhemshaven. — La Westphalie. — L'usine Krupp. — Les Prussiens sur le Rhin. — Strasbourg, Colmar et Mulhouse sous la domination prussienne.

VOYAGE

AU

PAYS DES MILLIARDS

PAR

VICTOR TISSOT

SIXIÈME ÉDITION.

Revue et corrigée.

PARIS

E. DENTU, LIBRAIRE-ÉDITEUR,

PALAIS-ROYAL, 17-19, GALERIE D'ORLÉANS.

1875

Tous droits réservés.

A MON AMI

A. P.

VOYAGE
AU PAYS DES MILLIARDS.

PREMIÈRE PARTIE

L'ALLEMAGNE DU SUD ET L'ALLEMAGNE CENTRALE.

I.

Qui n'a pas vu Berlin n'a pas vu l'Allemagne. — Le défaut de la cuirasse du colosse germanique. — Ulm. — Cathédrale et forteresse. — Le service militaire en Allemagne. — Vie de garnison.

Vous m'avez demandé, mon cher ami, pendant les deux ou trois mois que je vais passer en Allemagne, de vous envoyer quelques notes de voyage ; je n'ose donner le nom d'études à ces simples lettres, que je serai parfois obligé de vous écrire dans la salle d'attente d'une gare ou sur le pont d'un bateau à vapeur. Il faudrait un long séjour, des recherches patientes, et surtout le commerce des hommes spéciaux, pour approfondir des sujets que je n'aurai que le temps d'effleurer. Je laisse donc à d'autres le soin des grands tableaux historiques et politiques ; mes impressions et mes observations seront celles du voyageur et de l'artiste qui passe, armé de sa lorgnette et de son crayon, regardant tout, et écoutant même derrière les portes. Je voudrais, dans une suite de petits croquis, vous faire connaître d'une manière intime cette Allemagne nouvelle, telle qu'elle est sortie, l'épée à la main, du cerveau de M. de Bismarck.

Autrefois, avant nos malheurs et nos défaites, on répétait en France avec les vieux professeurs d'Université en perruque : *Qui non vidit Coloniam non vidit Germaniam*. Qui n'a pas vu Cologne n'a pas vu l'Allemagne. Aujourd'hui le proverbe est bien changé, et l'on peut dire que celui qui ne voit pas Berlin ne voit pas l'Allemagne. Dans ce vaste corps germanique, c'est Berlin qui a usurpé la place de la tête et du cœur : c'est lui qui pense, conçoit, médite, machine, commande, conduit, c'est lui qui ôte et qui donne, qui distribue la justice et la gloire; c'est vers lui qu'affluent la vie et la chaleur de cette Allemagne qui n'est plus celle des légendes naïves, des douces ballades, des rêves gothiques, des saintes cathédrales, mais l'Allemagne du sang et du fer, des canons, de la mitraille et des batailles... Le chevalier Albert Dürer n'est plus arrêté dans la forêt enchantée de la poésie et de l'art, il chevauche sur les grands chemins de l'Europe, armé d'un fusil à aiguille et coiffé d'un casque à pointe.

Les bords du Rhin ne peuvent plus rien nous apprendre, sinon qu'on y élève des forteresses contre la France. Ces belles rives couvertes de pampres et couronnées de vieux châteaux ont encore conservé, il est vrai, l'attrait du pittoresque. Mais est-ce le moment pour nous d'avoir le cœur léger, et de nous livrer à des voyages de plaisir ? « Si nous avions su! » disions-nous après la guerre, pour excuser nos fautes, notre paresse à rester chez nous et à ne nous pas inquiéter de ce qui se fait et se trame ailleurs. Notre ignorance de nos voisins, telle a été, on nous l'a dit assez, une des causes de nos désastres. « Nous

nous sommes, selon la pittoresque expression d'un chroniqueur, trop longtemps complu, comme les fakirs de l'Inde, à nous regarder le nombril dans une muette extase. »

« Si nous avions su ! » Eh bien ! à l'avenir, sachons ! Sachons que les Allemands fouillent nos contrées en tous sens ; qu'ils étudient notre langue, nos mœurs, nos institutions ; qu'ils nous suivent pas à pas, nous épiant partout ; qu'ils connaissent mieux la France que nous ne la connaissons nous-mêmes. Voilà trente ans qu'ils s'appliquent à promener leur loupe sur notre pays. C'est de l'espionnage, si l'on veut, mais de l'espionnage qui ressemble beaucoup à de l'étude. Sachons donc faire chez eux ce qu'ils font chez nous. Le défaut de la cuirasse du colosse germanique n'est pas si difficile à trouver.

Partie pour repousser l'invasion, l'Allemagne s'est laissée emporter par l'esprit de conquête et est revenue dans ses foyers avec une arrière-garde de vices qu'elle ne connaissait pas et un despotisme qu'elle avait brisé par des luttes séculaires. Une fois sortie de sa voie civilisatrice et humaine, elle est rentrée dans ses forêts barbares ; elle n'a plus de loisirs studieux, elle a perdu la tradition de ses anciennes vertus domestiques ; en proie à tous les appétits matériels, elle oublie Dieu, ou le renie, et ne croit plus qu'au triomphe suprême du canon. De peur d'être débordé par la Révolution, le nouvel empire a été forcé de contracter une alliance avec elle.

Voyez les socialistes suivre en Allemagne d'un œil attentif et réjoui la décomposition morale qui commence dans cette atmosphère de matérialisme et d'orgueil. Ils savent bien qu'un jour ils descendront dans l'arène avec leurs gourdins noueux, et que cette arme suffira pour mettre en fuite ceux qui enferment l'âme dans une cellule et le patriotisme dans un viscère.

Les catholiques s'agitent aussi avec passion, ils sont en

lutte ouverte avec le pouvoir. Déjà le sang a coulé : qu'on se rappelle les troubles de Trèves.

A distance, on pourrait encore se tromper sur tant de symptômes alarmants ; mais là-bas, je sais qu'en appliquant l'oreille, on entend les pulsations d'une nation profondément travaillée et mal à l'aise. Serait-ce pour échapper au danger et préparer une habile diversion que les orateurs du Parlement et les journaux officieux de la Prusse entretiennent l'esprit du peuple dans une fièvre belliqueuse, et semblent regretter les milliards oubliés sur les bords du Rhône et de la Garonne ? Des esprits très-sérieux le prétendent, car ce n'est plus que sur le champ de bataille que peut s'accomplir la réconciliation des catholiques avec leurs adversaires.

Nous commencerons notre voyage, si vous le voulez bien, par une pointe dans les États du Sud. Il me semble intéressant, avant de franchir les portes de la capitale impériale, d'interroger ces anciennes provinces qui ont sacrifié leur autonomie et leur liberté à une bouffée de gloire. Le plat de lentilles dure-t-il encore ? Est-on revenu de tant d'illusions et ne regrette-t-on pas un peu le bon vieux temps ?

La tâche me sera d'ailleurs rendue attrayante par les fêtes qui se préparent à Stuttgard, à l'occasion du mariage de la grande-duchesse Véra avec le prince Eugène de Wurtemberg. Il y aura grand bal à la Wihelma, palais d'été du roi ; représentation au Kœnigsbau, donnée par les dames de la cour ; bénédiction nuptiale, en présence du czar, dans la chapelle du château, et grande revue.

Il y a quelques heures, je suis arrivé à Ulm ; et j'en repars, après avoir vu la cathédrale et la citadelle.

La cathédrale d'Ulm, malgré l'abandon dans lequel on la laisse, et les réparations urgentes qu'elle réclame en vain depuis dix ans, n'en est pas moins un des plus beaux monuments de l'art religieux du quatorzième et du quinzième siècle. Après le Dôme de Cologne, c'est la plus grande cathédrale gothique d'Allemagne. On aborde ce chef-d'œuvre par une petite place qu'entourent encore des maisons aux pignons pointus, avec des lucarnes et des fenêtres à losanges, des portes ornées de merveilleuses serrureries. Le moyen âge vous sourirait partout, sans les militaires wurtembergeois, badois et bavarois qui passent d'un pas lourd, et sans les revendeurs de meubles d'occasion qui ont pris la place, dans ces anciennes boutiques à auvent, des marchands de chapelets, de cierges bénits, de médailles et de fleurs. Le soir, les lanternes, étoiles discrètes, ne s'allument plus derrière les étalages : c'est le gaz qui vous brûle les yeux ; et la mélodie des cantiques, se confondant avec la voix des orgues, est remplacée par les couplets obscènes de quelque sergent aviné.

Après avoir admiré et les fresques du portail, et les statues de saints qui veillent encore, sentinelles éternelles, dans leurs niches de pierre, et la grille de fer, plus fine et plus légère qu'une dentelle flamande, j'ai été frapper chez le bedeau, homme épanoui et bien portant, qui vit des étrangers visitant « sa » cathédrale. C'est par sa chambre qu'on pénètre dans l'église. On débouche sous une voûte latérale, et le merveilleux effet d'ensemble de cette forêt de colonnes, de colonnettes, de piliers qui semblent supporter le ciel même, est totalement perdu. En revanche, l'œil peut se promener à l'aise sur d'immenses murailles décorées de vieux trophées enlevés aux Turcs, à Belgrade, et sur d'énormes toiles d'araignées qu'on vous montre, avec un sourire ironique, comme les « étendards de la Prusse. » A gauche, on a découvert d'anciennes fresques : la légende de sainte Catherine ; on n'a rien fait pour les garantir contre l'humidité, et elles disparaissent insensiblement.

Mais je n'en finirais pas, si je voulais vous décrire dans tous leurs détails les trésors de cette cathédrale. Je vous dirai cependant deux mots des verrières qui ont conservé leur couleur éclatante, et donnent à la pauvre église délabrée, veuve de son Saint-Sacrement, de ses lampes d'or, de ses fleurs et de ses parfums, l'aspect d'une reine en haillons, qui n'a gardé de ses anciennes parures que son collier.

Voici d'abord la création : l'Éternel tire le monde du chaos, il crée les arbres, les prairies, les éléments, les animaux et l'homme. Puis c'est la tentation d'Adam et d'Ève dans le paradis terrestre. Le serpent porte une tête de femme. Le déluge submerge la terre ; Noé grimpe dans la cheminée de l'arche et sort une tête impatiente, pour consulter le ciel. Jésus est né : saint Joseph, avec des besicles sur le nez, lit à côté de la crèche, dans un beau livre à tranches dorées. Ces singularités n'ont rien de ridicule et de choquant, elles ajoutent au contraire au charme de ces peintures. Quand, sur une autre verrière, on voit Caïn qui tire en tremblant son chapeau à Dieu le Père apparaissant au milieu d'un nuage, on se dit que c'est là un garnement dont la conscience est bien mauvaise.

La perle artistique de la cathédrale d'Ulm est la chapelle du Saint-Sacrement. On ne peut rien imaginer de plus aérien, de plus hardi, de plus gracieux ; on dirait de la pierre fondue. Figurez-vous un mélange de dentelures, de ciselures, un fouillis d'ornements capricieux, des festons, des aiguilles qui se croisent et s'entre-croisent, des trèfles, des étoiles, des broderies ; une végétation de stalactites travaillée par le ciseau d'un Michel-Ange et guillochée par la main d'un Benvenuto. La description de cet autel, qui n'a son pareil au monde qu'à Nuremberg, à l'église de Saint-Laurence, ne se peut faire. Il faut que la gravure ou la photographie vienne à l'aide de la plume et de la parole. C'est une petite cathédrale dans la grande cathédrale ; c'est une ballade à la fois gaie et pieuse, qui sert d'épigraphe au majestueux poëme gothique. A droite, sur la balustrade de l'escalier, sont couchés huit dormeurs, l'air heureux et tranquille : c'est le sommeil du juste. A gauche, des crocodiles, des lézards, des serpents s'agitent dans des contorsions douloureuses : c'est le sommeil du méchant. Fantaisie charmante qu'on ne se lasse pas d'admirer, tellement sont parlantes et vivantes ces têtes d'hommes et d'animaux! D'autres statuettes, qui ressemblent bien plus à des gnomes qu'à des saints, sont perchées sur des arbres de pierre et vous souhaitent mille félicités. Le tabernacle est non-seulement gardé par des anges, mais par des dragons, des chiens, des ours, au milieu desquels se tient un moine qui les guide et les surveille.

Au pied du tabernacle, un chevalier de grandeur naturelle est à genoux, les mains jointes. C'est le fondateur de la chapelle. On lit cette inscription sur la console :

Anno Dni. MCCLXXXI. iii. Yde. maii.
Johaes Ehinger deus (dictus) Habvast.

La chronique rapporte que ce Ehinger Habvast donna, à sa mort, toute sa fortune à un fabricant de toile, avec obligation d'en employer les intérêts à la construction d'un tabernacle. Telle est l'origine de ce chef-d'œuvre.

Dans le chœur, des richesses à profusion. Les stalles sont ornées des têtes des sept sages de la Grèce, des sibylles de Delphes, de Tibur, de Cumes, etc., des figures des saints et des femmes de la Bible, de celles des apôtres et des vierges martyres ; Cicéron, avec une barbe à la Jules Favre, coiffé d'un bonnet pointu, a la physionomie d'un brigand des Abruzzes. Pythagore joue philosophiquement de la mandoline. Parmi les têtes de femmes, il y a celle de la sibylle de Tibur, qui a la mélancolie rêveuse des vierges allemandes. On la dirait à demi endormie et l'on marche doucement de peur de la réveiller. La tête de sainte Cécile est aussi un miracle de sculpture sur bois. Elle rappelle l'angélique création de Raphaël.

Une des furies qui ornent les stalles est, dit-on, le portrait de la femme du maître-sculpteur. Il se consola de la sorte de ses chagrins domestiques.

Je passe devant la chaire, autre merveille, autre bijou gothique; je passe également sans m'arrêter devant des tableaux qu'envient les musées de Dresde et de Florence, et je monte sur la plate-forme du clocher, ou plutôt de la tour. L'ascension est longue, bien que la flèche, qui devait avoir le double de hauteur de celle de Strasbourg, n'ait pas été commencée. Je sonne pour avertir le veilleur. C'est un petit homme maigre, pâle, qui a des yeux de chauve-souris, qui parle par signes.

D'ici, le panorama est immense, les plaines de la Souabe se déroulent comme une vaste mer jusqu'à l'horizon brumeux. Le Danube, encore enfant, se berce entre ses deux rives vertes. Sur les collines voisines, des retranchements, des fortifications, des forts avancés. Ils datent de 1845 et ont été construits d'après le nouveau système par le général prussien de Prittwitz. Je compte, enveloppant la ville comme un véritable rempart, une quinzaine de casernes aux dimensions colossales : à droite, au bord du Danube, les casernes des Bavarois, toutes neuves, en grès rouge couleur de sang. La garnison actuelle d'Ulm se compose de 30 à 40,000 hommes. Conduit par une pensée douloureuse, mon regard se porte des casernes sur le cimetière, qu'ombragent là-bas quelques arbres au feuillage noir. Je vois d'ici le lambeau de champ mortuaire réservé aux prisonniers français. Combien sont morts dans les baraquements d'Ulm, sans consolations, au milieu des neiges! Les mères seules le savent. Quelque chose doit cependant adoucir leur douleur : les chers morts n'ont pas été indignement jetés à la voirie; des mains pieuses ont semé quelques fleurs sur leurs tombes, et la croix qui les orne fait de cette terre étrangère une terre française.

Le soir approche, redescendons de la tour et montons en hâte à la citadelle. Pourrons-nous y entrer? Les personnes que j'ai interrogées m'ont répondu non; mais c'est l'heure où les officiers se promènent sur le perron de la gare, attendant l'arrivée des trains pour passer les voyageuses en revue; nous avons chance de trouver un caporal complaisant.

Je débouche d'un chemin que borde une haute haie, et me trouve en face du pont-levis. Je hèle la sentinelle. Elle s'approche. « Voulez-vous me permettre d'entrer? — Passez au corps de garde! » J'entre dans une salle qui sent mauvais; quelques soldats sont couchés sur des paillasses crasseuses; d'autres, attablés près de la fenêtre, boivent, fument et jouent aux cartes. Je répète ma demande. Un jeune sergent m'examine deux minutes, sans mot dire, puis, s'adressant à un de ses hommes: « Accompagnez monsieur. »

Nous visitons d'abord l'intérieur de la citadelle, nous parcourons de longs et sombres couloirs dont les murs n'ont pas moins de dix mètres d'épaisseur; de distance en distance s'ouvre une meurtrière habilement ménagée pour mettre le tireur à l'abri. Les casemates ont des proportions babyloniennes. Nous traversons une vaste cour: des obus sont entassés en pyramides, des canons s'allongent paresseusement sur leurs affûts.

Mon guide, conscrit de l'année dernière, aime à causer.

— Si je n'avais pas été si pressé, je tirais un bon numéro et j'étais quitte...

— Comment! la conscription par tirage au sort existe encore chez vous? Voilà une chose dont on ne se doute pas en France.

— Mais, monsieur, elle a toujours existé en Prusse, depuis que Frédéric II remplaça l'armée de mercenaires par l'armée nationale. Ceux qui tirent un bon numéro ne peuvent être incorporés que dans la landsturm; quant aux autres, ils doivent bon gré mal gré faire leurs cinq ans. Seulement, le rachat, tel que vous l'aviez en France, n'a jamais été admis.

— Les conscrits restent-ils trois ans en service actif?

— Non; cela coûterait trop cher. Il n'y a qu'un tiers du contingent annuel sous les drapeaux. Le contingent est fixé chaque année par le gouvernement, selon les ressources du budget, les besoins momentanés de l'État, et le nombre d'engagés volontaires. En général, on accorde un congé à ceux qui, au bout de la première année, ont montré du zèle et de la bonne conduite. Il suffit qu'on ait des cadres capables; le reste va tout seul [1].

A ce moment, des hommes de corvée passèrent, chargés de grands sacs; un de ces sacs s'ouvrit et une demi-douzaine de pains roulèrent à terre.

— C'est votre pain de forteresse? dis-je.

— Ah! oui, il est noir comme du charbon. En France, le pain du soldat est du bon pain; nous ne sommes pas gâtés sous le rapport de la nourriture, et si nous ne pouvions pas de temps en temps nous payer une cruche de bière et un plat de choucroute, nous serions bien malheureux. Le matin, on nous donne une espèce d'eau grisâtre qu'on appelle du café; à midi, une soupe, du bœuf

---

[1] L'armée allemande, sur le pied normal, compte 17,033 officiers, 48,073 sous-officiers, 13,305 musiciens et tambours, 328,715 caporaux et soldats, 3,127 infirmiers, 9,396 ouvriers, 1,679 médecins, 601 maîtres payeurs, 604 vétérinaires, 587 armuriers, 93 selliers et 96,152 chevaux. Le pied de paix a été fixé à 401,659 hommes, mais en cas de guerre l'Allemagne peut mettre aujourd'hui en ligne, en comptant la landsturm, environ deux millions d'hommes. On sait que l'armée allemande est composée de 18 corps. La Bavière en fournit 2, la Saxe et le Wurtemberg chacun 1, la Prusse et les autres États 14.

ou du lard ; le soir une soupe à la farine. Et avec cela, levés à cinq heures et manœuvrant jusqu'à la nuit.

Nous étions arrivés près d'un échafaudage qui conduisait sur le couronnement même de la citadelle, où s'exécutaient divers travaux. Mon conscrit voulut me faire monter, mais il comptait sans une sentinelle qui fit le geste de nous coucher en joue, si nous avancions d'un pas.

Ces arguments-là sont sans réplique. Nous revînmes à notre point de départ, en traversant encore des cours encombrées d'obus et de canons, comme à la veille d'une nouvelle guerre.

Les recrues d'Ulm sont particulièrement exercées au tir et à la gymnastique. Deux heures chaque jour on leur fait viser des mannequins qui ont une ressemblance frappante avec la silhouette des zouaves et des turcos. Les maîtres de tir sont tous, de même que les officiers supérieurs, d'origine prussienne ; ils sortent de l'école de tir de Spandau, près de Berlin.

Les exercices quotidiens de gymnastique et d'escrime se font sous la surveillance d'un officier qui a passé au moins un an à l'école centrale de gymnastique à Berlin.

On les exerce souvent aussi à des simulacres de guerre. Dernièrement, les conscrits bavarois s'emparaient par surprise de la gare d'Ulm, faisaient les employés prisonniers, tandis que les « bataillons de chemins de fer » confisquaient le matériel et organisaient le service comme en pays ennemi. Quelques jours auparavant, les mêmes soldats s'étaient « exercés » à réquisitionner un village comme des carabins s'exercent à amputer une jambe. Mais pendant qu'ils mettaient les paysans à la porte de leurs propres demeures, le corps ennemi, « les Français, » arrivait et les obligeait à déguerpir par le plus court.

— Nous avons laissé aux Français l'honneur de nous battre ; il faut bien supposer que nous serons aussi une fois rossés, ajouta, — mais d'un air peu convaincu, je dois le dire, — le conscrit, en me souhaitant bon voyage.

Ulm était autrefois une forteresse fédérale de premier rang. Les tacticiens allemands prétendent qu'une armée de 200,000 hommes serait impuissante à l'assiéger. La citadelle ou le fort principal dont nous venons de sortir s'appelle le *Wilhelmsburg*. Il couronne le mont Michel, et commande, d'un côté, la plaine jusqu'au bord du lac de Constance, et de l'autre, il balaye le plateau qui conduit à Stuttgard. Six mille soldats manœuvrent à l'aise dans le Wilhelmsburg. Il est question de transférer à Ulm les établissements militaires, les fonderies, les fabriques de poudre de la Bavière, et de lancer en même temps sur les eaux du lac de Constance, à la barbe des fils de Guillaume Tell une flottille cuirassée dans le genre de celle qui manœuvre déjà sur le Rhin. Ulm, Rastadt, Ingolstadt, Germersheim forment la première ligne de défense de l'Allemagne, de ce côté. En déployant la nouvelle carte de l'empire, on remarque que les plus importantes gares de chemins de fer, l'embouchure des fleuves et les ports de mer sont tous protégés par des forteresses. Ulm défend l'entrée du Danube comme Strasbourg défend l'entrée du Rhin, Metz l'entrée de la Moselle. Ulm est une barrière contre l'Autriche, c'est aussi une barrière contre laquelle une armée française traversant la Suisse peut venir se briser.

La vie de garnison est passablement monotone à Ulm. Les officiers ne fréquentent que le restaurant de la gare, une ou deux brasseries, et leur cercle, où ils peuvent lire les revues militaires qui se publient dans le monde entier. Le cercle des officiers reçoit deux cent cinquante journaux, parmi lesquels se trouvent bon nombre de feuilles françaises, russes et italiennes. Ce ne sont pas les moins lues.

Avant la guerre, il était rare qu'un officier eût une maîtresse attitrée. La solde étant aujourd'hui meilleure, l'esprit de famille en décadence, l'élément féminin joue son rôle dans la vie des officiers et des chefs supérieurs ; l'antique vertu allemande se voile la face, mais un peu à la manière de ces femmes qui ne s'abritent derrière leur éventail que pour mieux voir à travers.

Il faut six mois de frottement aux conscrits qui arrivent de la campagne pour se dégrossir. Jusqu'alors ils sont d'une grossièreté sauvage. On a dû faire mettre deux boutons sur les manches de leurs capotes pour les empêcher de s'en servir au lieu et place de mouchoir ! il est rare aussi que, le dimanche, il n'y ait pas de rixes sanglantes. Ce jour-là, on défend aux soldats de porter leur sabre. Autrefois, Ulm était le théâtre de véritables batailles : trois, quatre cents Bavarois assaillaient dans la rue les conscrits wurtembergeois, qui étaient souvent obligés de se réfugier en toute hâte derrière les murs de leur forteresse. L'antagonisme existe encore, mais le caporal prussien est là, la cravache haute, comme Bidel dans sa cage.

II.

Encore la forteresse. — L'alpe-Rude. — Vieilles ruines et vieilles chansons. — Le Wurtemberg. — La Vallée du Neckar. — Les chasseurs d'hommes.

En sortant d'Ulm, le chemin de fer passe sous la citadelle, élevée à l'endroit même où, le 20 octobre 1805, 30,000 Allemands se rendirent sans conditions au général Bernadotte, et furent emmenés prisonniers en France, — seul souvenir historique qui puisse adoucir pour nous la honte de la capitulation de Metz ! La voix ferrée traverse une série considérable de fossés et de retranchements. Comme Mayence, Strasbourg, Magdebourg, Ulm a pris un très-grand développement militaire depuis quatre ans. Les fortifications, pour lesquelles on a déjà employé 4 millions de thalers de l'indemnité de guerre, ont été complétées et agrandies par la construction de six forts détachés, qui rendent la place presque imprenable.

Le ciel s'est rembruni depuis une heure ; quand nous arrivons, traînés par deux puissantes locomotives, au sommet de la *Rauhe-Alp*, l'Alpe-Rude, à 916 mètres au-dessus de la mer, nous sommes assaillis par une rafale de neige. Autour de nous s'ouvrent des précipices sans fond et se dressent des sapins gigantesques, enveloppés dans leur manteau blanc, comme les fils de l'hiver. Mais voici Geislingen, célèbre par ses filatures. Celle de M. Staub renferme aujourd'hui 28,000 broches et 550 métiers à tisser. C'est une véritable cité ouvrière, avec une église, des écoles pour les deux sexes, des salles de récréation, de lecture, une bibliothèque, un théâtre, une maison de bains, une caisse d'épargne, etc. Les ouvriers sont logés dans de confortables petites maisons, entourées d'un jardin planté d'arbres, où les enfants peuvent jouer sous l'œil maternel. Le jury de l'Exposition universelle de Paris a décerné à M. Staub un prix de 10,000 francs et la grande médaille d'or.

Après Geislingen, c'est Gœppingen, berceau de la maison de Hohenstauffen. On continue de descendre; le paysage est sévère, encadré de hautes montagnes couvertes de neiges. A Esslingen, des lions de pierre gardent l'entrée de la ville, dont les remparts, encore intacts, datent de 1216; M. de Thou, qui s'y arrêta en 1579, écrivait que c'est « un lieu renommé pour la fabrique de l'artillerie et l'abondance de ses vins. » On ne fabrique plus de canons dans la vieille cité guerrière, mais on y fabrique une espèce de champagne qui continue avantageusement l'œuvre destructive de l'ancienne artillerie.

Le pays qui nous entoure est des plus pittoresques. Partout des parois de roches d'où jaillissent des cascades; sur la crête des montagnes, à l'entrée des vallées, l'œil découvre des châteaux en ruines, des pans de murs que le lierre protége contre l'assaut du temps. Primitivement, ces châteaux furent la demeure de chevaliers pillards et brigands du genre de ceux qui rançonnaient les voyageurs sur le Rhin. Le plus sauvage d'entre eux, Eberard de Wurtemberg, prit cette devise : « Ami de Dieu, ennemi de tous. »

Ces petits seigneurs affectaient de se donner des noms d'animaux, soit pour se faire mieux redouter, soit par amour des forêts, des montagnes, et des fauves qu'ils y chassaient. Ainsi nous trouvons dans l'histoire, à cette époque, Albert l'Ours, Henri le Lion, Erhard le Loup, etc.

Sous le règne de Frédéric II le Glorieux, un de ces

chevaliers, surnommé à bon droit le chevalier Mange-Pays, fut mis au ban de l'empire. Il quitta son château des bords du Neckar à la faveur des ténèbres, et l'on n'entendit plus parler de lui.

Un jour, après une bataille livrée aux musulmans, Frédéric, frappé des prodiges de valeur d'un de ses cavaliers portant une armure noire et tenant toujours sa visière baissée, le fit appeler et le pria de se découvrir pour recevoir la récompense qu'il méritait. Le mystérieux guerrier obéit et montra en souriant, aux seigneurs allemands assemblés, la redoutable figure du chevalier Mange-Pays. Frédéric, touché de sa belle conduite et de son repentir, lui pardonna.

Autres traits de ces seigneurs souabes, qui ont joué un si grand rôle sur la scène que nous parcourons :

Le baron de Krenking, à Teng, sur le lac de Constance, simple chevalier et propriétaire d'une terre, reçut le grand empereur Barberousse comme son égal. Il resta assis et couvert devant cette majesté qui portait la boule du monde dans sa main. « Excusez-moi, dit-il, de ne pas me tenir debout : je suis ici dans mon aire, maître comme vous dans la vôtre ; je ne suis vassal de personne ; je ne dois mon alleu qu'à la bonté du Dieu éternel et du soleil allemand. Je vous honore, du reste, comme l'empereur de l'empire. »

Une autre fois c'est Henri le Lion qui fait le pari d'effrayer le terrible Thelde de Wallmode. Henri s'approche du géant par derrière et le mord au poignet. Mais celui-ci, sans s'émouvoir, se retourne et applique à Henri un soufflet qui l'étend à terre. Alors éclatant de rire, il s'écrie : « Eh ! lion, tu n'es donc qu'un chien ? »

Aux sauvages cris de guerre, succédèrent bientôt dans ces orgueilleux manoirs les chants pieux et doux des Minnesænger. La Souabe est leur poétique berceau. Ce fut la colombe soupirant dans le nid de l'aigle. Ces cœurs de rudes chevaliers, qui ne battaient que dans la mêlée sanglante, s'attendrirent à la vue de la femme affranchie par le christianisme, et qui leur apparaissait avec la céleste auréole des vierges du moyen âge. L'amour devint pour ces hommes de fer et de sang un sentiment héroïque et religieux que les Minnesænger célèbrent dans des vers immortels. Cette poésie des troubadours souabes est encore fraîche et jeune comme le jour où elle naquit à l'ombre des tourelles gothiques. Son soleil n'a point pâli, ses fleurs ont conservé leur éclat et leur parfum, ses sources leur limpidité et leurs murmures, ses forêts leurs mystères, ses clairs de lune caressent encore des ombres de femmes blanches et vaporeuses comme des visions.

Y a-t-il dans la littérature du moyen âge beaucoup de noëls plus gracieux que celui de Jean Tauler ?

« Voyez, chante-t-il, arriver ce navire chargé jusqu'au bord ; il porte le fils de Dieu avec sa grâce et sa puissance ; il porte aussi le Verbe éternel de Dieu le Père. Le navire approche doucement. Sa voile, c'est l'amour ; son mât c'est le Saint-Esprit. Enfin le navire de Dieu jette l'ancre. Le Verbe de Dieu devient homme pour nous. Le Fils divin nous est envoyé... Et si, comme vassal de Dieu le Père, vous voulez participer à l'éternité, vous devez d'abord souffrir, vous crucifier, puis mourir. »

Tel était le langage de ces naïfs troubadours souabes que Uhland, Geibel et toute la pléiade romantique ont si maladroitement imités, à part Uhland peut-être, qui, dans certaines de ses ballades, a su retrouver cette grâce sans apprêt des Minnesænger, ses compatriotes. Uhland est mort il y a dix ans, à Tubingue, mais ce ne sont point les plus belles dames de la ville qui l'ont porté en terre, comme celles de Cologne portèrent le poëte Frauenlob au treizième siècle. Sa tombe n'a pas été non plus, comme celle du Minnesænger, arrosée de vin parfumé ; il n'y est tombé que deux ou trois discours de professeurs d'Université, bien lourds et bien secs.

De toutes les provinces germaniques, la Souabe fut celle où la chevalerie poussa les racines les plus profondes. Au dix-septième et au dix-huitième siècle, il existait encore une quantité de villages et de domaines seigneuriaux, d'évêchés, d'abbayes, de bailliages. Le pays était uniquement gouverné par la noblesse. C'est à Napoléon que le peuple doit son affranchissement.

Nous avons quitté les régions désolées de l'Alpe-Rude pour descendre dans la vallée du Neckar. Ici tout est fertile et riant. De gentils moulins babillent avec l'onde claire des ruisseaux. Les arbres fruitiers couverts d'une neige de fleurs remplacent les sombres sapins ; la vigne, plantée par les légionnaires romains, tapisse les coteaux ; des villages s'encadrent dans le frais paysage, de blanches villas couronnent les hauteurs. Qui se douterait que, dans cette belle et riche vallée, il se forma, en 1619, pendant les guerres de religion, des associations d'anthropophages, qui donnaient la chasse à l'homme pour le tuer et le manger ?

III.

Stuttgard. — Café des dames. — Le roi et la reine. — Le Château-Vieux. — Un menu wurtembergeois. — Le fils de Schiller.

C'est une ville à la physionomie heureuse et gaie que la capitale du Wurtemberg. Tout autour, des collines que le pampre décore ; un splendide horizon de verdure ; des jardins publics avec plus de fleurs que de militaires et de bonnes d'enfants ; de beaux édifices ; beaucoup d'écoles excellentes ; des rues larges, pleines d'air et de soleil ; un vieux château encore endormi dans le passé ; des maisons gothiques qui ne semblent pas se douter que les anciens fossés sont comblés et les remparts abattus ; une population ouverte, bruyante, peut-être un peu trop amie du plaisir et de la bonne chère ; un souverain qui règne et ne gouverne pas, voilà Stuttgard, et voilà ce qui rend le séjour de cette ville si agréable aux étrangers. Il y a en ce moment dans les nouveaux quartiers 3,000 Américains et 2,000 Anglais. C'est la retraite du sage. On y vit tranquille, loin de la politique, loin de l'arsenal et de la caserne. Tous les cultes y ont leur église ouverte ; si ce n'est pas encore le pays de la liberté, c'est celui de la tolérance.

Essentiellement conservateur, se défiant des innovations comme des révolutions, le peuple wurtembergeois s'est peint d'un trait en 1848. La populace, ameutée devant le château, demandait l'abdication du roi. Guillaume ne se fit pas prier ; il prit son chapeau, sa canne et son parapluie et descendit dans la cour. « Vous ne voulez plus de moi, dit-il au peuple ; eh bien ! pas tant de vacarme, je m'en vais de ce pas. » Il se rendit à Ludwisbourg, où les ambassadeurs, la noblesse et les étrangers ne tardèrent pas à le rejoindre.

Au bout de quinze jours, les bons Stuttgardois, qui avaient chassé leur souverain, lui envoyaient une députation pour le supplier de revenir, « attendu que la capitale était déserte, que le commerce n'allait plus, que tout le monde se trouvait dans la gêne ou la misère. » Guillaume rentra à son château au milieu de la joie universelle ; ceux qui avaient voulu le lapider lui élevèrent des arcs de triomphe.

— Que n'avons-nous quelques-uns de vos défauts ? me disait hier, en parlant de cette sagesse populaire, un Souabe, joufflu comme Éole et ventru comme Bacchus.

— Oui, la légèreté ! lui répondis-je en riant.

Le rêve de tout Wurtembergeois n'est pas de devenir caporal, mais aubergiste. Le roi actuel, propriétaire de deux restaurants et d'un café[1], est lui-même le premier restaurateur de son royaume.

Avoir un débit de vin ou de bière, un restaurant, une auberge ou un hôtel, un lieu où l'on donne à boire ou à manger, c'est, ici, avoir la considération et la fortune. Le maître d'hôtel chez qui je loge est conseiller d'État et décoré de plusieurs ordres. C'est l'homme le plus influent de la capitale : il fait crédit aux princes, il relève les ducs qui titubent et nourrit les généraux.

Si la valeur guerrière des Souabes ne brille plus aujourd'hui de son ancien éclat, leur réputation de premiers mangeurs de l'empire est restée intacte. Leur appétit n'est pas seulement remarquable, il est effrayant. Ils ne

---

[1] Le restaurant Marcquardt, en face du château, et le restaurant et le café Riesig, sous les arcades du *Kœnigsbau* (construction du roi).

mangent pas, ils engouffrent. « Les Allemands, a déjà dit Montaigne, boivent et mangent quasi également de tout avecque plaisir ; leur fin c'est l'avaller, plus que le gouster. »

Entrez dans un restaurant ou dans une brasserie à n'importe quelle heure de la journée, vous rencontrez des gens attablés devant des montagnes de purée, derrière des remparts de choucroute hérissés de saucisses longues comme de petits canons. Ils boivent la sauce des plats en se pourléchant voluptueusement les lèvres. Ils garnissent leur bœuf de confitures, et croiraient manquer à l'honneur s'ils ne mangeaient pas une galette et une crème à leur dessert. Après quoi ils prennent du café au lait avec des gâteaux, le pousse-café, kummel ou kirsch, puis trois ou quatre chopes de bière de Munich. Quatre heures sonnent, et il est de bon ton de demander de nouveau du café. Ils avaleraient la Jamaïque si elle était à leur portée.

Les dames ont droit de cité dans les établissements publics. Elles se donnent rendez-vous au café comme les hommes ; et, de même que ceux-ci y font leur correspondance, elles s'y livrent aux travaux de leur sexe, confectionnent des rideaux, des chemises et autres objets de toilette intime, tout en suçant une côtelette ou en savourant un bol de café au lait aux dimensions de chaudière. Dans la plupart des cafés de Stuttgard, vous lisez, en français, sur la porte d'une salle réservée :

CAFÉ DES DAMES.

Elles sont là, chaque après-midi, réunies au nombre de vingt, trente ou quarante. Un jour c'est la *frau ministerialrathin* K... (Mme la conseillère ministérielle K...) avec sa fille *fraulein ministerialrathin Zenobie* (Mlle la conseillère ministérielle Zénobie), qui fait les honneurs de la table ; une autre fois, c'est la *frau hofapothekerin* (Mme l'apothicaire de la cour [1]) qui a lancé les invitations. Je vous laisse à penser tout ce qui se débite sur le dos du prochain dans ces réunions appelées *couronnes*, en allemand *Krantz*, probablement parce qu'on y tresse des guirlandes de cancans.

Pendant que les dames, la plupart du temps en grande toilette, mangent et boivent, les messieurs fument leur cigare dans une salle voisine en vidant forces chopes et carafons.

Le moyen, je vous le demande, à un peuple qui digère si bien d'être méchant ! Il a essayé de résister aux empiétements de la Prusse pendant un an ou deux ; mais aujourd'hui, fatigué de son effort, il est retourné à sa bière et à ses jambons, ne s'inquiétant pas plus de M. de Bismarck que du roi Charles.

Il n'existe peut-être pas de monarchie au monde où le souverain ait moins de prestige. Autant le feu roi Guillaume exerçait d'influence dans l'Allemagne du Sud, autant il savait faire respecter ses volontés, autant le roi actuel est sans force. Son esprit flottant, irrésolu, en a toujours fait un instrument docile dans les mains des courtisans. Il passe la plus grande partie de sa journée à croquer des bonbons et à tambouriner aux fenêtres. Il est féroce sur l'étiquette et règle lui-même la toilette des dames de la cour. Chaque matin, il descend pour voir si l'on cire bien les souliers et il met lui-même son vin en bouteilles. On l'a surnommé Charles le Téméraire, parce que, en 1866, on ne put jamais le décider à accompagner ses soldats contre les Prussiens. Quand il doit monter à cheval, on a soin de fatiguer toute la nuit le coursier destiné à le porter. Sa figure est vulgaire ; sa taille est petite. A voir la façon ennuyée dont il se promène avec son

---

[1] La hiérarchie est poussée aux dernières limites. Il y a à Stuttgard une *Hofabtrittlererin* (madame la vidangeuse de la cour.)

fidèle Spitzenberg [1], l'agent de confiance de la Prusse, on dirait qu'il n'attend que le bon plaisir de M. de Bismarck pour mettre une housse sur son trône et s'en aller pêcher à la ligne sur une rive inconnue. Tout ce qui touche à la politique ne l'intéresse pas. Il étudiera l'effet d'une cravate, d'un ruban, mais rarement une question de diplomatie. Un de ses plus grands passe-temps est de changer la coupe de sa barbe. Tantôt il la porte longue comme le législateur des Hébreux, tantôt courte ; quelquefois il se fait entièrement raser. Cette innocente manie ne manque pas d'être coûteuse à ses courtisans et aux fournisseurs de la cour, obligés d'avoir des portraits de rechange de Sa Majesté, selon l'aspect que présente sa figure.

La reine s'appelle Olga, et dans leurs moments de gaieté les Wurtembergeois appellent leur souverain *Olgus*. La reine, fille de l'empereur de Russie, a des qualités de race : elle est chevaleresque, distinguée, belle, spirituelle. Elle est « le roi. » Elle laisse son mari remplir consciencieusement son rôle de majordome du palais, surveiller la domesticité, passer en revue les provisions, décréter des toilettes, tandis qu'elle lit les rapports des ministres, donne des ordres, et essaye de maintenir sa barque loin du maëlstrom prussien. Elle a fort à lutter ; le roi l'entrave plus qu'il ne l'aide dans cette pénible manœuvre.

C'est en Italie que Charles de Wurtemberg a fait la connaissance de la princesse Olga. Le mariage eut lieu à Palerme. On raconte que la colonie allemande de cette ville planta, en commémoration de cette union, deux orangers dont on envoie les fruits chaque année à la reine.

Le château royal, triste et morose sous ses rubans et

[1] *Spitzenberg* est la traduction allemande de Montégut. Il y a, en Wurtemberg, quantité d'anciennes familles françaises qui sont venues s'établir après l'édit de Nantes. Ce sont elles qui se montrent aujourd'hui les plus dévouées à la Prusse.

ses guirlandes de pierre, reflète l'esprit de celui qui l'habite. Trois sentinelles se promènent en bâillant, et des laquais en livrée rouge et bleue sont paisiblement assoupis sur les bancs du péristyle. Le palais de *la Belle au bois dormant* n'était pas plus silencieux. Et cependant on est à la veille d'y célébrer un beau mariage, d'y contracter une grande alliance ; mais rien de cette joie ne transpire ; il n'y a pas une fleur au portail, un sourire aux fenêtres, un drapeau au toit. C'est une fête chez les ombres.

Ce château, si vivant naguère, si brillant et si joyeux alors que le souverain se sentait le seul maître de son royaume, que sa puissance était sans partage, qu'il n'était ni le vassal de la Prusse, ni le sous-préfet de M. de Bismarck, — ce château a été bâti en 1744, d'après les plans des architectes français Léger, Pierre-Louis-Philippe de la Guêpière et Thouret. Le duc Frédéric fut si heureux de recevoir de Napoléon le titre de roi, qu'il fit immédiatement coiffer le pavillon central d'une immense couronne dorée. On sait que ce monarque devint tellement gros, qu'on fut obligé de pratiquer une échancrure aux tables auxquelles il s'asseyait pour manger. « S. M. le roi de Wurtemberg, disait l'empereur, arrive toujours à Paris *ventre à terre.* »

En face du château, au milieu du jardin, où la musique militaire joue chaque jour à midi, s'élève une haute colonne de granit, surmontée d'une statue de la Victoire que l'ancien roi appelait la statue de la *Concorde*.

Nous passons, sans nous arrêter, devant le Kœnigsbau, dont la colonnade se déploie au bout de la place comme celle d'un temple grec. C'est là que se trouvent la Bourse et cette suite de magasins qui sont les plus clairs revenus du roi.

Entrons dans la cour du Château-Vieux, l'ancien *Castellum Stuttgard^ten*, la citadelle, l'aire de l'aigle. De là sont sortis ces comtes de Wurtemberg qui ont fait, à la pointe de leur épée, leur trouée au milieu de cette cohue de princes, de ducs, de seigneurs qui s'agitaient en Allemagne. Hommes énergiques et tenaces, descendants de la fière famille des Guelfes, ces comtes souabes avaient pour eux tout ce qui assure le succès. Ils s'agrandirent au moyen de l'or et du fer. Aux croisades, les chroniqueurs nous les montrent entourés de leurs soldats « qui ressemblaient à des géants. » Ce sont eux qui ouvrent la bataille par des provocations et des chants ; ils montent les premiers à l'assaut et réclament l'honneur de forcer les passages périlleux. Ils portaient, dit-on, empalés dans leur lance, une demi-douzaine de cadavres ennemis, et fendaient en deux, de haut en bas, les cavaliers arabes. De là ce proverbe : « Le Souabe fait deux Arabes d'un seul. »

Je ne vous décrirai ni la cour du Château-Vieux, formée de trois étages d'arcades finement découpées, ni la salle de tournois, ni l'escalier en colimaçon dans lequel on monte à cheval, ni la statue du comte Eberhard le Barbu, reléguée ici par le roi actuel, et qui ornait précédemment la place de la Résidence. En 1511, à l'occasion du mariage du duc Ulric avec une princesse bavaroise, sept mille invités trouvèrent place dans ce vaste édifice. On réquisitionna, pour servir tout ce monde, huit cents des plus beaux jeunes gens et des plus belles jeunes filles du pays, qu'on habilla de drap rouge et jaune. Le menu de ces noces de Gamache est enregistré par les historiens wurtembergeois eux-mêmes, avec l'orgueil d'un bulletin de victoire ; on mangea 136 bœufs, 1,800 veaux, 570 chapons, 1,200 poules, 2,759 grives, 11 tonnes de saumons, 90 tonnes de harengs, 120 livres de clous de girofle, 40 livres de safran, 200,000 œufs et 3,000 sacs de farine. Il fallut 15,000 tonneaux de vin pour étancher la soif de ces robustes buveurs.

Les cuisines royales se trouvent encore au rez-de-chaussée, à l'angle gauche de l'ancien manoir. Au coup de midi, on voit sortir, comme d'une trappe d'Opéra, un long convoi de laquais en culottes courtes et en souliers plats, portant d'énormes civières bleu de ciel, qui renferment, sous leur triple cadenas, le dîner de Leurs Majestés. Cette singulière procession traverse la voie publique pour se rendre au palais du roi.

Il y a peu de pays qui aient fourni autant d'hommes distingués que la Souabe. Nous avons vu hier, en passant, la maison paternelle du grand Hégel, et le buste qui décore l'entrée de la rue d'Uhland. On sait que Schelling est de Leonberg, Kepler de Weil-la-Ville, restée exclusivement catholique au milieu des communes protestantes; Schawb, Morike, deux des poëtes lyriques les plus célèbres de l'Allemagne, sont également Wurtembergeois. Haclænder, l'Alexandre Dumas allemand, est de Stuttgard.

En sortant de la cour du Château-Vieux, on a devant soi la cathédrale et la statue de Schiller, œuvre du célèbre sculpteur danois Thorwaldsen. Le poëte de la *Cloche* a vu le jour dans un pauvre petit village, Marbach, à quelques lieues de la capitale. Sa maison est aujourd'hui un musée national. On a poussé les choses un peu loin, et certainement cette collection de vieilles culottes rapiécées, de bas de laines troués, de sandales racornies, n'ajoute rien à la gloire de l'auteur de *Don Carlos*. C'est abaisser le génie que de nous le montrer sous ses côtés vulgaires. Le propre fils de Schiller vivait encore il y a quelques années; il était simple garde forestier. On montre, sur les hauteurs qui avoisinent Stuttgard, le chêne sous lequel le poëte, âgé de vingt ans, lut à un groupe d'amis son drame des *Brigands*, dont la représentation le fit exiler par le duc Charles. Thorwaldsen a donné à l'émule de Goethe cette expression triste et pensive qui est si bien le résumé de sa vie, si pleine d'agitations et de tourments.

Mais nous sommes attendus au *Burger Museum*; l'heure s'avance : les petits garçons de sept à douze ans reviennent déjà de l'école, avec leurs sacs militaires et leurs casques à pointe dorée ; ils passent à côté de nous en courant et en conjuguant en français, s'il vous plaît, le verbe *courir*, joignant la démonstration à la règle. Rendons aux Allemands cette justice : leur premier soin est d'apprendre les langues. Il est rare de rencontrer ici un jeune homme qui ne sache pas le français, l'anglais et l'italien. Dans les gares, à la poste, dans les bureaux d'administration, partout l'on parle français. Il se donne chaque hiver, à Stuttgard, des cours publics de littérature française, fréquentés par trois à quatre cents personnes. J'ai entendu, à table d'hôte, des officiers converser de préférence en français ; il est vrai qu'ils buvaient du champagne. A la cour, bien que le roi pense maintenant en prussien, on parle français, et les grandes faiseuses de Paris y ont conservé leur clientèle.

IV.

Le *Burger Museum*. — Son jardin d'été. — Comment on se marie dans l'Allemagne du Sud. — M. Karl Mayer. — Le Sud lors de la déclaration de guerre. — Les écoles. — Villages français.

Le *Burger Museum* (Musée des Bourgeois) est au centre de la ville. C'est un beau bâtiment, confortable, bâti d'après un plan qui correspond parfaitement au but de l'édifice. Il y a de grands salons pour les bals et les réunions artistiques et littéraires, de vastes salles de lecture, une salle de billard, des salles plus petites pour la causerie. En Allemagne, *Museum* est synonyme de club, de cercle. On y trouve tous les monuments de la littérature française et étrangère, la collection complète des grands journaux, et la plupart des revues qui se publient sur les deux continents. En entrant au *Museum*, le Parisien sait ce qui se se passe sur le boulevard et dans les coulisses de l'Opéra, l'Anglais est au courant des événements de la Cité, le Russe se retrouve à Saint-Pétersbourg sans quitter son fauteuil, l'Américain traverse les mers avec la rapidité de la pensée. On fait le tour du monde en quatre-vingts minutes. Et tout ce qui peut faciliter le voyage, le rendre utile, intéressant, est à votre portée : cartes générales et spéciales, atlas, mappemondes, dictionnaires, livres de « références, » etc. Comme organisation pratique, c'est admirable. Une salle est réservée aux publications nouvelles ; dès le lendemain de son apparition, on trouve là le roman ou la brochure qu'on lit à Berlin, à Paris ou à Londres.

La cotisation annuelle du *Burger Museum* est de cent francs. Chacun a la faculté de devenir membre propriétaire. Les étrangers y sont admis gratuitement pendant un mois, sur la simple présentation d'un des membres.

Le Museum possède une villa d'été, aux portes de la ville, où l'on conduit sa famille et ses amis.

Nous y sommes allés cette après-midi, entre deux rayons de soleil. Partout des bosquets, des berceaux de verdure, des cascades, des ponts rustiques : une véritable Suisse de couvercle de tabatière. Des enfants jouaient dans les allées fleuries ; leurs mères, assises devant la traditionnelle tasse de café au lait, travaillaient à des tapisseries à ou des tricots. Chaque dimanche, il y a concert sur la grande terrasse, et le soir, on danse dans le salon, sans apprêts, en toilette simple, comme l'on est venu. Ces réunions sont charmantes et deviennent un bureau de placement pour les mères embarrassées de trop de filles. Un minois vous plaît-il ? Vous vous en approchez et lui proposez une valse. Cela sans présentation, à la bonne franquette. On se revoit les dimanches suivants, on valse de nouveau, on se lie avec les frères, les sœurs, les parents, et un beau jour Dorothée déclare qu'elle aime Hermann, et le roman finit comme les romans du *Musée des familles*. Le mariage est resté ici une affaire de cœur. Les parents ne sont consultés qu'en dernier ressort. En général, les jeunes filles n'ont pas de dot. Aussi, elles réclament dans le ménage leur part de travail ; elles sont une associée. Leur éducation est dirigée dans ce sens : on m'a cité des jeunes filles de parents fort riches, qui passent une ou deux heures par jour dans la cuisine d'un hôtel, pour apprendre à cuire. Une ou deux fois par semaine, ces mêmes jeunes filles vont travailler dans une école de couture. Leur toilette et celle des enfants se confectionnent par leurs soins, à la maison. La machine à coudre tient souvent la place d'honneur dans les salons.

En nous promenant dans le jardin d'été du *Burger Museum* nous avons rencontré sous une tonnelle, que le lilas décorait de ses grappes aristocratiques, le célèbre chef du parti radical wurtembergeois, M. Karl Mayer ; il lisait paisiblement un livre de poésies entre sa femme et ses deux filles. M. Karl Mayer, bien qu'il se tienne à l'écart depuis quelques années, n'en est pas moins resté la bête noire des adeptes de toutes nuances de la prussification de l'Allemagne du Sud. Il a mérité cette haine, qui l'honore. Exilé en 1849, il est rentré dans son pays en 1864, et, dès son retour, il a pris la direction de l'organe du parti démocratique, le *Beobachter*. Chaque jour sur la brèche, c'est lui qui a le plus vigoureusement combattu les empiétements du parti bismarckien. Au *Nationalverein*, qui demandait l'unification par un coup d'État prussien, il opposa, avec ses amis, le fameux *Volksverein*, encore si puissant à la veille de la dernière guerre.

La conversation roula naturellement sur cette époque de triste souvenir. Aussitôt qu'on sut que la lutte allait s'engager, l'angoisse et la perplexité furent extrêmes dans le Sud. On se demanda, comme en 1866 : « Que devons-nous faire ? Faut-il rester neutres ? » M. de Bismarck et son parti profitèrent habilement de cette indécision. Ils soufflèrent la peur, et l'on vit déjà les rives du Rhin occupées, la Forêt-Noire envahie, Stuttgard aux mains des zouaves et des turcos. Le roi Charles, qui se trouvait en Suisse, était revenu en hâte et s'était écrié, à moitié hors de lui, en débarquant à Friedrichshafen : « J'ai toujours été bien avec Napoléon. Rassurez-vous. Il nous ménagera ! » Et, dès son arrivée à Stuttgard, ce souverain timide et prudent avait envoyé son argenterie dans les casemates de la forteresse d'Ulm, et s'était mis au lit.

« J'ai vu, nous dit Karl Mayer, mes voisins qui enfouissaient, la nuit, des objets précieux dans leur jardin. Voilà où nous en étions! Dans les campagnes, on était aussi affolé que dans les villes. On se jeta donc dans les bras de la Prusse par peur, uniquement par peur, je ne saurais trop vous le répéter. Le nom prussien haï, exécré, devint quelque chose de si sacré, que nous fûmes, nous autres libéraux, assaillis à coups de pierres dans la rue, pour avoir osé mal parlé de M. de Bismarck dans notre journal. La peur redoubla quand on apprit la marche de Bourbaki sur Belfort ; beaucoup d'habitants de la Forêt-Noire abandonnèrent leurs villages. Comment voulez-vous maintenant que tous ces gens, qui voyaient déjà leurs foyers pillés et incendiés, n'aient pas de la reconnaissance envers la Prusse ? Ils ne portent sans doute pas M. de Bismarck dans leur cœur, mais ils vous répondent que, s'ils ne sont pas Prussiens, ils sont toutefois les alliés de la Prusse. Aussi, dans le Sud, l'opposition ne sera jamais bien sérieuse.

« Le fondateur de l'unité allemande, M. de Bismarck, obtiendra ce qu'il voudra d'une multitude de paysans et de bourgeois qui tremblent au mot de guerre. Le fantôme de la revanche fera longtemps encore son effet ; comme le cor merveilleux de la légende, ce mot a le pouvoir de dissiper l'ennemi. Il est même dans l'intérêt de la Prusse de faire accroire que nous sommes au plus mal avec la France. Voyez la loi militaire : elle n'a été votée que par la peur. »

En rentrant en ville, la personne qui me faisait les honneurs de Stuttgard me montra un atelier de tailleurs dont les ouvriers ont menacé dernièrement de se mettre en grève, parce que leur patron voulait les empêcher d'avoir leur *lecteur*. Ce lecteur, un fruit sec d'Université, fait du matin au soir, moyennant un kreutzer par auditeur, lecture à l'atelier des journaux et des brochures socialistes.

Le Wurtemberg possède sans conteste les meilleures écoles de l'Allemagne. L'instruction, comme en Suisse, est répandue dans toutes les classes. Causez avec un ouvrier, avec un paysan, l'un et l'autre connaissent la géographie et l'histoire. Chaque hameau de trente familles possède une école. Les parents sont tenus d'y envoyer leurs enfants, de six jusqu'à quatorze ans, sous peine de la prison. Les jeunes gens pauvres qui veulent continuer leurs études jusqu'à dix-huit ou vingt ans fréquentent les écoles du soir et du dimanche.

L'École polytecthnique de Stuttgard est citée au nombre des meilleures de l'Europe. Des Américains, des Anglais, des Français, des Italiens et des Russes viennent y suivre les leçons d'esthétique de MM. Fischer et Lubke, auteurs d'ouvrages traduits dans toutes les langues. On donne également à l'École polytechnique un cours de littérature française fréquenté par 200 auditeurs.

Moyennant la rétribution de 1 florin 1/2 par trimestre, chacun est admis à suivre les cours qui lui conviennent.

Une particularité peu connue dans cet intéressant pays de Wurtemberg, c'est l'existence de treize villages entièrement français, formés par les émigrés protestants de l'édit de Nantes. Jusqu'en 1830, tous ces villages ont eu des pasteurs et des instituteurs français. Un de mes amis, écrivain de talent, M. Ladevèze, qui a eu l'occasion de visiter le village de Neu-Hengstett, au centre de la Forêt-Noire, a été frappé de voir combien le type français s'est conservé au travers des âges dans sa pureté primitive. La physionomie ouverte, le regard vif et franc, l'œil généralement noir, ainsi que les cheveux, le teint coloré, révélant une population qui boit du vin et a peu de goût pour la bière ; enfin, notre langue encore parlée par les vieillards octogénaires, avec un gentil accent méridional et des expressions du temps : tels sont les traits qui caractérisent encore aujourd'hui ces bonnes gens.

La jeune génération ne parle malheureusement plus français. « Dix-huit de nos jeunes gars, disait à M. Ladevèze un vieillard du nom de Monod, ont fait le siége de Paris : cinq ont été tués à Champigny ; tous les autres sont revenus parlant le français, qu'ils ont presque compris de suite à leur arrivée en France. » Ajoutez qu'en cette qualité, ils ont été constamment envoyés les premiers au feu.

En 1825, ces treize villages, qui tenaient beaucoup à conserver leurs titres et leurs priviléges de Français au milieu des Wurtembergeois de la Forêt-Noire, envoyèrent au vieux roi Guillaume une députation des anciens de leurs communes, pour lui demander de ne pas donner suite à son projet de remplacer leurs pasteurs et leurs instituteurs français par des pasteurs et des instituteurs allemands. Après qu'ils eurent exposé leur requête, le vieux roi, qui n'entendait pas très-bien leur langue, leur répondit : « Mais vous voyez bien que je ne vous comprends pas ; vous avez oublié le français ; vous avez besoin d'instituteurs allemands. »

Le village de Néu-Hengstett est le seul qui porte un nom germanique ; les douze autres villages s'appellent Pinage, Valmont, Peyrouse, Luze, etc.

Parmi les noms de ces réfugiés, arrivés au nombre de 600 familles, en 1698 et 1699, on remarque ceux de Colloumbet, Claparadède, Concourde, d'Haisig, d'Artois, d'Indot, d'Estampe, de la Fontaine-Fourmayron, de la Gouille, de l'Abadice, de la Plume, Montesquio, Perdrix, Pis-Vache, Tirebouche, Tourn-Boncœur, Vive-l'Ame, etc.

Nos compatriotes sont estimés dans le pays ; ils sont travailleurs, sobres, économes, mais très-chatouilleux sur le point d'honneur, ce qui les distingue essentiellement du paysan allemand.

V.

Les fêtes de Stuttgard. — Un palais des *Mille et une nuits*. — Le bal de la Wilhelma. — La revue.

Depuis deux jours, les journaux ne parlent que des fêtes de Stuttgard. En lisant leurs récits, vous vous imaginez sans doute que nous sommes ici dans une ville en galant appareil, aux rues décorées d'arcs de triomphe, aux fenêtres ornées de guirlandes, aux toits hérissés de drapeaux. Illusion, mon cher ami ! Nous vivons dans la capitale la plus calme, la plus tranquille, la moins pavoisée du continent. On ne cause cependant, dans les salons, dans les cafés et aux tables d'hôte, que du mariage de la grande-duchesse Véra avec le prince Eugène de Wurtemberg. L'indifférence n'est qu'apparente. Ce qui explique l'absence de festons et d'astragales, c'est le caractère intime de ces fêtes de famille. Le public n'est pas censé y prendre part. D'ailleurs, tout se passe simplement et économiquement dans cette petite cour, qui se souvient des conseils du feu roi Guillaume : « Faisons d'abord ce qui est utile, et seulement après ce qui est agréable. » Or, à voir Stuttgard aujourd'hui, l'étranger pourrait supposer qu'il y a énormément de choses utiles à faire ; mais pour peu qu'il interroge et qu'il observe, il ne tardera pas à être convaincu que le Wurtemberg est un des pays les plus heureux et les plus prospères de l'Allemagne. Tandis que partout ailleurs on se querelle à propos de dogmes, de religion, ici on ne parle ni de protestants, ni de catholiques, ni d'infaillibilité, ni de prêtres en prison. La liberté, comme le soleil, luit pour tout le monde.

Je ne veux pas vous décrire en détail les fêtes auxquelles je viens d'assister. Les fêtes se ressemblent à peu près toutes, et celles de Paris sont restées sans rivales. Mais ce qui ne se peut voir à Paris, c'est un bal comme celui de la Wilhelma. La Wilhelma est un château féerique, un jardin enchanté comme ceux d'Armide.

Il est situé à une heure de Stuttgard, près de Cannstadt, la riante ville de bains de la vallée du Neckar. Pour s'y rendre, on a le choix des chemins : le raillway vous conduit en dix minutes, une voiture en trois quarts d'heure, et le tramway américain, qu'on appelle en allemand « le chemin de fer des chevaux, » met autant de temps qu'un simple fiacre. La voie destinée spécialement aux voitures traverse dans toute sa longueur le parc royal, qui commence derrière le château. Ce parc est d'une beauté grandiose. Les marronniers, les tilleuls et les chênes qui s'élèvent à droite et à gauche, au milieu d'un fouillis pittoresque de jeune verdure, forment un dôme infini. On se dirait sur la lisière d'une de ces anciennes retraites de la Germanie, où les ancêtres des habitants actuels erraient, la lance au poing et la tête coiffée d'une hure. Cependant, au milieu de ces sombres futaies, sourient de charmants groupes de fleurs ; des oiseaux voltigent de branche en branche ; parfois, une biche ou un daim effaré s'enfuit dans les mytérieuses profondeurs. Telle est l'ancienne route, le chemin des rêveurs, des blondes jeunes filles mélancoliques, des flâneurs, des poëtes. Mais l'homme qui fait partie de l'avant-garde de son siècle le dédaigne, monte en wagon ou prend le chemin de fer américain. En suivant cette dernière voie, on descend la rue du Neckar, formée d'élégants petits palais aux tourelles gothiques et aux balcons vénitiens. C'est le nouveau quartier et le noble quartier, habité par l'aristocratie de race et l'aristocratie militaire. On y remarque la jolie villa que le feu roi construisit pour une de ses maîtresses.

Il pouvait s'y glisser par une porte dérobée donnant dans le jardin de son château. On y voit également des rues à l'état rudimentaire, mais qui n'en portent pas moins les noms flamboyants de : *rue de Champigny, rue de Sedan, rue de Werder, rue de la Guerre, rue de la Victoire.* Le chauvinisme ne fleurit plus sur les bords de la Seine.

A l'extrémité de ce quartier neuf, s'ouvre la première entrée du parc et des jardins de la Wilhelma.

La Wilhelma a mis en travail, pendant de longues années, l'imagination du peuple et des voyageurs. L'entrée en était sévèrement interdite sous l'ancien roi, et l'on se demandait ce que ce vieux souverain pouvait bien faire derrière ces longs murs sombres, dans ce palais digne d'un calife, au milieu de ces jardins de roses ombragés de palmiers. On voyait, à distance, des choses extravagantes. On se racontait à l'oreille des histoires de sérail, des chapitres empruntés au *Décaméron* et aux *Mille et une Nuits*; on allait même jusqu'à parler de la folie du roi. Sa Majesté mourut ; la consigne fut levée et chacun put, à son aise, se promener dans ce merveilleux jardin et visiter ce splendide palais. On comprit alors combien on avait calomnié ce roi artiste et poëte qui, sans quitter sa bonne capitale, avait voulu se transporter tout à la fois à Grenade et à Bagdad.

Quand on pénètre dans ce coin de terre magique, on dirait qu'on a devant soi le palais de quelque roi maure exilé en Occident. Et comme Aben-Hamet à Grenade, on s'attend à voir sortir de cette demeure de fée une femme vêtue à la manière des reines gothiques, corset noir garni de jais, robe de velours et mantille croisée. On cherche du regard ces gazelles aux colliers de perles que le *Dernier des Abencérages* caressait en revenant de chez Blanca.

Si vous franchissez le seuil de ces pavillons, la vision continue plus éblouissante, plus extraordinaire. Vous parcourez une suite de salons meublés à l'orientale, avec des portières en brocart d'or, des vitraux sur lesquels brille l'étoile des nénuphars, et où se reposent des odalisques aux longs cils noirs. Un mélange, une profusion de colonnettes, de chapitaux dorés, montent jusqu'au plafond, mosaïque de fleurs et d'arabesques ingénieusement compliqués. De ces salles merveilleuses, on passe dans des serres d'un luxe et d'une richesse incomparables, peuplées d'oiseaux qui ressemblent eux-mêmes à des fleurs.

Les jardins sont en harmonie parfaite, jusque dans la taille des arbres, avec l'architecture aérienne du palais. Les parterres imitent par leur arrangement habile les belles étoffes d'Orient, les riches tapis de Perse et de Smyrne. Il ne manque, pour que l'illusion soit complète, qu'un ciel de feu, des esclaves coiffés du turban, au lieu de cette cohue de valets de chambre et de laquais en livrée rouge et à favoris châtains ; il faudrait encore, à la place de ces uhlans qui montent la garde, de fiers cavaliers en burnous, aux étriers d'argent et aux éperons d'or, montés sur des chevaux tigrés comme des léopards et faisant étinceler au soleil leur cimeterre orné de pierreries. Quant aux sultanes et aux odalisques, nous les avons vues tourbillonner dans des valses enivrantes ; leurs seins blancs comme des colombes palpitaient dans un nid de dentelles, et leurs cavaliers — des princes, des généraux, des officiers chamarrés de croix et de galons—enlaçaient voluptueusement leur taille frissonnante. On eût dit une razzia d'almées dans le palais d'un sultan absent.

Le tableau était digne du cadre, et le feu roi devait sourire du haut de l'Edda, sa demeure dernière.

Leurs Majestés ont ouvert le bal, aux sons gaillards du quadrille de la *Fille Angot*, en se trémoussant autant que le leur permettait leur âge vénérable. La grande-duchesse Véra, dont la longue robe blanche dessinait un corps de statue moderne, nerveux et petit, dansait avec une grâce de sylphide. La grande-duchesse Constantin, ruisselante de diamants, ressemblait à une Loreley sortant tout humide des flots. Les dames de la cour, dont le roi avait dirigé la toilette, étaient en robes de mousseline jaune, verte, rose, de sorte que le mélange de couleurs et d'uniformes donnait au bal quelque chose d'étrange et de fantastique. Quelques dames avaient chaussé des brodequins rouges avec des broderies d'or, et leur robe, soulevée dans le tourbillon de la danse, laissait voir des bas roses, à jour, plus provoquants que le maillot.

Il n'y a pas eu de cotillon, mais on a distribué aux danseuses de charmants éventails parisiens, en souvenir de la soirée.

A cinq heures, les musiciens se sont transportés dans le grand pavillon de la terrasse, où le souper était servi.

Les invités ont passé, pour s'y rendre, une galerie close et chauffée, qu'éclairaient des lampes placées sur des piédestaux de plâtre garnis de lierre. Ils ont traversé ensuite une serre illuminée de verres de couleur, tout embaumée de parfums d'orangers, pleine de camélias blancs et roses, d'azalées et de fleurs exotiques aux tons de velours et de chair. Les yeux avaient besoin de cette caresse pour revenir de leur éblouissement.

La reine a pris place dans la première salle, ancien cabinet de travail du roi Guillaume. Le roi est allé s'asseoir dans le salon des tableaux, avec ses officiers. C'est dans cette petite salle que se trouvent deux Decamps, qui sont de purs chefs-d'œuvre, et une collection d'odalisques pâmées qui rêvent ou qui chantent, à moitié nues, dans les bras ou aux pieds de leur sultan. Les vitraux laissent passer un jour mystérieux et représentent la *Vénus au miroir*, la *Vénus couchée* du Titien, et d'autres Vénus moins antiques, mais guère mieux vêtues. Les toiles d'une obscénité grossière que Kaulbach, le peintre de la Réforme et du nouvel empire, avait peintes pour l'ancien roi ont été, me dit-on, vendues à des Américains, ce qui n'a pas empêché les journaux de Stuttgard d'annoncer qu'elles avaient été détruites.

Des tables avaient également été dressées dans la cour mauresque, au centre de laquelle un jet d'eau épanche dans un bassin de marbre une eau parfumée.

A minuit et demi, on buvait la dernière coupe de champagne en l'honneur des deux fiancés, et à une heure, on éteignait les derniers quinquets.

Des torches de résine ont été allumées dans le jardin pour le départ, mais il pleuvait à torrents : c'était le ciel qui rappelait les invités à la froide réalité des pays du nord.

L'empereur de Russie est arrivé le lendemain, il a assisté à la cérémonie du mariage, et aujourd'hui une grande revue a été passée en son honneur. Elle était annoncée pour onze heures. A dix heures et demie, notre petite cavalcade quittait Stuttgard et franchissait au galop, en quinze minutes, le parc royal qui sépare Cannstadt de la capitale. Dans ces longues allées formées d'arbres séculaires, il y a des éclaircies inattendues et ravissantes : tout à coup l'œil découvre un château pittoresquement assis sur une hauteur, ou un jardin plein d'arbustes odorants, qui rappelle l'Italie, ou encore un petit lac, émeraude perdue sous la feuillée : une Vénus rêve sur ses bords, ou une Diane chasseresse s'en approche, le doigt sur la bouche, accompagnée de ses grands lévriers. Près de Stuttgard, ce parc est un jardin comme l'était notre Luxembourg; près de Cannstadt, c'est une solitude comme la forêt de Marly.

Mais nous n'avons guère le loisir de nous laisser aller à nos admirations d'artiste et de poëte, nous sommes obligés de guider attentivement nos chevaux : l'avenue que nous parcourons est encombrée de voitures, de piétons, de bandes de gamins, qui agitent des branches de lilas et chantent des chansons guerrières. De temps en temps, un officier ou un général passe à côté de nous comme un éclair dans un nuage poussiéreux. Au fur et à mesure que nous approchons de Cannstadt, la foule devient plus compacte. Bientôt nous découvrons le Neckar, petite rivière qui semble refléter dans le calme de ses eaux le caractère de l'habitant de ses rives. Nous débouchons dans une vaste plaine, entourée d'un cordon de curieux, en voiture, à cheval et à pied. Au milieu, de grandes masses étincelantes et multicolores : ce sont les bataillons qui se sont déjà massés pour la *parade*. En première ligne, l'infanterie, quatre régiments ; en seconde ligne, les dragons, un régiment ; derrière, les uhlans, deux régiments ; puis une batterie de krupps, avec le train. En tout, une division, c'est-à-dire à peu près 15,000 hommes.

Au coup de onze heures, les cloches de Berg et de Cannstadt sonnent à toutes volées ; des acclamations retentissent au loin : l'empereur et le roi, venus en voiture jusqu'aux bords du Neckar, montent à cheval. Quand ils apparaissent avec leurs brillants états-majors, à l'extrémité du champ de manœuvre, des *hoch* partent de la foule, et les soldats, obéissant au commandement de « portez arme ! » poussent un hourra qui remplit l'espace.

Autour des deux souverains cavalcade une foule de princes, de grands-ducs, de comtes : le prince de Saxe-Weimar, le grand-duc Constantin, le grand-duc Auguste de Wurtemberg, le comte Adelberg, etc. Le prince Serge de Leuchtenberg, en uniforme de grenadier de la garde, avec le casque d'or surmonté de l'aigle à deux têtes, bondit sur un cheval d'une agilité et d'une grâce de cerf : on dirait un cavalier sorti d'un château de ballade. Le prince Serge est un des fils de la grande-duchesse Marie, qui s'est rendue célèbre l'an dernier, lors de la visite de l'empereur d'Autriche à Saint-Pétersbourg : vous vous rappelez que dans un banquet, dînant à la même table que le prince de Galles et l'envoyé d'Allemagne, elle les invita à porter un toast avec elle, au pape d'abord, puis à la France et à la restitution de l'Alsace-Lorraine.

L'empereur, salué par l'hymne russe qu'exécutent à la fois les tambours et les fifres, parcourt rapidement le front des troupes. La reine et la grande-duchesse Constantin, avec deux dames d'honneur, en toilette blanche et avec des ombrelles bleues, suivent le cortége dans une voiture à la Daumont, précédée de piqueurs.

Après avoir passé en revue les régiments en ordre de parade, les souverains se groupent en avant des places réservées, et assistent au défilé par pelotons. L'infanterie arrive la première, admirable dans sa marche mesurée, la tête haute, le corps droit, la tournure mâle et guerrière. On dirait que tous ces conscrits, à peine depuis deux ans sous les armes, sont de vieux troupiers, bronzés par les batailles. Les dragons bleus, avec leur mousquet à percussion engaîné dans la selle, s'avancent, au pas de leurs incomparables chevaux, disciplinés comme leurs cavaliers. Puis, voici les uhlans qui passent, avec les plastrons jaunes ou rouges, le shako à trois étages orné du panache de crin ; la flamme de leur lance flotte au vent. Après eux, l'artillerie et le train se déroulent sur un long parcours.

Pendant ce premier défilé, la musique, placée en face du cortége impérial et royal, joue une marche sourde, qui ressemble à un grondement, précurseur de la tempête.

Le second défilé commence immédiatement. Les troupes sont rangées cette fois sur une vaste surface, par régiments. L'infanterie avec ses casques étincelants au soleil, ses fusils hérissés de baïonnettes, ressemble à une machine de fer, mise en mouvement par une manivelle invisible. On sent que cette masse énorme est faite pour écraser. Les dragons défilent au galop, les panaches flottant sur les épaules ; les uhlans bondissent en agitant leurs lances. A l'extrémité de la plaine l'artillerie disparaît au milieu de nuages de poussière. Le spectacle est grandiose et pittoresque. Il a pour cadre des collines fleuries, des maisons de campagne coquettement cachées derrière des bouquets d'arbres, et des clochers qui émergent d'îles de verdure. A droite se dresse l'église gothique de Berg ; à gauche, Cannstadt est couchée comme une sultane, derrière un rideau de lilas, et dans le fond, on distingue vaguement la tour du Château-Vieux de Stuttgard.

Après le défilé, l'empereur Alexandre adresse à haute voix, en français (c'est la seule langue qu'il parle dans ses voyages), les félicitations et les compliments les plus flatteurs aux généraux de l'armée wurtembergeoise. Puis il descend de cheval, et avant de monter en voiture, il embrasse cordialement le général prussien, M. de Schwartzkoppen. Je n'ai pas besoin de vous dire que voilà une embrassade qui mérite d'être commentée.

VI.

Les Vénus de Rosenstein. — Le sérail du duc Charles. — Ludwigsbourg. — Trait de bravoure du prince Napoléon. — Heilbronn. — Heidelberg.

Il est temps de quitter cette charmante ville d'humeur si accommodante et si joviale, où le peuple a conservé sa bonhomie, même sous le casque à pointe. Stuttgard restera le sourire de l'Allemagne, tandis que Berlin n'en est que la grimace.

En sortant de la gare, une des plus belles et des plus vastes du monde avec celle de Zurich, on passe sous le Rosenstein. C'est sur cette *Pierre-des-Roses* que l'ancien roi bâtit un château qu'il entoura de toutes les Vénus sorties de la mer en travail et de l'imagination en délire des statuaires modernes. Il y en avait de couchées, il y en avait d'accroupies, il y en avait de cagneuses, de grasses, de maigres, de tous les pays et de tous les tempéraments. Ce n'était pas une collection, mais un étal. La reine Olga a fait rentrer ces filles trop peu vêtues pour le climat, et le public lui en sait gré.

Ces princes de Wurtemberg n'ont pas toujours été ce qu'ils auraient dû être; il y en a eu qui se sont montrés prodigues jusqu'à la folie, sensuels jusqu'à la bestialité. Le duc Charles, que Frédéric II déclara majeur à seize ans, nous apparaît dans l'histoire comme un satyre couronné de pampres, jouant de la flûte au milieu d'un cercle de nymphes. En 1763, à l'occasion de l'anniversaire de sa naissance, ce jeune extravagant tint table ouverte quinze jours durant. Il y eut des festins à effrayer Gargantua, des bals masqués comme à Venise, des feux d'artifices, des comédies et des ballets comme à Versailles, des carrousels, des tables de pharaon, une loterie d'objets précieux pour les invités et des fontaines de vin pour le peuple. On organisa aussi des parties de campagne, des chasses fabuleuses, dans lesquelles les paysans traquèrent plus de 5,000 pièces de gros gibier. Cette espèce de Sardanapale germanique entretenait un sérail de beautés étrangères : des Italiennes aux yeux noirs, des Norwégiennes et des Suédoises aux yeux bleus, des Espagnoles au teint bruni. Ces favorites se promenaient en costume de théâtre, en reines de Palmyre et de Saba, en Cléopâtre et en Agrippine, sur le sable doré des allées de la résidence et du château de la Solitude. Elles mettaient le Trésor au pillage. Charles dut demander à son peuple, en cinq ans, par des impôts et des taxes extraordinaires, plus de 4 millions de florins. Mais voilà qu'un jour ce prince est saisi d'un brusque repentir ; il licencie son armée de femmes et s'entoure d'une armée de soldats qui sauve le pays.

Le duc Frédéric, l'allié de Napoléon, recommença l'orgie que Charles avait interrompue. Moreau, en entrant à Stuttgard, le trouva la bouche pleine, la serviette au menton. Il était armé de sa fourchette et ses cuisiniers étaient à leurs pièces. Bonaparte vit du premier coup ce qu'il pouvait tirer de ce prince efféminé et puéril. Il l'amusa en lui donnant pour hochet une couronne de roi. Frédéric prit le titre gothique d'*empereur Paul des Souabes*. Bouffi d'orgueil, il se promène comme un paon au milieu de sa basse-cour. Il déploie autour de lui une garde royale composée de six corps différents : gardes du corps, chasseurs à cheval, gardes à pieds, chevau-légers, régiment du roi à cheval, chasseurs du roi à pied. Il s'entoure d'un luxe oriental ; et, comme Denys le Tyran, il couche chaque nuit dans une autre chambre de son palais, qui en renferme trois cent soixante-cinq. Il donna à Napoléon une chasse qui vida les coffres de l'État et qui ne parut à l'empereur qu'une « dégoûtante boucherie. » En 1815, au mois de mars, il organisa une seconde grande chasse pour laquelle ses officiers réquisitionnèrent 25,584 paysans et 3,237 chevaux.

Au delà du Rosenstein, près de Cannstadt, nous voyons étinceler sur le sommet du Rothenberg la coupole dorée de la chapelle grecque élevée en 1830, par le roi Guillaume, à la mémoire de sa première femme, une princesse russe. Il est lui-même enterré auprès d'elle. C'est dans cette chapelle que s'est commis un vol de diamants et de reliques dont on a tant parlé, il y a quelques mois. Le voleur, pendant plusieurs nuits de suite, avait habitué le gardien à des détonations d'armes à feu. Lorsque celui-ci n'y prit plus garde, il introduisit de la dynamite dans la serrure et fit sauter la porte.

Le Neckar roule des flots jaunâtres au milieu des prairies verdoyantes ; en plusieurs endroits, il a inondé ses rives. Nous passons rapidement devant Ludwigsbourg, le Potsdam wurtembergeois. Autrefois, c'était la première place de guerre du royaume ; on visite encore son arsenal, son ancienne fonderie de canons et son château, situé au milieu d'un parc magnifique.

C'est à Ludwigsbourg que le prince Napoléon a fait ses premières études militaires. Il y a fait aussi les cent coups, et le feu roi Guillaume a dû plus d'une fois payer ses dettes. On raconte — ce qui ne contredit en rien la réputation de bravoure du prince — que, s'étant pris un jour de querelle avec un officier, il refusa de lui accorder la satisfaction réclamée par l'honneur. Le roi, qui ne plaisantait pas sur ce chapitre, intima au prince l'ordre de se battre, désigna l'heure et les armes, et fit garder le lieu de la rencontre par un cordon de troupes, afin que son protégé ne poussât pas jusqu'à la fuite l'instinct de la conservation.

A la seconde passe, le prince, égratigné à la main, tombait sans connaissance.

Ludwigsbourg est la ville natale de Strauss. L'émule de M. Renan y est mort passablement oublié, il y a quelques mois. On a chanté sur sa tombe le chœur des prêtres d'Isis et d'Osiris, du premier acte de la *Flûte enchantée*. Il avait fait de l'exécution de cette mélodie païenne une des clauses de son testament. Strauss avait épousé une actrice qui le rendit fort malheureux dès la première année de son mariage; il plaida en séparation. Son fils est actuellement officier de uhlans à Stuttgard.

La vallée dans laquelle nous sommes entrés est fertile et bien cultivée. A tout instant, de gracieux villages émergent de bouquets d'arbres. La forteresse de Hohenasberg nous regarde d'un air débonnaire passer à ses pieds. Le duc Charles y fit enfermer pendant dix ans le poëte Schubart, qui s'était permis *une* épigramme contre lui. Asperg a été, jusqu'en 1870, la prison politique du Wurtemberg. Tous les journalistes particularistes qui se permettent de médire du roi de Prusse y ont trouvé des loisirs.

La vallée élargit enfin ses flancs couverts de vignes; on aperçoit les coteaux boisés qui entourent Heilbronn. Les tours de la vieille cité impériale ne tardent pas à détacher leur noire silhouette sur l'horizon.

Heilbronn appartenait à cette partie de l'Allemagne que les Romains appelaient le Pays de la Dîme. Ils entourèrent la ville, pour la mettre à l'abri des invasions des Alemans, de murailles formidables que le peuple désigne encore aujourd'hui sous le nom de *Murailles du Diable*.

Vers la fin du IIIe siècle, les Romains en furent chassés; mais les Alemans, ayant été vaincus en 496 par Clovis, abandonnèrent la contrée. Le roi des Francs y envoya des colons, et tout le pays compris entre le Bas-Neckar jusqu'à la Lahn fut appelé la Franconie. Lorsque l'empereur Maximilien Ier divisa l'empire d'Allemagne en seize provinces, Heilbronn fut rattachée à celle de la Souabe. Au milieu du XIVe siècle, un mouvement démocratique y éclata, qui fut réprimé d'une manière sanglante. Les chefs furent décapités; soixante croix de pierre ont désigné, jusqu'en 1756, l'endroit de leur sépulture. Les champs, sur la rive droite du Neckar, portent encore le nom de *Im Geschrei* (dans les gémissements), parce que les femmes et les enfants des condamnés y furent conduits pour assister à l'exécution des coupables.

L'antique cité a maintenant déchiré sa ceinture de remparts; des rues entières se sont élevées là où s'ouvraient ses anciens fossés. C'est la place commerciale la plus importante du Wurtemberg.

De Heilbronn à Heidelberg, la contrée est d'une rare magnificence. Les prairies ont la fraîcheur de celles de la Suisse; veloutées, étoilées de fleurs, baignées de ruisseaux, elles ont dans leurs aspects et leurs nuances les intonations d'une symphonie pastorale. Des poiriers, des pommiers tout roses, coupent çà et là les seconds plans. On cherche sous leur dôme parfumé ces princesses espiègles travesties en bergères, comme nous les montrent les porcelaines de Saxe. A mesure que nous approchons de Heidelberg, cette végétation se déploie avec plus de fougue et d'exubérance. Des châtaigniers, des marronniers marient leur sombre verdure au feuillage plus gai des hêtres. Voici les premières maisons de la cité universitaire : ce sont des villas dans le style italien, délicieusement encadrées dans ce somptueux paysage.

Il est déjà tard; au lieu de venir directement de Stuttgard à Heidelberg, nous avons pris le chemin des touristes et des écoliers. Montons rapidement au château. Nous n'avons pas l'intention de refaire une description déjà si souvent faite ; notre visite sera courte. Et cependant pourra-t-on jamais se lasser d'admirer cette ruine imposante, délaissée par les hommes, mais dont la nature a pris soin et qu'elle couronne de son éternelle jeunesse ? Ne dirait-t-on pas que les siècles passés se dressent autour de vous, dans ces statues aux poses héroïques, dont quelques-unes, cruellement atteintes, se débattent dans les convulsions de la mort? Le soleil qui se couche les enveloppe de reflets sanglants, comme au soir de la bataille, et il semble qu'elles jettent à l'ennemi invisible une dernière malédiction.

Ayons le courage de l'avouer, cette guerre du Palatinat fut pleine d'atrocités. Turenne incendia quatre cents villes et villages, et les paysans, pour se venger, brûlèrent les églises avec les soldats français qui y campaient. Après le traité de Nimègue, en 1678, Louis XIV, qui rêvait, d'après les historiens allemands, de rétablir à son profit l'empire de Charlemagne, se fit représenter foulant aux pieds quatre esclaves enchaînées : l'Espagne, l'Allemagne, la Hollande et le Brandebourg. On lui fit aussi une pendule surmontée d'un coq gaulois : chaque fois que le belliqueux volatile chantait, un aigle allemand s'enfuyait en battant de l'aile.

La haine contre les Français s'est perpétuée jusqu'à nos jours dans l'Allemagne rhénane. On rencontre encore des chiens répondant au nom de Mélac. On sait que ce général incendia Worms, Spire, Heidelberg; il laissa, dit-on, ses soldats jouer aux quilles avec les ossements des empereurs germaniques, enlevés aux cathédrales des bords du Rhin.

Nous jetons un dernier coup d'œil sur cette merveilleuse façade du palais d'Othon, véritable devanture de palais de fée, dont les hautes fenêtres se détachent toutes rouges sur l'azur foncé du ciel, et nous redescendons, ayant sous nos pieds la ville, qui se remplit des vagues rumeurs du soir et sur laquelle flotte déjà un long voile de brume que percent çà et là les clochers gothiques et le faîte crénelé des vieilles tours.

VII.

Une ville universitaire. — Les étudiants. — *Verein* et *Burschenschaft*. — Un *Commers*. — Les *Renards*. — Chants d'étudiants. — Le *Landesvater*. — Cavalcade des *Fuchs*. — La fin de l'orgie.

La physionomie de Heidelberg n'est pas la même le soir que pendant la journée. Lorsque je suis monté au château (il était quatre heures), je n'ai rencontré que des Anglais et des Américains se promenant d'un air désœuvré. Ces deux peuples ont une prédilection pour Heidelberg, qui s'est hâté de leur bâtir des villas au milieu de superbes ombrages, dans la partie la plus pittoresque de la vallée.

En rentrant, à la nuit tombante, je me crus dans une autre ville : la rue entière appartenait aux étudiants. Quelques-uns marchaient bras dessus, bras dessous, la tête coiffée de la petite casquette de couleur, la taille prise dans un justaucorps à brandebourgs, les jambes perdues dans de longues bottes à l'écuyère. D'autres stationnaient devant les étalages des libraires, passant en revue les livres nouveaux et les commentant d'après leur titre et leur couverture, comme on juge une femme d'après sa physionomie et sa tournure. En passant devant les cafés et les brasseries, j'entendis de grands bourdonnements auxquels se mêlaient des cliquetis de fourchettes et des chocs de verres.

La vie de l'étudiant allemand est ainsi réglée : la journée appartient à l'étude et la soirée au plaisir. Ce plaisir, on sait en quoi il consiste : à fumer, à boire, à chanter.

Chaque étudiant fait partie d'une *Verein* (corps), ou d'une *Burschenschaft* (confédération).

Dans la *Verein*, le duel est obligatoire ; dans la *Burschenschaft*, le duel n'est pas autorisé. La couleur de la casquette et du ruban porté en sautoir sur le gilet indique le corps ou la confédération à laquelle l'étudiant appartient. Deux ou trois de ces *Verein* sont fort riches, comme la *Teutonia,* par exemple, et possèdent pignons sur rue. Les « Teutons » donnent des fêtes, des bals, des soirées littéraires et dramatiques dans leur hôtel ; ils viennent y prendre chaque jour leurs repas ; quelques-uns y ont leur chambre. C'est une espèce de phalanstère dans le sens large et pratique du mot.

Les membres des *Verein* ou corps appartiennent en général à l'aristocratie ; les princes, les comtes, les ducs, qui viennent se donner un vernis universitaire, en font partie. Les *Burschenschaft*, moins tapageuses, plus modestes, sont composées de fils de bourgeois, de professeurs, de marchands, etc. Elles louent à long terme une ou deux pièces dans une brasserie, et cette salle particulière, ornée des drapeaux de la société, des portraits de tous ses membres, s'appelle en allemand *le local*. C'est là que l'on conserve les archives de la *Burschenschaft* et qu'on se réunit chaque soir, — deux fois par semaine, réglementairement, — pour chanter le vieux refrain latin, en buvant de la bière et en culottant des pipes :

> Gaudeamus igitur
> Juvenes dum sumus ;
> Post exactam juventutem,
> Post molestam senectutem,
> Nos habebit humus.
> Vivat academia,
> Vivant professores !
> Vivant omnes virgines
> Faciles accessu,

> Vivant et mulieres,
> Faciles aggressu [1].

L'étudiant allemand a ses chants comme le soldat, le marin et l'ouvrier ; et ces couplets, tristes ou joyeux, patriotiques ou légers, résument l'histoire entière de la vie universitaire. Il y a des chants pour toutes les circonstances : pour l'arrivée, pour le départ, pour le grand départ aussi.

Après l'enterrement d'un camarade, les membres de la société ou du corps auquel il appartenait rentrent dans le « local, » dont les drapeaux sont voilés, et, debout, ils psalmodient quelques paroles sur l'air du *Requiescat,* puis, exécutant avec leur verre un roulement funèbre sur la table, ils le vident d'un trait et le brisent, en signe de douleur. En allemand, cela s'appelle *ein salamander reiben.*

C'est surtout dans les *Commers,* c'est-à-dire dans les fêtes solennelles de la *Verein* ou de la *Burschenschaft* que ces chants, dont la plupart ne sont pas imprimés et qui se transmettent de bouche en bouche, se révèlent dans leur bizarre originalité. J'ai pu en juger par moi-même. Grâce à une lettre dont j'étais porteur, j'ai été invité à un de ces *Commers,* qui se célébrait dans la soirée à la brasserie du *Cœur-Brûlant.*

Nous arrivâmes à huit heures. La salle était déjà pleine d'une épaisse fumée à travers laquelle on apercevait une cinquantaine d'étudiants barbus et chevelus, les uns tétant une longue pipe, les autres mangeant du jambon avec une dévorante ardeur. Des guirlandes étaient suspendues aux parois, et les bustes de M. de Bismarck et de l'empereur Guillaume, le premier couronné d'immortelles, le second de myosotis, souriaient débonnairement du haut

---

[1] Amusons-nous pendant que nous sommes jeunes ; après la jeunesse, la triste vieillesse, puis la mort. Vive l'académie, vivent les professeurs ! Vivent toutes les vierges à l'accès facile, et vivent les femmes qui ne résistent pas à l'agression !

de leur socle de plâtre. Nous étions à peine attablés que deux *fuschs* vinrent nous apporter de la bière et allumer nos cigares. Les *fuschs* (renards) sont des étudiants de première année, « *animalia nescientes vitam studiosorum,* » qui remplissent dans la corporation ou la confédération le rôle du mousse sur le navire. Ils doivent obéissance et respect aux anciens, aux « têtes moussues; » ils sont les domestiques et les esclaves. Ce sont eux qui remplissent les fonctions d'échansons, et c'est à leurs dépens que la réunion s'amuse. On leur pose des questions baroques, on leur donne des énigmes à deviner, on les oblige à faire des grimaces de pître et à danser la danse des ours. Valets et paillasses !

Un grand diable à la chevelure blonde, portant une écharpe de soie comme un maire en fonctions, se leva tout à coup, et frappa sur la table avec une rapière : — *Silentium !* s'écria-t-il. Deux étudiants continuant de causer, le président frappa de nouveau sur la table, et les interpellant par leurs noms de *kneipe*[1], il les condamna à vider leur chope d'un trait. Puis il déclara la séance ouverte et indiqua le chant n° 10 du *Commersbuch* (livre de commers). Tous entonnèrent en chœur :

« Sa ! sa ! sa ! frères allemands — Poussez un joyeux vivat — Chantez vos chansons les plus gaies — Que celui qui peut crier, crie ! — Ici, au milieu des brocs de bière — Se console et se guérit le cœur malade — Oh ! bonne bière — Délice de la vie — Tu nous procures cent mille joies ! »

Le président reprit seul en élevant son verre avec un geste sacerdotal :

---

[1] *Kneipe* veut dire brasserie, lieu où les étudiants se réunissent pour boire de la bière. Chaque étudiant reçoit le baptême du *fuchs* en entrant dans une société, et conserve le surnom qu'on lui donne à cette cérémonie, qui consiste à l'arroser de bière.

« A la santé des Rhénans, des Saxons, et des Brandebourgeois aussi. — Allons, douce et blonde liqueur — Coule, coule dans mon gosier. Viens, donne-moi des forces ! — C'est ainsi que l'on doit boire ! — Allons, frères, chantez en chœur — Et que ceux qui peuvent crier, crient : — Juchhe, Burhe, — Juchhe, Burhe, — Sa, sa, sa, sa, sa, sa ! »

La salle entière répéta cet étrange refrain en choquant les verres. Vacarme infernal.

— Avez-vous remarqué comme notre président boit bien ? me dit mon introducteur.

— Oui... Sa chope a des dimensions monumentales...

— Elle contient un litre. Notre président a fait dimanche dernier le pari qu'il viderait douze fois sa chope pendant que l'horloge sonnerait midi. Il a gagné ; il avait fini le dernier bock au onzième coup.

Le président ordonna ensuite un chant de ronde. On commença à sa droite. Voici la première chanson qui fut chantée ; elle est caractéristique, bien que peu propre :

« *Sic vivimus*, nous autres étudiants — nous vivons chaque jour gaiement — Nous pompons (*saufen*) *absque complimenten*, — jusqu'à faire (*sch-n*) dans nos bas et nos culottes. — *Sic vivimus*, toi et moi — Et si quelqu'un y trouve à redire — Nous lui faisons (*sch-n*) contre la figure — en riant aux éclats.

« Chante, bois, prie et suis les chemins de Dieu ; — Espère en la bénédiction du ciel ; — Espère en Dieu quand tu bois de la bière et embrasses les filles — Il ne t'abandonnera pas dans l'embarras (*in schwaltitatibus*, intraduisible). — *Sic vivimus*, etc.

« Papa doit envoyer de l'argent — à son fils qui étudie ; — Mais si papa oublie la traite — l'étudiant s'en va *ad patriam*. — Sa bourse est vide, mais pleine est sa tête. — *Sic vivimus*, etc.

« Si je devais mourir ici — enveloppez-moi dans ma

vieille robe de chambre — Elle me préservera des vers — Et laissez à mon chien le soin de mettre une pierre sur ma tombe. — *Sic vivimus*, etc. »

Je m'en tiens là. Cette chanson n'est que grossière; j'en pourrais citer de platement obscènes. Et nous nous imaginons encore que la jeunesse allemande ne chante que des cantiques religieux et des hymnes patriotiques! Le temps est bien loin où l'on entendait ces strophes : « Jeune homme bon et pieux, fils de l'Allemagne, cœur ingénu, indomptable courage, sans fiel et sans amertume, je te reconnais! — Devant la jeune fille innocente, pourquoi ton regard s'adoucit-il? — L'esprit de l'Allemagne parle en toi : *l'Allemagne est chaste!* »

La ronde dura une heure; tout le répertoire y passa. Ceux qui ne chantaient pas furent obligés de vider leur chope d'un coup; le chœur accompagnait cette opération jusqu'à la fin, en braillant : Bois! bois! bois! (*Sauf!*)

Comme intermède, il y eut des discours humoristiques, en différents dialectes. Pas d'esprit, de la trivialité. Le mot qui donne des nausées à un Français fait rire l'Allemand aux larmes. Après chaque discours, obligation de boire sa chope en l'honneur de l'orateur.

Le tour des *fuchs* était arrivé. Ils avaient ôté leur habit et pris chacun une chaise dans la chambre voisine. Le président brandit sa rapière et commanda : *A cheval!*

Les *fuchs* se mirent à califourchon sur leur chaise et galopèrent ainsi, avec leurs hautes bottes, autour de la salle. Ce steeple-chase eut un succès fou. On fit sortir les cavaliers par une porte, et ils rentrèrent par l'autre au milieu d'applaudissements frénétiques.

A minuit, cérémonie du *landesvater*. On recueille les casquettes brodées que les étudiants portent à la *kneipe* et parfois dans la rue, et on les passe à travers la lame de la rapière présidentielle. C'est une sorte de consécration. L'assemblée entonne pendant ce temps un chant grave et solennel, après quoi l'on procède à un *Salamander*. Le « Salamander » consiste ici à tourner sa chope très-vite en la frottant sur la table, sans la renverser, et à la vider le plus rapidement possible.

La seconde partie de la fête n'étant que la répétition de la première, mon introducteur m'engagea à me retirer. Il obéissait au sentiment de Japhet envers son père ; mais il ne faut pas un grand effort d'imagination pour se figurer la fin de l'orgie : les fils des muses roulent sous les tables, et le guet recueille dans le ruisseau ceux qui essayent de regagner leur demeure. J'ai connu à l'Université de Munich un étudiant qui, avant d'aller à la *kneipe*, chargeait deux portefaix de venir le « reprendre », à une heure du matin, — pour le rapporter dans son lit.

L'Université de Heidelberg est une des plus anciennes d'Allemagne. Elle a été fondée en 1386 par le comte Ruprecht Ier, quarante ans après celle de Prague, vingt ans après celle de Vienne. Les professeurs, dont le plus modeste a aujourd'hui un traitement qui varie de 4 à 8,000 fr., ne recevaient alors que 50 florins par an, à peu près 130 francs. Les règlements universitaires de l'époque ne jettent pas une lumière nouvelle sur les mœurs de l'étudiant allemand : il était déjà joueur, bretteur, ivrogne, peu soucieux du bien d'autrui. Les règlements défendent spécialement le jeu des dés, le duel, les dettes, le vacarme nocturne, le port d'armes après le couvre-feu, l'escalade des vignes et des jardins, etc.

En 1782, l'électeur Charles-Théodore confia l'enseignement universitaire de Heidelberg à des légistes français. Ils furent chassés en 1808.

VIII.

Le vieux Francfort n'est plus. — L'ancienne et la nouvelle ville. — La maison paternelle de Gœthe. — L'enfance du poëte. — Le jardin des Palmiers. — Le faubourg de Sachsenhausen. — Le drapeau rouge à Francfort.

Nous avons quitté ce matin Heidelberg à l'aube crevant, comme disaient les trouvères. Après tant de jours de pluie, la nature, qui se réveille sous les caresses du soleil, a pris une fraîcheur et une vigueur qu'elle n'avait pas. De jolies petites fleurs, premiers sourires du printemps, commencent à briller çà et là dans les prairies. Les ruisseaux, qui s'étaient élancés hors de leur lit, rentrent dans l'obéissance et calment leur colère.

Nous traversons, comme emportés sur la croupe d'un cheval sauvage, d'immenses plaines recouvertes d'un léger duvet de blé. Nous passons sans nous arrêter devant des villages cachés comme des nids dans un sillon. Une légère colonne de fumée monte de leurs toits et met un trait d'union entre la terre et le ciel. Cette réconciliation nous réjouit, car depuis trois jours on ne parle que d'inondations, de ponts emportés, de récoltes détruites.

Sur tout ce parcours, les souvenirs de France abondent. Turenne assiégea deux fois Heppenheim. Auerbach, dont les maisons blanches rient derrière des remparts d'arbres en fleurs, a été détruite par Turenne, en 1674. Nous laissons derrière nous le Melibocus, montagne granitique que couronne une lugubre tour carrée, et nous arrivons à Darmstadt. Depuis que la Prusse a fait des loisirs au grand-duc et ne lui a plus laissé d'autre administration que celle du théâtre, on va quelquefois dans cette ville entendre un opéra; mais le voyageur ne saurait s'y arrêter. Darmstadt se souvient également de Turenne, et du maréchal de Lorges qui fit sauter ses fortifications.

Au moyen âge, les femmes de Darmstadt qui levaient la main sur leur mari étaient condamnées à chevaucher à travers la ville, sur un âne dont elles tenaient la queue, et que leur mari conduisait. La ville dut entretenir un âne spécial pour ce genre de punition; mais comme l'animal mourut à la peine, il fut remplacé par un meunier des environs, convaincu d'un vol considérable.

Quand un mari se laissait rosser plus de six fois par sa femme, on enlevait le toit de sa maison. Le tribunal de Darmstadt condamnait encore à la fin du dix-septième siècle les femmes qui s'étaient battues entre elles à être enfermées dans une caisse de bois, l'une vis-à-vis de l'autre; leur tête seule sortait de cette espèce de cangue.

Des deux côtés de la voie s'allongent de vastes forêts de pins, aux fûts grêles, semblables à de gros cierges jaunes, et répandant une odeur balsamique et pénétrante. C'est dans ces forêts que, deux fois par an, la population de Francfort se transporte tout entière et dîne sur la mousse. Nous apercevons quelques cadavres de bouteilles, restes de la dernière ripaille champêtre. Nous sommes encore ici dans le midi, en plein pays de la mangeaille, dans une sorte d'île des plaisirs où coulent des fleuves de bière, des rivières de vin du Rhin et du Margraviat, où l'on rencontre des mines de jambons, des montagnes de choucroute. Aussi l'habitant du nord, plus sobre, plus énergique, a-t-il eu facilement raison de ces populations un peu molles et trop amies de la matière. Qu'on se rappelle la guerre de 1866. Y a-t-il eu quelque chose de plus triste que la résistance des Etats du Sud? Ils capitulaient les uns après les autres sans combat. Le roi de Wurtemberg ne savait pas même monter à cheval ; le roi de Bavière accompagnait sur le piano... ses soldats partant en guerre ; le grand-duc de Bade ne tenait pas à se mettre trop mal avec son beau-père, le roi de Prusse. Tous les atouts étaient dans le jeu de M. de Bismarck. La partie était gagnée d'avance...

Francfort ! tout le monde descend de wagon. On n'a pas besoin de nous prévenir que nous sommes en Prusse : on le lit sur la figure rébarbative des employés que Berlin a envoyés ici et qui composent la garnison civile de l'ancienne ville libre, rongeant inutilement son frein.

Il faut se hâter de voir Francfort ; ce n'est pas une ville qui se meurt, c'est au contraire une ville qui ressuscite ; mais aux yeux de l'archéologue, de l'historien et de l'artiste, cette résurrection équivaut à la mort. Encore dix ans de transformations successives, et l'antique cité impériale n'aura conservé de son passé que des photographies.

Les cariatides, fatiguées de porter depuis trois siècles leur énorme fardeau de pierre, s'affaissent tristement et disparaissent les unes après les autres ; les vieilles maisons gothiques aux devantures peintes, aux étages en saillie troués de fenêtres clignotantes, aux toits pointus surmontés de la girouette qui grince, semblent avoir été lavées à l'eau de Ninon, tellement elles sont rajeunies, pimpantes, méconnaissables.

La rue des Juifs n'est plus ! Un Haussmann prussien l'a éventrée à coups de marteau. Des monceaux de débris gisent à terre, pareils aux ruines d'un bombardement. Une seule rangée de maisons bossues, contrefaites, grimaçant horriblement au soleil qui éblouit leurs petites vitres chassieuses, rappelle aujourd'hui ce quartier sombre et infect, où régnait je ne sais quel air de terreur et d'angoisse, où les maisons avides semblaient se pencher comme pour vous saisir à la gorge. Mais cette suite de masures encore debout n'encadre plus des têtes de vieillards à barbe blanche, au profil rabbinique, des juives au teint pâle et au regard noir, coiffées d'un fichu aux couleurs éclatantes ; à l'entrée des allées étroites et délabrées, plus de vieilles femmes aux yeux astucieux, au nez recourbé en bec de chouette, et drapées dans des haillons séculaires. Tout cet attirail pittoresque du moyen âge a disparu. La lumière a fait fuir ces oiseaux de nuit. Ils sont allés se blottir dans quelque grenier solitaire, en attendant qu'ils imitent Rothschild, sorti comme eux de cette Cour des miracles, et qu'ils se bâtissent des palais de princes dans les avenues du Mein.

Le *Rœmer* lui-même n'a pas été protégé par la majesté de ses souvenirs. La salle des Empereurs, restaurée, badigeonnée, bariolée de dorures, a perdu son ancien caractère de grandeur imposante et sombre. Ces Césars allemands, appliqués contre les parois, ont des tournures de damoiseaux et ressemblent à des souverains de jeux de cartes. L'anachronisme vous met en fuite ; mais vous le retrouvez au bas de ce large escalier que les empereurs descendaient autrefois de ce pas qui faisait trembler la terre. C'est un fabricant de boutons qui occupe le rez-de-chaussée du palais !

Et cette place du Rœmer, que le peuple remplissait de ses hourras lorsque les successeurs de Charlemagne se montraient au balcon du Kaisersaal, le front ceint de la couronne de l'empire, l'épée de saint Pierre dans la main droite, le globe terrestre dans la main gauche ; cette place du Rœmer, que le cortége impérial traversait avec pompe, au roulement des tambours, au son des cloches et au bruit des trompettes, tandis que la foule, à laquelle on faisait largesse, se disputait les pièces d'or, se ruait sur le bœuf qui rôtissait tout entier et buvait le vin qui sortait des fontaines ; cette place, qui renferme toute l'histoire d'Allemagne, n'a pu se soustraire au souffle de transfor-

4

mation qui passe sur Francfort et en efface les derniers traits de poésie et d'originalité.

Le Dôme, comme s'il n'avait pas voulu survivre à cette destruction générale, a pris feu il y a six ans, le soir de l'arrivée du roi Guillaume à Francfort. Sinistre présage, dont on parle encore aujourd'hui!

En visitant, il y a une heure, la maison paternelle de Gœthe, dans la *Grossen Hirschgraben* (les grands fossés aux cerfs), en voyant cette vieille façade décrépite, aux étages inégaux, au pignon flamand, au toit chargé de lucarnes, de clochetons et de girouettes, en montant cet escalier garni d'une rampe de fer finement ouvragé, en parcourant ces chambres basses aux meubles de velours usés, râpés, déchirés, en nous arrêtant devant ces grands poëles en maçonnerie et devant ces portraits de bourgeois en jabots et en cadenettes, nous avons eu comme une vision lointaine de ce qu'était Francfort à l'époque de la naissance du poëte. Les remparts, aujourd'hui remplacés par des promenades publiques avec jets d'eau et avec cascades, étaient intacts, ils avaient leurs portes à herse, leurs ponts-levis, leurs sentinelles armées de mousquetons. Les couvents formaient au milieu de la ville de fraîches oasis de verdure, de douces retraites de prière; le joyeux carillon de leurs cloches retentissait dans les airs, et les cigognes qui avaient établi leur nid sur les cheminées voisines n'en paraissaient pas effrayées. La *Zeil*, avec ses affreux magasins de bimbeloterie, de jupons, de corsets, de tournures et de postiches, avec ses vitrines où sont étalés notre luxe et notre misère, n'existait pas; on ne rencontrait pas sur ses trottoirs le petit crevé allemand, plus hideux et plus crevé que celui d'espèce parisienne; il n'y passait ni la traîne de soie de la grande-duchesse de Gérolstein, ni le sabre retentissant du général Boum.

Francfort était une ville libre, mais point silencieuse; elle ne faisait plus d'empereurs, mais elle faisait des affaires. Placée au centre de l'Allemagne, presque au confluent du Mein et du Rhin, son mouvement commercial et industriel était immense. Ses foires, qui se tenaient quinze jours durant, à Pâques et au mois de septembre, attiraient des représentants de tous les peuples : Turcs, Arméniens, Russes, Hongrois, Italiens, etc. C'était déjà une cité cosmopolite, un grand bazar européen ; mais ses richesses restaient modestement entassées dans des cours, dans des greniers, dans des entrepôts sur les rives de la rivière, d'où elles ne sortaient que pour aller prendre le Rhin et la mer. Le côté mercantile ne gâtait pas le côté pittoresque. Ceci n'avait pas tué cela.

Quelle ville, mieux que Francfort, était faite pour servir de berceau à Gœthe, le poëte universel ? Le passé y subsistait encore dans son faste et sa magnificence, dans la fantaisie et la richesse de son architecture ; on retrouvait ses traces partout, et dans les rues, et dans les mœurs et les habitudes ; le sifflet des locomotives n'avait pas dispersé cet essaim de légendes, de traditions, de grands souvenirs qui planait sur l'antique cité. La civilisation moderne n'avait pas nivelé les caractères et les intelligences comme elle nivelle les routes, et il y avait dans le *Rœmer*, — ce palais devenu Hôtel-de-Ville, — des hommes dignes de Rome. S'il est vrai qu'il existe des affinités mystérieuses entre notre âme et le sol qui nous a vus naître, aucun milieu ne pouvait être plus favorable que celui-là au développement moral et intellectuel du futur auteur de *Faust*.

Comme la maison de Schiller à Marbach, la maison paternelle de Gœthe est un musée national. Elle appartient à une association européenne de savants, de gens de lettres, d'admirateurs de l'écrivain.

Bien que je n'aime guère à passer en revue des collections de vieilles casquettes mangées des mites, de robes de chambre en loques, qui dépoétisent le génie, en me le montrant assujetti comme le dernier des mortels à toutes les vulgarités de l'existence, une visite à la maison de Gœthe me semble indispensable pour connaître sous son véritable jour celui qu'on s'est plu à nous présenter comme une espèce de lord Byron allemand. En parcourant ces chambres si simples, en voyant ce pauvre pupitre en bois de sapin sur lequel le poëte a écrit tant de chefs-d'œuvre, on comprend qu'il y a deux Gœthe, celui de la fiction et celui de la réalité. Tout respire ici l'honnêteté patriarcale, l'homme sage qui règle son temps, son imagination et ses dépenses. Si, au beau temps du romantisme, Gœthe avait vécu à Paris, on l'eût flétri de l'épithète de « bourgeois. » Et cependant Gœthe avait vingt-cinq ans; il était dans cet âge qui, selon son expression, est « une ivresse sans vin. »

La chambre dans laquelle le poëte est né, le 28 août 1749, au coup de midi, est petite, triste, au troisième étage. Le portrait de sa mère y sourit encore de ce doux sourire qui dut illuminer sa figure pâlie, quand, après trois jours d'angoisses, la nourrice accourut lui annoncer que le nouveau-né vivait. Cet homme, que la statue de Schwandtaler représente comme un colosse de force et de génie, était si chétif à sa naissance, qu'on le tint à peu près pour mort. Sa mère, on le comprend, eut pour ce frêle enfant des trésors d'affection. Elle entoura de soins cette plante délicate; et, plus tard, à ce tendre amour maternel vint se mêler une admiration qui devança celle de la postérité. Le petit Wolfgang lui témoignait, de son côté, une affection sans bornes et ne quittait jamais sa mère : « Je ne pouvais, disait celle-ci, cesser de lui raconter des histoires. Je mêlais tout ensemble, l'air, l'eau, le feu, la terre. Je donnais aux éléments des figures de belles princesses, et je finissais souvent par croire les contes merveilleux que j'inventais. Quand j'était obligée de me rendre à une invitation et de sortir, Wolfgang pleurait. Il m'accompagnait jusqu'à la porte et me demandait à voix basse : « N'est-ce pas, mère, la princesse n'épousera pas le tailleur lors même qu'il tuerait le dragon? »

Gœthe laisse percer ses sentiments esthétiques dès son enfance. On rapporte qu'il était impossible de le faire jouer avec des enfants laids ou contrefaits. Il a conservé toute sa vie cet amour du beau idéal. Il avait horreur des monstruosités ; il ne comprenait rien à cet art qui consiste à mettre la grimace en opposition avec le sourire, et à poser le crapaud au pied de la rose.

A son retour de l'Université de Strasbourg, Gœthe occupa prosaïquement pendant plusieurs années la charge de procureur d'État. On vient de publier de nombreux mémoires juridiques écrits de sa main ; rien n'y trahit le prochain auteur de *Werther*. Cependant le souvenir de Frédérica, qu'il aimait et qu'il aurait voulu épouser, le poursuivait sans cesse. C'est pour l'oublier qu'il se jeta à corps perdu dans le travail. Il écrivit dans une mansarde, que l'on montre au visiteur, l'*Histoire de Gœtz de Berlichingen*. « Je dramatise l'histoire d'un noble Allemand, disait-il à Salzmann au mois de novembre 1771 ; je sauve la mémoire d'un brave homme, et, bien que cela me coûte beaucoup de peine, j'occupe ainsi agréablement mes moments de loisir. J'ai besoin de m'occuper beaucoup. »

On retrouve dans ce roman de chevalerie — transformé plus tard en poëme épique, puis en drame — le portrait de sa mère, sous le nom d'Élisabeth, et celui de Fréderica sous le nom de Marie. L'influence de Shakespeare se fait particulièrement sentir dans cette composition. Les caractères, le style, tout rappelle la manière du poëte anglais. Cette œuvre fut le premier essai de littérature romantique en Allemagne.

C'est dans cette même petite chambre où il composa *Gœtz de Berlichingen*, que Gœthe, malade, en proie à la fièvre, écrivit *Werther*, sans se douter que ce roman al-

4.

lait le rendre célèbre du jour au lendemain. Il fut le premier étonné du retentissement de son livre. « C'est un mélange de vérité et de fiction, disait-il à ses amis, il ne faut pas prendre cela trop au sérieux. »

Après *Werther*, il fit une œuvre plus saine, *Clavijo*. « J'ai composé, je crois, écrivait-il, une tragédie ; j'ai dramatisé une anecdote moderne avec simplicité et vérité ; mon héros est un homme ni trop grand, ni trop vulgaire. » *Clavijo* a de belles scènes, on le donne encore quelquefois au théâtre ; il est intéressant à lire après les *Mémoires* de Beaumarchais.

Il était de mode alors de correspondre beaucoup. Tous les écrivains en renom entretenaient entre eux des relations épistolaires. Gœthe ne tarda pas à entrer en correspondance avec Klopstock, l'auteur de la *Messiade*, Basedow, Jacobi, Stolberg. En 1774, Klopstock vint voir le jeune poëte à Francfort. Lavater se rendit également à Francfort au mois de juin de la même année. Le célèbre physionomiste avait demandé, avant de se mettre en route, à un de ses amis, le portrait de Gœthe. Celui-ci lui envoya le portrait de Bahrdt. Lavater ne s'y laissa toutefois pas prendre, et lorsqu'il se trouva en présence de Gœthe, il fut tellement frappé de sa beauté qu'il lui dit : Etes-vous réellement Gœthe ?

— En chair et en os, répondit le poëte, et ils se jetèrent dans les bras l'un de l'autre.

Deux ou trois mois plus tard, Charles-Auguste, duc de Weimar, honora le poëte de sa visite, dans cette vieille maison du *Grossen Hirschgraben*. Il ne voulut pas s'en aller de Francfort sans emmener Gœthe avec lui. Le poëte résista longtemps à ces avances princières, car il avait à la mémoire l'exemple récent du séjour de Voltaire à la cour du roi de Prusse. Enfin, poussé par son père, le jeune poëte quitta sa chère ville de Francfort et émigra à Weimar, où nous le retrouverons, et où son génie atteignit toute sa maturité.

En sortant de la maison de Gœthe, promenade au Jardin zoologique, au jardin des Palmiers, et au faubourg de Sachsenhausen.

Le Jardin zoologique ressemble à notre Jardin d'acclimatation, avec cette différence qu'on y élève de jeunes ours, qu'on y garde des lions, des tigres, et qu'on y voit une collection de singes à faire pâmer d'aise M. Charles Vogt. Un orchestre spécial y joue deux fois par jour, car 'Allemand, qui peut rester attablé avec des amis trois heures sans causer, ne peut passer une heure de désœuvrement sans musique. Le soir, les brasseries qui n'ont pas de violons sont généralement vides. Ici, on peut donc regarder les singes, caresser les beaux perroquets qui se balancent autour de vous sur leurs perchoirs dorés, suivre les évolutions des canards et des cygnes, les plongeons des cormorans, les sauts des gazelles et des biches, les promenades de l'éléphant, tout en savourant un verre d'excellente bière, en mangeant une côtelette, et en s'imaginant être tranquillement assis sur le pont de l'arche de Noé.

Le jardin des Palmiers (*Palmengarten*) est une seconde édition du Jardin zoologique. On y consomme aussi en admirant les merveilles du règne animal et du règne végétal. Une immense serre, qui s'ouvre sur la salle du restaurant, vous transporte comme par un coup de baguette en plein Orient, dans une oasis enchantée où les palmiers ont des feuilles plus larges que des parasols, où le gazon est d'une couleur d'émeraude, où des sources suintent, avec des bruits argentins, du haut de rochers tapissés de mousse et étoilés de fleurs charmantes. Des oiseaux au plumage de rubis et de topaze voltigent dans cette atmosphère chaude et embaumée. Le meilleur orchestre de Francfort caresse vos oreilles, tandis que ce merveilleux paysage enchante vos regards et que la cuisine française du restaurant flatte agréablement votre odorat. Que ces Allemands sont donc pratiques, — et quelle poésie matérialiste que la leur !

En allant à Sachsenhausen, nous avons longé les quais du Mein. Les eaux de la rivière n'ont pas cette transparence bleuâtre des eaux du Rhin ; elles sont jaunes, bourbeuses comme les flots du Nil. Les quelques lourdes barques amarrées à la rive, les voiles carguées, prouvent que la navigation s'est singulièrement ralentie, et que les marchandises prennent maintenant la voie plus commode et plus rapide des chemins de fer. Autrefois, ces quais avaient l'animation de ceux de Marseille ; aujourd'hui ils sont silencieux comme ceux de Venise.

Sachsenhausen est un faubourg d'ouvriers, remuant, actif, travaillé par l'esprit révolutionnaire, une espèce de faubourg bellevillois. Ainsi que l'indique son étymologie, ce village fut fondé par les Saxons, au temps où Charlemagne posa, sur l'autre rive, la première pierre de *Franken-Fürth*, le gué des Francs. Primitivement, Sachsenhausen était habité par des pêcheurs ; on y voit encore plusieurs maisons saillantes sur la rivière et dans lesquelles les barques peuvent aborder, comme dans certaines maisons vénitiennes.

C'est de ce faubourg populaire qu'est sorti, l'an dernier, le drapeau rouge promené dans les rues de Francfort. Les bandes de forcenés qui marchaient à son ombre hurlaient la *Marseillaise des travailleurs*. Arrivés devant la brasserie Reuthlinger, les émeutiers pénétrèrent dans l'établissement, brisèrent les tables, les chaises, les glaces. La cuisine fut démolie ; les tonneaux de bière, défoncés, inondèrent la rue. Un commencement d'incendie se déclara dans la cour.

A la même heure, d'autres bandes, portant en guise de drapeau un rideau rouge accroché à une perche, pillaient les brasseries Henrich, Leindheimer, Müller, Graff. Il y avait une certaine tactique dans ce mouvement. A plusieurs reprises, les émeutiers cherchèrent à fraterniser avec la troupe. Mais celle-ci, inflexible, fit feu. La rue fut jonchée de cadavres. Une charge à la baïonnette dispersa les derniers groupes, qui battirent en retraite du côté de Sachsenhausen, en tirant des coups de revolver.

Le lendemain, les magasins restèrent fermés ; des détachements arrivés de Hambourg, Wiesbade, Mayence bivaquèrent sur la Hainerhof. Des patrouilles et des escadrons de cavalerie parcoururent la ville et les faubourgs.

Détail caractéristique : ces bandes arrêtaient toutes les voitures et forçaient ceux qui y étaient de descendre et de marcher à pied.

Un mois auparavant, les magasins israélites avaient été pillés à Stuttgard, et, à Mannheim, les communards du saint Empire avaient démoli trois brasseries.

Et tout cela parce que la bière avait été augmentée d'un ou deux liards !

XI.

M. Jules Favre à Francfort. — Francfort et Stuttgard. — M. Sonnemann. — La *Lanterne de Francfort*. — La perruque parlementaire de M. de Bismarck. — L'*hôtel de la Justice*. — Beaux traits de l'occupation prussienne.

Aujourd'hui, quand vous demandez à voir les monuments historiques de Francfort, on vous conduit devant l'*hôtel d'Angleterre*, et l'on vous dit : « C'est là que sont descendus MM. Jules Favre et Garnier-Pagès. » Puis, on vous fait traverser la rue, et l'on ajoute, en vous montrant l'*hôtel du Cygne* : « C'est là que M. de Bismarck est descendu et qu'a été signé le traité de paix. »

M. Jules Favre, pendant tout le temps qu'il a été à Francfort, a édifié les Allemands par son ardente piété. On le voyait chaque matin, un gros paroissien sous le bras, aller à la messe, à la *Liebfraukirche*, ce qui veut dire en français : « l'église de la douce Vierge. »

De Stuttgard à Francfort, vous constatez la distance d'un siècle. Dans la capitale de Wurtemberg, tout est encore patriarcal : la bourgeoisie, ennemie des engouements du jour, proteste par la coupe antique de ses vêtements. Mais ses protestations s'arrêtent malheureusement là. L'oisiveté, une vie facile, calme, exempte de soucis, l'amour de la bonne chère, des plaisirs, ont vidé les têtes au profit du ventre ; et quoi d'étonnant qu'elles tournent comme des girouettes au vent qui souffle de Berlin ? C'est une population qui aime trop ses aises pour s'aigrir la bile par des discussions politiques. On s'occupe donc beaucoup plus d'art, de littérature et de musique à Stuttgard que partout ailleurs [1].

A Francfort, c'est le contraire. La vie moderne s'y étale dans toutes ses élégances, et même dans ses extravagances. En vous promenant sur la Zeil, de deux à quatre heures, vous vous croyez à Paris, sur le boulevard. La langue française résonne à vos oreilles, les gamins sifflent la *Fille Angot;* les femmes ont une certaine grâce et une certaine pâleur qui rappellent les Parisiennes. Seulement, il ne faut pas regarder leurs pieds : le bon Dieu les leur a donnés pour traverser le Mein sans bateau. Et ce qui complète l'illusion d'une ville française, occupée par une garnison prussienne, c'est la prévenance, la courtoisie, l'hospitalité des Francfortois, leur haine franche et loyale contre cette Prusse qui a forcé leurs coffres-forts et supprimé à coups de canon leurs franchises de ville libre. Ces casques à pointe qui passent, aux sons des fifres criards et de petits tambours en forme de casseroles, la vraie population de Francfort les déteste autant qu'on les déteste à Strasbourg et à Metz. C'est la ville irréconciliable. Elle le montre à chaque élection. En envoyant, avec trois mille voix de majorité, M. Sonnemann au Parlement, Francfort a joué à l'empire prussien le tour que Paris jouait à l'empire napoléonien en élisant Rochefort.

M. Sonnemann, directeur et propriétaire de la *Gazette de Francfort*, a toutefois cette différence avec l'ex-vaudevilliste du Palais-Royal, qu'il est un homme politique dans toute l'étendue du terme, et qu'il jouit, même parmi ses adversaires, d'une grande considération. M. Sonnemann est le seul député progressiste ou républicain qui se soit élevé, avec les députés socialistes et polonais, contre

---

[1] Il y a quarante fabriques de pianos à Stuttgard.

l'annexion de l'Alsace-Lorraine. Que ne l'a-t-on écouté ! La nouvelle province est un brûlot attaché aux flancs de la trirème impériale. Elle condamne, comme l'a dit M. de Moltke au Reichstag, l'Allemagne à un siècle de paix armée. On ne s'aperçoit que maintenant de la faute commise ; j'ai entendu des militaires prussiens eux-mêmes avouer qu'on aurait dû se borner à neutraliser l'Alsace-Lorraine, ou simplement se contenter de démanteler Metz et Strasbourg.

Je viens de parler de Rochefort. De l'évadé de la Nouvelle-Calédonie à la *Lanterne*, il n'y a que l'épaisseur de la corde. Le journal de M. Sonnemann ne ressemble, toutefois, en rien à la *Lanterne*, bien qu'il éclaire souvent des coins de l'empire qu'on aimerait, à Berlin, laisser dans l'ombre la plus obscure. Mais si la *Gazette de Francfort* n'a point les allures du pamphlet, il n'en est pas de même du *Hampelmann*, qui s'intitule bravement, depuis la guerre, la *Lanterne de Francfort*.

Spirituel et mordant sans être brutal, ce qui est bien rare en Allemagne, son rédacteur, M. Friederic Stoltze, est le premier des écrivains humoristes populaires du nouvel empire. M. de Bismarck fait, en général, les frais du journal et des caricatures. On dit que le chancelier ne s'en offense point et qu'il en rit même quelquefois.

Le numéro de la *Lanterne de Francfort* que j'ai sous les yeux donne les « divers modèles de la perruque parlementaire de M. de Bismarck. »

A l'ouverture et à la clôture de la session, le chancelier se coiffe d'une perruque solennelle à la Louis XIV. Quand l'opposition se montre, il met une perruque à la Radetsky, dont la queue s'agite comme une vipère. Parle-t-il de l'Alsace-Lorraine ? il se coiffe d'une tête d'ours, à l'exemple des anciens barbares de la Germanie. Dans la discussion des lois ecclésiastiques, il porte la tonsure. Quand il parle à M. Lasker, il s'encadre de la longue chevelure des juifs polonais.

Les rédacteurs de la *Gazette de Francfort* n'ont pas voulu me laisser partir sans me conduire à l'*hôtel de la Justice.*

On appelle ainsi, sur les bords du Mein, un *Gasthaus* tenu par un ancien barricadier de 1848. Ce révolutionnaire francfortois a fait de sa salle à manger un véritable musée *sui generis* dans le genre de celui du citoyen Gaillard à Carouge. La maison est d'aspect fort vénérable ; je crois même que c'est la plus ancienne de la place du Dôme ; elle porte double pignon, elle est décorée de portraits historiques, et ses trois étages, qui s'avancent comme des ventres de bourgmestre, indiquent qu'on y fait chère lie.

En entrant, le premier objet qui frappe le regard est une immense verge accrochée à la paroi, au-dessus de la nouvelle constitution impériale, gravée par les lithographes de Berlin sur deux tables, comme les lois que Moïse apporta au peuple. Cette verge symbolise le sceptre prussien. Plus haut, on voit la constitution de la ville libre de Francfort, reliée en maroquin rouge et voilée d'un crêpe ; une couronne de cyprès l'entoure.

Le reste de la salle est orné des portraits des hommes de 1848 ; des autographes de Lassalle et de Jacobi sont placés sous verre ; j'ai remarqué aussi, soigneusement encadré, le discours de M. Castelar sur la République, vendu à des milliers d'exemplaires dans les rues de Francfort.

L'hôtel de la Justice, — de son vrai nom l'hôtel de Darmstadt, — est le rendez-vous de la démocratie avancée. Si un officier prussien a le malheur de s'y fourvoyer, il tombe dans un beau guêpier ! On cite l'embarras d'un de ces malheureux qui, ne connaissant pas la ville, était venu loger dans cette maison de si patriarcale apparence. On lui servit trois heures durant de la révolution en tranches, et on lui fit subir le récit complet de l'occupation prussienne de Francfort en 1866.

Ces souvenirs sont encore dans toutes les mémoires. Francfort ne fut pas mieux traitée qu'une ville française. L'histoire de ces jours néfastes n'a pas encore été écrite ; elle serait pleine d'intérêt, si j'en juge par les récits d'un témoin oculaire, que je viens d'entendre.

Ce fut le 6 juillet que le Sénat annonça à la population l'entrée des Prussiens, « dont la bonne discipline était un sûr garant que personne ne serait inquiété. » En dépit de « cette bonne discipline, » toutes les maisons de banque se mirent sous la protection des consuls étrangers et arborèrent des pavillons américain, anglais, français ou suisse. Les rues étaient désertes comme un cimetière.

Les Prussiens n'arrivèrent qu'à neuf heures du soir. Leur entrée fut une entrée triomphale. A leur tête marchait, l'épée nue, le général Vogel de Falkenstein ; les musiques jouaient, les tambours battaient, c'était un vacarme à réveiller les morts. Des billets de logement avaient été préparés pour cette armée d'envahisseurs ; mais les soldats préférèrent choisir eux-mêmes leurs quartiers ; ils se divisèrent en escouades de 50, 70, 100 et 150, que conduisaient des officiers, et pénétrèrent de force dans les maisons qui leur semblaient de bonne apparence. Les gens, réveillés en sursaut, couraient éperdus à travers leurs appartements. Des officiers, trouvant des chandelles sur leur table, obligèrent les femmes, en leur mettant le pistolet sur la gorge, à leur donner des bougies. Mais la première chose qu'ils réclamèrent, ce furent les clefs de la cave. La nuit se passa à boire des vins fins ; — ils en voulaient surtout au champagne.

Le lendemain, le général Vogel de Falkenstein, surnommé Vogel de *Raubenstein* (oiseau de proie), fit lire et afficher dans les rues une proclamation qui établissait l'état de siége, supprimait tous les journaux, interdisait les réunions privées, et il annonçait, en outre, une longue série de réquisitions. Cette journée fut marquée par la mort tragique de M. le sénateur Fischer-Goulet, et par l'arrestation des rédacteurs de la *Gazette de Francfort*. M. Sonnemann réussit à s'échapper et transporta son journal à Stuttgard.

Le 18 juillet, le général de Falkenstein, qui, la veille déjà, avait forcé la ville de Francfort à acheter chez le fournisseur de l'armée prussienne plusieurs milliers de cigares, demanda qu'on lui livrât 60,000 paires de « bons souliers, » 300 « bons chevaux de selle, » et qu'on payât à ses soldats la solde d'une année ; en échange il promettait de ne plus inquiéter les habitants. Le 19, on lui apporta 6 millions de florins ; mais comme le général Vogel de Falkenstein fut appelé dans la soirée à un autre commandement, le Sénat recevait de nouveau, le 20 au matin, une note ainsi conçue :

« MM. les sénateurs de la ville de Francfort sont prévenus que leur ville est frappée d'une contribution de guerre de 25 millions de florins, payables dans les vingt-quatre heures.

« Quartier général de Francfort, le 30 juillet 1866.

« *Le général en chef de l'armée du Mein,*

« Manteuffel. »

Trois des premiers banquiers de Francfort furent immédiatement délégués auprès du général pour lui rappeler les promesses de son prédécesseur, et pour le prier de renoncer à de nouvelles impositions. Tout ce qu'ils obtinrent, ce fut un délai de trois fois vingt-quatre heures.

— Je sais, leur dit Manteuffel, qu'on me comparera au duc d'Albe, mais je ne suis ici que pour exécuter des ordres supérieurs.

— Et que ferez-vous si, d'ici à dimanche, nous n'avons

pas payé ? lui demanda un des membres de la députation. Vous ne.....

— Je lis le mot sur vos lèvres, ajouta le général. Hélas ! oui, je livrerai la ville au pillage.

— En ce cas, que ne mettez-vous, comme Néron, immédiatement le feu aux quatre coins de Francfort ?

A cette sortie, le général de Manteuffel se contenta de répondre en souriant :

— Rome n'est ressuscitée que plus belle de ses cendres[1] !

Avant de se séparer du général, la députation lui demanda si cette imposition serait bien la dernière :

— De ma part, oui : je vous en donne ma parole d'honneur ; mais un autre général peut venir prendre ma place, avec des ordres que je ne connais pas.

La menace du pillage et du bombardement de la ville se répandit avec la rapidité de l'éclair : les bourgeois et les banquiers se cotisèrent pour payer la rançon.

Cinq jours plus tard, le général de Rœder appela chez lui le président de la chambre de commerce, et lui donna lecture du télégramme suivant, que M. de Bismarck venait de lui adresser :

« Puisque les mesures prises jusqu'ici n'ont pas suffi pour vous mener au but, fermez, dès ce soir, les bureaux des postes et des télégraphes, les brasseries, les auberges, tous les établissements publics ; interdisez l'entrée en ville à tous les voyageurs et à toutes les marchandises. »

Mais je m'arrête. Ces quelques faits, choisis entre mille, et dont je vous garantis l'authenticité, sont suffisamment édifiants.

[1] Je tiens ce dialogue d'un témoin de cette scène

X.

Wiesbade depuis la guerre. — La demeure de l'empereur. — Les courses en allemagne. — L'éventail de Guillaume IV. — On boit du lait.

Je vous écris ce matin, mon cher ami, de Wiesbade où je suis venu assister aux courses que de grandes affiches jaunes annonçaient depuis dimanche à la population de Francfort.

Bien que le spectacle dût être rehaussé par la présence de l'empereur, les Francfortois ont témoigné la plus complète indifférence et ne sont pas sortis de la cage dans laquelle les a enfermés M. de Bismarck.

Donc peu de monde, pour ne pas dire point, dans le train qui franchit en une heure la vaste plaine séparant l'ancienne ville libre de l'ancienne capitale du duché de Nassau. On passe près des fortifications de Mayence, fortifications formidables et qu'on agrandit encore. La gare de Cassel est une véritable redoute. De tous côtés, des fossés, des bastions, des maisons à créneaux, avec d'étroites et sombres ouvertures faite pour la bouche des canons et le long cou des carabines.

Cette rapide vision de la Prusse ne vous dispose pas à des idées bien gaies, et l'aspect actuel de Wiesbade n'est certes pas non plus de nature à vous réjouir davantage.

Il est difficile de se figurer une ville plus triste. Et ce qui ajoute à cette mélancolie qui vous saisit aujourd'hui dès les premiers pas, c'est la beauté de ces rues presque désertes, la richesse aristocratique des palais sur lesquels on lit les mots vulgaires d'*appartements à louer;* la solitude qui règne sous ces berceaux de verdure fleurie, où, il y a quatre ans, les enfants gazouillaient avec les oiseaux. Allez au Kursaal, vous vous croirez à Pompeï! Les magasins de la Colonnade sont la plupart fermés; l'on découvre encore çà et là sur les murs, comme des inscriptions d'un autre âge, des noms français et les portraits à demi effacés de l'empereur Napoléon, ornant des médailles décernées à des fabricants d'eau de Cologne, à des inventeurs d'horloges à musique. Les Vénus et les Arianes qui sont restées dans leurs niches, au grand salon, semblent grelotter de froid et implorer le pardessus des passants. Leur beau corps n'est plus réchauffé par le regard caressant de cette jeunesse rieuse et folle qui s'ébattait autrefois si gaiement sous ces lustres d'or, maintenant voilés par des housses couleur de cendre.

Dans les jardins, même solitude, même tristesse. Un officier boit un bock en compagnie de son grand sabre. Une vieille dame, en châle fané, tricote, assise au bord du petit lac qui n'a pas changé, depuis l'été dernier, la robe malpropre de ses eaux. Il n'y a que les lilas qui aient de beaux panaches roses, d'une fraîcheur éclatante, et les marronniers qui mettent, par leur verdure de velours, entremêlée de diadèmes de fleurs, un peu de joie dans ces détresses de l'œuvre humaine, comme s'ils voulaient consoler les regards affligés des arrivants de toutes les splendeurs disparues.

Du Kursaal, où nous n'avons pas eu le courage de rester plus de dix minutes, nous nous sommes rendus sur la place du marché.

En face de l'église en grès rouge qui se détache comme une terre cuite sur le ciel bleu, s'élève l'ancien château du duc de Nassau, dont l'empereur Guillaume s'est déclaré propriétaire parce qu'il se nomme Guillaume, en 1866. Sa Majesté l'habite pendant ses séjours annuels à Wiesbade. On dirait une citadelle. De petites fenêtres en machicoulis ornent sa partie supérieure. Quatre sentinelles veillent à ses portes. L'empereur occupe le premier, — le « *bel étage,* » comme on dit en allemand.

Il était deux heures. Plusieurs visiteurs se dirigeaient déjà vers le champ de courses; je crus prudent de les imiter.

Le Longchamps wiesbadois est à une bonne demi-heure de la ville, dans la Clairienthal (la vallée de Claire). L'excursion est charmante, on la ferait sans autre but que de jouir de la vue de ces magnifiques forêts qui couronnent les collines. A l'horizon, on découvre le Dôme de Cologne et la ligne bleuâtre du Rhin.

L'entrée du pavillon des courses n'est pas chère : deux francs pour avoir le privilége de s'asseoir à dix chaises de celle de l'empereur.

Sa Majesté, avec cette ponctualité qui lui est habituelle, est arrivée à trois heures précises, précédée et suivie d'une longue file de voitures et de brillants cavaliers.

La grande-duchesse de Bade était assise à côté de son père, l'empereur Guillaume. Dans un autre équipage se trouvaient le prince Frédéric-Charles et le grand-duc de Bade.

L'empereur était en redingote noire et en gilet blanc, l'air frais et souriant. C'est encore un vieillard vert et guilleret, malgré ses soixante-dix-sept ans. J'ai été étonné de lui voir cette mine florissante, après les bruits pessimistes qui avaient couru cet hiver sur sa santé.

A son arrivée, les dames lui ont offert un énorme bouquet et un grand éventail en feuilles de palmier, sur lequel un aigle noir déploie ses ailes et ouvre ses serres.

Guillaume est resté debout pendant toute la durée des

courses, s'entretenant familièrement avec celui-ci, minaudant comme un vrai marquis de la cour de France avec les dames les plus jeunes et les plus jolies. On eût dit un vieux frelon au milieu d'un essaim d'abeilles.

Rien de moins guerrier en apparence que ce vieillard en belle humeur, qui manie l'éventail avec la grâce d'une senorita espagnole.

Que vous dirai-je des courses elles-mêmes? Hélas! elles ont été comme est tout le reste à Wiesbade, d'une tristesse, d'une monotonie désespérantes. Les Allemands n'entendent rien à cette sorte de jeu dans lequel les Anglais sont passés maîtres et que nous leur avons emprunté avec tant de succès. Le derby n'est ici ni une fête, ni un plaisir, ni une affaire : c'est une simple épreuve de chevaux, un simple exercice militaire.

Aussi, pas de passion, pas de cris, pas de mouchoirs qui s'agitent, de mains mignonnes qui saluent, de paris qui s'engagent, de bouchons de champagne qui tonnent en l'honneur du vainqueur.

Tous ces gens assistent à ces courses avec la gravité d'un auditoire de chapelle de cour. C'est à peine une occasion d'exhiber une toilette nouvelle.

On reste confondu devant tant de calme, de froideur; le marbre n'est pas plus impassible que ces figures qui suivent d'un œil paresseux et presque indifférent les cavaliers emportés à travers champs par le galop vertigineux de leurs chevaux.

Les courses ont duré une heure, pas une minute de plus. On avait eu soin d'apporter une pendule Louis XV, surmontée d'une Victoire, pour ne point dépasser l'heure. Cette pendule était placée au milieu de la tribune, en face du fauteuil destiné à l'empereur. L'idée de placer une *Victoire* française sous les yeux de Sa Majesté m'a paru originale.

Il n'y a pas eu de distribution de prix. Les messieurs se

sont bornés à offrir quelques verres de lait aux dames. C'est plus économique ; mais malgré cette boisson calmante, on ramasse ces jour-là par douzaine les bonnets derrière les moulins. Encore un petit trait de mœurs, que les lectrices peuvent passer : aussitôt descendus de cheval, les « coureurs » ont été changer de chemise derrière la haie voisine.

Le peuple était plus gai : on rencontrait partout à la lisière des bois des groupes couchés sur la mousse, à côté d'un tonneau de bière, mangeant du pain noir et d'atroces petites saucisses jaunes.

Si c'est par de pareilles *fêtes* que l'administration des bains de Wiesbade espère attirer les étrangers, il n'y a rien que de très-naturel que ceux-ci préfèrent rester chez eux.

La veille, la même intelligente administration avait essayé d'organiser un *corso*. Deux orchestres, sous les colonnades, jouaient alternativement pendant que tous les fiacres de la gare, réquisitionnés par ordre de l'empereur, se promenaient autour des bassins en se jetant des bouquets. Sa Majesté ouvrait le défilé avec la grande-duchesse de Bade, « presque étouffée sous les fleurs, » dit le journal de la localité.

XI.

Les fêtes de la Pentecôte. — Festins champêtres. — L'idée de la revanche. — Eisenach. — La Wartbourg. — Sainte Élisabeth. — Luther.

En Allemagne, il n'y a pas de fêtes plus religieusement observées que celles de la Pentecôte. Elles durent trois jours. Samedi soir déjà, à Francfort, les cloches les annonçaient à grandes volées. Cette harmonie inattendue, descendant du ciel et planant sur la ville, semblait étouffer le bruit des affaires et inviter la laborieuse cité au repos. Le lendemain, il y avait comme des parfums d'encens répandus dans l'air. Par les portes entr'ouvertes des vieilles églises catholiques sortaient des voix jeunes qui chantaient la magnificence du Seigneur ; la foule débordait sous le porche ; et les autels, parés des premières fleurs du mois de Marie, étincelaient de radieuses clartés. L'orgue chantait aussi dans les temples protestants, et, dès la veille, Israël avait interrompu sa danse autour du veau d'or pour se recueillir au fond de ses tentes. Aujourd'hui, lundi, les chantiers sont encore silencieux, les magasins fermés, mais je remarque que les rues sont désertes, et que ce lieu de vie est subitement devenu un lieu de mort. Où est donc cette population qui hier soir encore animait si gaiement la ville ? Demandez-le à l'oiseau qui vole, au papillon qui folâtre, à la brise qui passe. Chacun, au lever du soleil, a pris la clef des champs. C'est de tradition immémoriale d'aller, le lundi et le mardi de Pentecôte, saluer dans les bois et les campagnes la nature rajeunie et souriante, qui

..... a laissé son manteau
De vent, de froidure et de pluye,
Et s'est vestue de brodeyrie,
De soleil luisant, cler et beau.

On va trouver le printemps dans son palais de verdure, sur son trône de fleurs et de mousse, entouré de sa cour brillante de

Rivières, fontaines et ruisseaux,
Portant en livrée jolie
Gouttes d'argent d'orfavrerie.

Ces fêtes champêtres auraient un caractère charmant si elles ne dégénéraient le plus souvent en affreuses ripailles. En longeant les forêts de pins qui environnent Francfort, nous voyons de notre wagon des gens couchés sur le dos, qui tètent de petits tonneaux de bière. D'autres nous saluent; le corps enguirlandé de saucisses, tels que des charmeurs entourés de serpents. Voici toutefois des groupes qu'eût chantés Virgile : ce sont des enfants autour de leur mère, occupés à lui tresser une couronne de myosotis ; ce sont des jeunes filles blondes qui roucoulent sur un banc rustique comme une nichée de tourterelles; c'est un naturaliste ou un poëte, étendu dans l'herbe, qui cherche des insectes ou des rimes.

C'est ainsi que l'Allemagne vous apparaît toujours sous deux faces : l'une grotesque, au nez bourgeonné; l'autre poétique et d'une simplicité gracieuse.

Notre locomotive parcourt à toute vapeur de longues plaines monotones, semées çà et là de pauvres villages dont les maisonnettes sont percées d'une seule fenêtre. Ces façades borgnes vous regardent d'une drôle de façon, on sent que la Prusse est là derrière. Les gares du sud, si jolies sous leur mante de chèvrefeuille et de vigne-folle, ont disparu. Quand le convoi s'arrête, on est devant quatre murs massifs accroupis dans un bas-fond, ou s'élevant sur un tertre, avec des airs de forteresse. Tout cela vous donne déjà comme de vagues odeurs de caserne ; les employés du chemin de fer font partie de l'armée : le moment venu, ils sauront comment on tire des coups de fusil des portières et comment on fait dérailler les trains ennemis.

Près de Gelnhausen, le paysage est moins triste. Les forêts du Spessart mettent une dentelle verte à la robe bleue du ciel. A gauche, le Lamboiwald marque une victoire française. Napoléon, chassé de Leipzig, culbuta de cette forêt, dans les eaux de la Kinsig, les Autrichiens et les Bavarois accourus pour lui barrer le passage. Des oies et des canards se promènent débonnairement sur le champ de bataille. Une petite fille en haillons, pieds nus, tenant une baguette de coudrier à la main, conduit cette armée, sans se douter qu'à la même place César conduisait la sienne, l'épée au poing.

Gelnhausen portait autrefois la couronne impériale ; il n'a plus que sa couronne de pampres, qui lui vaut moins de gloire, mais plus de profit. Cependant, au milieu des ruines du palais de Frédéric Ier, le lion de pierre des Hohenstauffen veille encore, comme le chien fidèle sur la tombe de son maître. L'église de Gelnhausen, en style gothique allemand, est flanquée de trois clochers de fer, dont l'un est violemment recourbé ; on ne sait si c'est le caprice de l'architecte ou l'œuvre de l'ouragan.

Celui qui connaît la langue voyage en Allemagne avec beaucoup plus de fruit que partout ailleurs. Il est sûr de trouver, dans le compartiment qu'il occupe, un monsieur plus loquace ou plus instruit que les autres, qui se fait un devoir de lui signaler les moindres particularités du pays, de lui raconter l'histoire des bourgs et des villes qu'on traverse, depuis leur origine la plus reculée jusqu'à nos jours.

Comme je feuilletais le dernier roman de M. Henri Rivière, édité en français à Brunswick, où les traditions de la contrefaçon se conservent dans leur pureté belge, un monsieur à longue barbe m'adressa la parole :

— Vous êtes Français, monsieur ?

— Monsieur, je viens de Strasbourg.

Une minute de pause.

— Moi, monsieur, reprit-il après avoir étudié son terrain, je ne suis pas Prussien, je suis du grand-duché de Gotha. Nous avons été annexés comme les Alsaciens, et Gotha, qui était autrefois un petit centre politique et littéraire, n'est plus qu'un pauvre chef-lieu de province, que le grand-duc habite à peine un mois dans l'année. La Prusse roule lentement son grand rouleau, et tout se nivelle dans notre Allemagne, autrefois indépendante. A première vue, ces petits souverains, ducs et princes, vivant les uns à côté des autres, de leur vie propre, ayant chacun leur physionomie particulière, présentaient un singulier tableau ; mais en y regardant de près, on voyait que ces gouvernements étaient modestes, paternels et peu coûteux ; qu'ils recherchaient beaucoup plus la gloire des arts de la paix que celle de l'art de la guerre. Cet assemblage de petits gouvernements était, d'ailleurs, la meilleure garantie de la tranquillité de l'Europe. Il y avait des luttes entre Etats, mais non de puissances à puissances. C'étaient des tampons qui amortissaient les chocs et rétablissaient l'équilibre.

— Hanau ! Hanau ! interrompirent les conducteurs du train.

Mon interlocuteur, profitant de l'interruption, me renseigna sur la ville que nous avions en vue. Elle est bâtie sur l'emplacement d'une ancienne colonie romaine, mais elle a été brûlée, et ce furent des protestants exilés de France et des Pays-Bas qui la reconstruisirent. On y prêchait, jusque dans ces dernières années, en flamand et en français.

Me montrant le vert ruban de forêts se développant sur notre gauche :

— C'est le Lamboiwald, me dit-il ; Napoléon, reprenant le chemin de France, y fit placer toute son artillerie pour attendre les Bavarois et les Autrichiens, qui venaient s'opposer à sa retraite. On dit qu'en examinant les positions, l'empereur s'écria : « Ils sont perdus ! » La défaite fut, en effet, une déroute. Décimés par le feu de canons invisibles, les Bavarois lâchèrent pied les premiers, les Autrichiens les suivirent, et ce fut un sauve-qui-peut général. Mais, par contre, à deux lieues d'ici, à Dettingen, le passage de l'armée de Louis XV est marqué par une défaite. Les Autrichiens et les Anglais, sous les ordres de Georges II, battirent le maréchal de Noailles, qui avait pris les plus belles positions du monde, mais qui n'avait pas su attendre. Les Français, voyez-vous, ont toujours manqué de ces deux qualités indispensables : la patience et la discipline. Combien de batailles perdues, à cause de cette ardeur trop précipitée ! Pour revenir au temps présent, sans quitter notre sujet, vous voilà à peine sur vos pieds, que vous songez déjà à prendre votre revanche.

— Oui, c'est bien cela ! répliquai-je, nous allons prendre notre revanche tout naturellement, comme un bock à la brasserie ! Allons donc, monsieur, ne croyez point ces stupides inventions, qui sont forgées à Berlin et qui n'ont qu'un but : entretenir l'animosité du peuple allemand contre le peuple français, afin que, à un moment donné, il soit plus facile d'entraîner le premier dans une nouvelle guerre contre le second. L'Allemagne du sud et l'Allemagne centrale sont animées de sentiments pacifiques, je le sais...

— Oh! pour ça, oui ! Et il mit solennellement la main sur son cœur. Nous avons besoin de paix, d'infiniment de paix. Une nouvelle guerre serait la ruine générale du pays. Les affaires ne vont plus depuis le *krach* (la débâcle des Bourses allemandes). C'est une plainte générale. Les dernières foires de Francfort et de Leipzig, où il se traitait, avant 1870, pour cent et cent cinquante millions d'affaires, ont été lamentables. La fortune nationale est compromise dans une foule de spéculations véreuses ; il nous faut du temps, et avant tout la paix, pour nous remettre à flot. L'Allemand, qui est homme pratique, le comprend, et voilà pourquoi dans le peuple, dans la bourgeoisie, dans le commerce et la finance, vous ne trouvez que des aspirations pacifiques ; voilà aussi pourquoi l'on s'effraye à l'idée de voir la France nous tomber sur le dos un de ces quatre matins.

— Mais vous ne savez donc pas ce qui se passe chez nous ? Ce n'est pas dans les articles de Berlin sur la France qu'il faut chercher la vérité ; elle ne jaillit que trop claire des articles de la presse française. Si la France était calme comme une eau dormante, je comprendrais jusqu'à un certain point vos craintes ; mais quel pays, sauf l'Espagne, montre en ce moment une surface plus agitée ? Les tempêtes y éclatent à chaque instant et menacent d'engloutir même la barque de Versailles. Croyez-moi, ce n'est pas quand des voies d'eau se déclarent dans la cale, qu'on songe à se ranger sur le pont pour commencer l'attaque.

— C'est possible ; mais voyez-vous, vous ne nous ôterez pas de la tête qu'un jour ou l'autre vous ne cherchiez à nous reprendre l'Alsace et la Lorraine.

— C'est le cri d'une mauvaise conscience que vous poussez là, prenez garde !

— Eh ! monsieur, si vous nous aviez pris les provinces du Rhin, nous nourririons les mêmes secrets desseins contre vous. Aussi, la perspective d'une guerre nouvelle avec la France est toujours devant nos yeux. Si vous êtes assez sages et assez disciplinés, vous attendrez une alliance, sinon vous entreprendrez une guerre de fous.

— Une alliance ? Les rois ne s'allient qu'entre eux, tandis que les républiques se mangent. Si vous n'avez pas d'autres soucis en tête, travaillez en paix, nous ne viendrons pas vous déranger de longtemps.

Nous laissons Fulda à notre droite, au centre de son demi-cercle de collines. C'est dans l'antique abbaye de Fulda que saint Boniface, l'apôtre des Germains, est enterré. Son corps repose dans une crypte, comme celui de saint Charles à Milan.

Le chemin de fer décrit une courbe ; nous nous engageons dans une suite de vallées mornes et désolées, au sommet desquelles un ancien château profile de temps en temps sa silhouette funèbre. Des chênes, véritables géants du Nord, échelonnés comme des sentinelles sous leur sombre manteau de feuilles, semblent garder ces défilés. Nous traversons un tunnel et débouchons de nouveau dans des plaines qu'entre-coupent des eaux dormantes. A leur surface, comme de blondes chevelures d'ondines qui se baignent, flotte un réseau de fleurs aquatiques d'une pâleur argentée. Pas de vie champêtre, pas de champs, pas de haies, rien qui décèle la présence de l'homme, pas de cheminée qui agite son gai panache et anime la solitude. Quelques vols de corbeaux errants se dessinent seuls sur l'horizon, semblables à des points noirs et à des accents circonflexes. Enfin, voici des toits, des tours d'églises ; c'est une ville : Marbourg, ancienne résidence de sainte Élisabeth, qui y mourut et y fut enterrée. La châsse qui renferme son corps est en chêne lamé d'or ; en 1810, les armées de Bonaparte portèrent une main sacrilége sur ce sarcophage et le dépouillèrent de toutes ses pierreries.

Nous passons rapidement devant Bebra, point de jonction de la ligne de Brême et de Berlin, puis nous arrivons à Eisenach. Grande foule à la gare. Eisenach et la Wartbourg, les belles forêts de la Thuringe, sont une des excursions préférées pendant ces jours de fête. Les étudiants de Leipzig, de Iéna, de Giessen, attendent en corps, sac au dos, avec la gourde en bandoulière et leurs longues bottes de sept lieues. Les bons bourgeois de Gotha et de Weimar, avec leur casquette noire, leur cravate nouée autour du cou et remplaçant le col de chemise ; des ouvriers de Leipzig, endimanchés comme des ouvriers parisiens, sont également là, avec des paniers de provisions. A côté d'eux on remarque le paysan de la Hesse avec sa longue redingote qui ressemble à une soutane, les paysannes de la Thuringe avec leur espèce de mantille en percale, à pèlerine bouffante, qui leur donne l'air d'une outre pleine. Elles portent leurs tresses enroulées comme un serpent sur le sommet de la tête, ce qui produit l'effet le plus étrange.

Hors de la ville, dans les chemins et les sentiers ombreux qui conduisent à la Wartbourg, j'ai retrouvé le tableau des environs de Francfort. Même animation, même gaieté, mêmes repas sur la moussse, mêmes fumets balancés dans les airs, mêmes glouglous dans les gosiers, mêmes chansons sur les lèvres. Nous sommes dans le voisinage de Luther, et ces gens mettent en pratique des vers qu'il a écrits là-haut, sous le pseudonyme du chevalier Georges : « Celui qui n'aime ni le vin, ni les femmes, ni les chansons, est un fou toute sa vie [1]. »

Ces conseils badins sont passés aujourd'hui à l'état de préceptes. L'idéalisme allemand est mort. L'incrédulité règne dans les temples déserts ; l'incrédulité tombe même de la chaire sacrée, et la jeunesse la boit à longs traits dans la coupe de l'enseignement universitaire. Le mal date de loin. Un illustre écrivain, M. Edgar Quinet, qui par-

---

[1] Wer nicht liebt Weib und Gesang, der bleibt ein Narr sein Leben lang.
On cite encore cette maxime de Luther :
Trink und iss, Gott nicht vergiss.
Bois et mange, mais pense à Dieu.

courait l'Allemagne en 1836, s'écriait déjà : « J'ai vu les chastes images de Thécla, de Clara, de Marguerite, de Geneviève, qu'insultaient de grossières courtisanes, nées du cerveau grossier de poëtes de nos jours. Le ricanement de l'orgie a pris la place des larmes saintes des esprits immortels, et des vices prétentieux se sont couronnés eux-mêmes de la couronne des vierges. Le docteur Faust a quitté sa cellule, il a quitté ses livres et son creuset ; il a rejeté loin de lui la tête de mort qui mêlait à ses pensées enthousiastes les songes du tombeau. Le docteur s'est fait vif ; il court au bal en chapeau brodé ; il est galant, leste, musqué. Seulement, avec son manteau de philosophie, il a oublié au logis son âme et son imagination. Quel magicien pourrait les lui rendre ? »

Aujourd'hui, l'Allemagne est tout entière en proie à la dissolution matérialiste.

Nous faisions ces réflexions en pensant aux nombreux faits qui nous ont frappé depuis le commencement de ce voyage, et tout en suivant tantôt l'un, tantôt l'autre de ces délicieux petits chemins qui conduisent au vieux manoir, et qui se croisent et s'entre-croisent, se perdent sous la feuillée, et se retrouvent en plein soleil, dans des clairières fleuries ; sentiers charmants, qui semblent avoir été tracés par les pas d'Élisabeth dans ses courses chez les pauvres et les malades de la vallée.

L'ascension de la Wartbourg dure une heure. A mesure qu'on s'élève, en gravissant le rocher de gradin en gradin, la vue se développe et prend des proportions grandioses. Partout des forêts, des collines hérissées de sapins, des vallons solitaires, des cours d'eau qui rampent au fond de gorges sauvages. Un sol mouvementé et tragique comme une mer en furie. A l'horizon, semblables à une flotte à l'ancre, quelques montagnes trapues, éclairées par un pâle reflet de soleil.

Debout sur son haut promontoire de granit, la Wart-

bourg, telle qu'elle a été restaurée, fait très-grande figure.
C'est encore une petite place de guerre. A l'entrée de son
pont-levis, trois canons vous flairent de leur gueule ouverte, et trois sentinelles, sous le commandement d'un
caporal, y représentent le dernier vestige de puissance et
de splendeur militaires laissé par la Prusse à S. A. le
grand-duc de Saxe-Weimar.

On nous conduit d'abord au château des Landgraves
pour nous faire admirer la salle à manger. Nos yeux s'arrêtent curieusement sur une collection de couteaux, de
fourchettes et de cuillères de tous les siècles et de tous
les peuples. Il y a là des fourchettes de fer byzantines,
des cuillères de bois ayant appartenu aux parents de Luther; il y en a une dont le manche sculpté représente
Gustave-Adolphe. Un couteau, au millésime de 1614, porte
dans son manche une plume d'acier et un encrier. Des
fourchettes et des cuillères siciliennes sont emmanchées
à des poignards.

Nous montons à la chambre des Landgraves, meublée
de bahuts, de tables et de chaises de l'époque, tendue de
Gobelins jusqu'à hauteur d'homme, ornée de fresques re-
traçant les principaux épisodes de l'histoire de la Wartbourg. La salle des ménestrels ou des Minnesænger, qui
est à côté, a été restaurée dans son ancien style, de sorte
que l'on peut se rendre compte, comme si l'on y était, de
cette fameuse guerre des chanteurs qui a inspiré le *Tannhauser* à M. Richard Wagner. Une superbe fresque de
M. Schwind, de Munich, un élève de Delaroche, rappelle
ces souvenirs de l'Allemagne chrétienne, alors qu'elle s'é-
veillait aux chants pieux et héroïques de Wolfram d'Es-
chenbach, de Henri d'Ofterdingen et de Walther de Vo-
gelweide.

Mais la Wartbourg a bien d'autres souvenirs! C'est dans
les murs gothiques de ce château que la douce, l'angélique
Elisabeth de Hongrie arriva un jour, ramenée par les am-

bassadeurs du landgrave Hermann, qui étaient allés la demander en mariage pour le fils de leur maître. Nous n'osons pas, après le grand écrivain qui a si magistralement raconté la vie de la sainte et magnanime épouse du landgrave Louis, essayer de retracer le tableau de ses vertus, de ses douleurs, de sa fuite à travers les forêts de la Wartbourg, la nuit, avec ses deux enfants, de sa mort sur le grabat du pauvre, dans la petite ville de Marbourg.

C'est à la Wartbourg que l'électeur de Saxe fit enfermer Luther, pour le soustraire aux recherches de l'empereur. Luther revenait de la Diète de Worms. Près d'Eisenach, il tomba dans une embuscade de cavaliers masqués. On le força de jeter le froc aux orties, d'endosser une cuirasse, et on l'emmena à la Wartbourg sous le nom du chevalier Georges. Il resta caché sous cette cape guerrière pendant dix mois, qu'il employa à traduire la Bible et à se chamailler avec le diable. On voit encore la tache d'encre laissée par l'encrier que Luther jeta à la tête du prince des ténèbres. Comme les dévots démolissent la paroi pour emporter des fragments de la fameuse tache, on la renouvelle tous les trois ans.

XII.

Le mont de Vénus. — Un couple allemand. — Le parc de Fridrichshain. — Collections curieuses. — La maison Justus Perthes. — Les hommes à queue. — Ce qu'il faut pour être belle. — L'Almanach de Gotha, journal de modes. — L'Almanach et l'empereur.

Je suis redescendu à Eisenach au moment où le soleil se couchait. Ses rayons appliquaient des losanges d'or sur la façade grise de la Wartbourg, et la grande croix de la citadelle sainte (*Heilige Burg*) semblait étendre ses deux bras sur le monde, comme pour le bénir avant son sommeil. Les montagnes apparaissaient dans une robe de lumière glorieuse, les vallées hérissées de forêts se coloraient de reflets bleu foncé, tandis qu'au fond du paysage s'endormait déjà doucement sous un voile de vapeurs diaphanes le petit lac au bord duquel sainte Élisabeth venait, dit-on, s'asseoir et pleurer en secret, en attendant son époux parti pour les croisades. A droite, autour du fameux mont de Vénus, où le chevalier Tannhauser fut si longtemps retenu captif, flottaient des nuages argentés, pareils à la longue robe mouvante des nymphes et des déesses. Les oiseaux s'étaient réunis pour leur dernier concert; ils remplissaient les sapins et les buissons d'une musique de triomphe. Ce tableau des fantasmagories du soir avait malheureusement ses ombres ; c'étaient des voix avinées qui répétaient dans le lointain, comme un écho moqueur, les vers de Luther :

> Wer nicht liebt Wein, Weib und Gesang
> Der bleibt ein Narr sein Lebe lang.

J'ai hâté le pas et j'ai rapidement traversé Eisenach. Cette ville assez proprette n'est intéressante que par ses souvenirs. Le compositeur Sébastien Bach y est né ; la duchesse d'Orléans et ses enfants ont habité, après la révolution de 1848, le château qui s'élève sur la place du marché. C'est une grande façade banale, sans architecture, plutôt couvent que caserne.

La mémoire de la duchesse est encore pieusement vénérée dans le pays ; les habitants d'Eisenach ne l'appelaient que « notre Hélène, » et l'on raconte qu'un jour, au milieu de l'hiver, les hommes d'Eisenach s'armèrent de pioches et de pelles, et creusèrent un étang pour que les jeunes princes pussent patiner.

A la gare, même encombrement au départ qu'à l'arrivée. Tous les chapeaux sont ornés de feuilles de chêne ou de panaches de lilas. Les langues sont plus déliées : c'est un bourdonnement de guêpes. Le train arrive, tout l'essaim se précipite à la fois et s'embarrasse dans les portières : les femmes crient, les enfants hurlent, les hommes jurent. Enfin chacun a trouvé place comme il a pu dans les étroites et sombres petites cellules de l'ancien chemin de fer grand-ducal, desservi aujourd'hui par des employés prussiens. Un professeur, en lunettes, avec des papillons épinglés au chapeau, a pris sa moitié sur ses genoux. Il enlace et berce sa femme en lui chantant une ballade. La « professoresse » a quarante ans et roule des yeux mourants d'amour.

D'Eisenach à Gotha, le trajet dure à peine une heure. La nuit montait rapidement, envahissant les collines, les vallées, les montagnes, le ciel. La Wartbourg disparut bientôt à nos yeux, comme un de ces châteaux fantastiques qui obéissent au sifflet du machiniste.

Quand j'arrivai à Gotha, l'obscurité était complète. Je

me jetai dans un modeste omnibus, attelé d'un seul cheval, dont la silhouette maigre se détachait à la lumière blafarde du gaz, comme celle d'une sauterelle colossale.

La ville est éloignée de la gare. Nous passâmes par une longue avenue avant d'atteindre l'hôtel. Ma chambre donnait sur la rue : toute la nuit, j'entendis des gens qui revenaient en chantant des excursions obligées du lundi de Pentecôte. Ces accents, qui n'avaient rien d'harmonieux, m'épargnèrent la peine de m'éveiller à l'aube : j'étais debout au moment où le soleil se présenta chez moi pour m'inviter à visiter le parc pendant la sérénité des heures matinales.

Le parc de Fridrichshain est un vrai parc anglais ; les arbres y croissent superbes, en pleine liberté, la terre et le ciel sont leur domaine. Pas d'allées tirées au cordeau, rien de géométrique, la nature telle qu'elle est. Pas de cascades non plus, qui versent toutes les heures une larme pour protester contre leur malheureux sort ; pas de statues qui implorent la pitié des passants, pas de rocailles, de ponts rustiques, de grottes artificielles, mais de l'air, de l'espace, plus d'ombre que de soleil. Près de l'orangerie, c'est une promenade avec quelques beaux parterres d'orchidées ; plus loin, c'est une verte solitude. On va sans entraves, droit devant soi. Si l'herbe vous semble assez veloutée et assez tendre, vous avez le droit de vous y asseoir. Personne ne vous dira rien non plus si vous détachez quelques roses des églantiers. Ici, la nature a mis la table pour tous, chacun peut se servir selon ses préférences et selon ses goûts.

Le château de Fridrichshain, auquel on arrive par une succession de terrasses, a été bâti en 1642, par Ernest le Pieux, fondateur de la branche Ernestine. C'était primitivement une forteresse. Aujourd'hui, on y a installé des bureaux d'administration et des collections de tableaux et d'objets d'art. J'y ai remarqué de curieuses toiles de Lucas Cranach, qui vécut à Gotha, entre autres une *Judith* en costume de patricienne allemande du seizième siècle, coiffée du grand chapeau rouge à plumes. Peinture réaliste s'il en est. La tête, livide, nageant dans le sang, est hideuse, soutenue par les mains blanches de cette jeune fille aux yeux bleus, qui sourit. Le *Pêcheur poursuivi par le diable* est aussi une de ces compositions qu'on n'oublie pas. Satan porte un ventre percé à jour, au fond duquel on voit des bouteilles, des dés et des pièces d'or.

De la galerie de peinture on passe au cabinet de curiosités. C'est un entassement d'antiquailles, un bric-à-brac de collectionneur et de marchand. On montre un diadème de madame de Maintenon, en écaille, image de la fragilité de celle qui le porta ; une tête de Louis XIV taillée dans une améthyste, en face d'un Confucius taillé dans un saphir ; des chapelets en lapis-lazuli ; des Dianes d'argent sur des cerfs dorés, suivies de chiens qui jappent, de scarabées qui agitent leurs ailes de topaze ; des éléphants caparaçonnés d'émeraudes, des élans aux cornes de corail, des coqs avec des plumes de nacre et des prunelles de rubis.

La perle de cette singulière collection est un bréviaire de Benvenuto Cellini. Il est grand comme le petit doigt, mais quelle finesse de dentelure dans cette reliure d'or, quel travail exquis, quels coups de burin qui sont des coups de maître ! On ne peut rien rêver de plus merveilleux ; c'est un livre fait pour n'être touché que par la main des anges. Au milieu, le Christ entouré d'une auréole de pierreries, est placé sur un autel aux colonnettes d'argent sculptées. On resterait des jours entiers à admirer ce pur chef-d'œuvre.

Dans une autre salle, on conserve religieusement un chapeau de Napoléon Ier, une tasse dans laquelle il a bu, une tabatière qu'il avait à Sainte-Hélène, et une paire de pantoufles. Dans le même compartiment, on remarque une croix des chevaliers de la maison Ernestine, que Théodoros a portée pendant six ans. Il l'avait mise le jour de la prise de Magdala. Les Anglais l'ont rendue au duc de Cobourg-Gotha, qui s'était lié d'amitié avec le roi du désert, après avoir plusieurs fois chassé avec lui le lion et l'éléphant.

En sortant du château, je me rendis chez M. Justus Perthes, éditeur de l'*Almanach de Gotha*, dont l'établissement typographique a une renommée européenne. Je fus accueilli par un homme charmant, d'âge mûr déjà, qui voulut bien me faire lui-même les honneurs de sa maison.

M. Justus Perthes est le fils de M. Frédéric Perthes, né en 1772, à Rudolstadt, et qui fonda la maison avec les seules ressources de sa persévérance et de son travail.

Perthes édita d'abord des ouvrages d'histoire. Il acheta l'*Almanach de Gotha*, qui paraissait chez Ettinger, et lui fit subir d'importantes modifications. Il en confia la rédaction à Adolphe de Hoff, célèbre minéralogiste, qui s'adjoignit M. Wustermann, secrétaire de la chancellerie de Gotha.

M. Justus Perthes n'édite plus de livres aujourd'hui ; il a fait de sa maison un des plus grands établissements géographiques du monde, — le plus grand, disent les Allemands, et je crois qu'ils ont raison. Le docteur Petermann, qui le dirige, est une autorité scientifique que je n'ai pas besoin de faire connaître. L'Angleterre a donné le nom de ce savant à des îles, à des caps, à des golfes. J'ai vu, en passant, le vieux géographe occupé à marquer sur une immense carte d'Afrique, appliquée à la paroi, une des dernières découvertes de Livingstone. Il suit, pour ainsi dire, les explorateurs jour par jour et marque chacun de leurs pas sur ses tableaux.

Comme je m'arrêtais devant d'immenses cartons qui encombraient le couloir, M. Perthes me dit : « Ce sont nos documents ; nous avons là, rangées par pays, toutes les cartes qui ont été publiées depuis plusieurs siècles. »

Dans l'atelier où M. Perthes me conduisit, soixante jeunes filles étaient occupées à colorier des cartes. Le nombre des ouvrières de la maison est de trois cent soixante, celui des dessinateurs est de douze et des graveurs de vingt-deux.

Parmi les plus belles cartes que j'ai vues, je dois citer celle d'Espagne ; c'est en vain qu'on chercherait ailleurs quelque chose de plus exact et de plus complet. M. Petermann prépare une nouvelle grande carte de la France et surveille l'édition de l'Atlas de Stiler, en cours de publication. Cet Atlas n'aura pas moins de quatre-vingt-dix grandes feuilles. M. Perthes m'a également montré une carte de la Hongrie pour les écoles de ce pays, des cartes pour les écoles de la Russie et de l'Amérique, et une grande carte des Océans, avec tous les courants sous-marins et les lignes suivies par les vaisseaux et les paquebots.

Des bureaux d'expédition, où travaillaient une dizaine d'employés, nous montâmes, par un petit escalier mystérieux, au premier, et entrâmes dans le sanctuaire de l'*Almanach de Gotha*.

— C'est un livre qui doit vous donner beaucoup de peine ?

— Ces messieurs y travaillent toute l'année, sans un jour de repos, me répondit M. Perthes en me désignant deux très-graves Allemands, reliés en peau de chagrin dans leur redingote boutonnée, avec beaucoup plus de lunettes que de cheveux. Le premier lisait une lettre aux armoiries princières ; l'autre collait, dans un livre à souche, de petits carrés de papier. Je leur demandai si, sans les déranger dans leur travail, il me serait possible de feuilleter la collection de l'*Almanach*. Celui qui collait déposa son pinceau, me regarda longtemps, et ouvrit enfin la bouche pour me dire, en scandant sa phrase :

— Monsieur, vous ne nous dérangez pas ; seulement, nous n'avons pas la collection complète de l'*Almanach* ; je crois que vous ne la trouverez nulle part.

— N'importe, monsieur ; je me contenterai de ce que vous avez. La plus belle fille...

Je m'arrêtai à temps : les oreilles du savant se dressaient toutes droites.

— C'est un proverbe français, monsieur, lequel veut dire qu'on ne peut donner que ce qu'on a.

— La France a donné souvent ce qu'elle n'avait pas, répliqua sèchement le savant, en déposant une double pile de petits livres sur une table du fond.

J'allais lui répliquer ; la solennité du lieu m'arrêta ; je me mis tout entier à l'étude de mes almanachs.

C'est avec des soins tout particuliers que je les ai pris les uns après les autres dans mes mains, ces petits volumes reliés en maroquin parfumé, ou en satin rose avec des médaillons représentant un paysage d'Italie ou une déesse grecque ; ces almanachs sont enfermés dans de charmants étuis à filets d'or, et semblent avoir appartenu à quelque duchesse ou à quelque comtesse de la cour de Frédéric III, car j'ai trouvé sur leurs tablettes des achats de dentelles et des pertes de jeu. Un exemplaire de 1764 porte en tête ces deux lignes : « Dieu vous conduise, mon cher cœur. Pensez à moi, ma chère femme, et dites-vous que vous avez un mari qui vous aime tendrement. » D'une corbeille de noce, le coquet almanach est tombé dans la boutique d'un marchand de papier, et de cette boutique il est revenu en bonne maison, chez M. Perthes. Tout un roman peut-être dans ce voyage !

C'est en 1763 que parut le premier *Almanach de Gotha*. Il était alors de mode de parler français dans toutes les cours d'Allemagne. Voltaire, chassé de Berlin, était venu se réfugier à Gotha, et son passage dans cette résidence y avait mis plus que jamais à la mode le goût de la langue et de la littérature françaises.

Un almanach allemand eût été d'allures trop roturières pour paraître dans le grand monde. M. Rothberg, qui en est le créateur, le comprit, et publia l'ouvrage en français. Jusqu'en 1783, cet almanach, composé de vingt pages, ne contenait que le calendrier, des tablettes gravées avec élégance sur lesquelles on pouvait inscrire, jour par jour, les gains et les pertes de jeu, un tableau des arrivées et des départs du courrier, et un tableau des monnaies.

En 1783, M. Klupfel, qui avait accompagné en France, en qualité de précepteur, le prince héritier Frédéric de Saxe-Gotha, revint avec son élève, et eut l'idée d'agrandir cet almanach dont le succès allait croissant. Au simple titre d'Almanach de Gotha, on ajouta ce sous-titre : « *contenant diverses connaissances curieuses et utiles.* »

Outre un essai sur la généalogie des familles souveraines, on remarque dans l'Almanach transformé une table chronologique des empereurs d'Allemagne, des notices sur les bases astronomiques du calendrier, des tableaux pour le nombre probable d'années que des personnes d'un âge donné peuvent encore espérer vivre ; des conseils d'hygiène, des articles sur l'organisation du globe et sur l'organisation du corps humain.

On y apprend au lecteur que « les Européens ont la peau blanche, que les Groënlandais sont couleur d'olive foncée, que les Javanais ont le teint d'un rouge pourpré, que les habitants de l'île de Mindanas ont le teint tanné tirant sur le jaune clair, tandis que ceux de l'île de Formose sont d'un jaune noir, d'un jaune blanc, et quelques-uns tout à fait jaunes. »

« Dans l'île de Mindoro, ajoute l'Almanach, il y a une race d'hommes appelés Manghiens, qui tous ont des queues de 4 ou 5 pouces de longueur. Dans l'île de

Formose, les femmes ont de la barbe comme les hommes. A Calieux, il y a une race d'hommes qui ont les jambes aussi grosses que le corps d'un autre homme. La peau de ces jambes est dure et rude comme une verrue. »

Des *variétés de l'espèce humaine* nous passons aux *variétés dans les goûts*. Nous lisons : « Aux îles Mariannes, il faut, pour être belle, avoir les dents noires et les cheveux blancs.

« Dans l'île de Nicobar, c'est un défaut d'avoir des sourcils.

« Chez les Mogols, des jambes bien longues, qui soutiennent un corps fort court, sont une grande beauté de femme. Elle est parfaite, si elle a encore la chair bien découpée en fleurs peintes de diverses couleurs, de sorte que la peau paraisse comme une étoffe de fleurs. »

« Les belles de Siam sont celles dont la forme de visage approche le plus du losange, qui ont le blanc de l'œil bien jaune, les joues creuses, la bouche grande, les lèvres grosses, les dents bien noircies, les oreilles bien grandes. »

Viennent ensuite les *principales découvertes faites en Europe depuis quelques siècles*. Ce sont des notices sur Berthold Schwartz, l'inventeur de la poudre ; sur Gutenberg ; sur Jean Eyk, l'inventeur de la peinture à l'huile ; sur Copernic, Kepler, Leibnitz, Newton, etc., etc. On nous apprend aussi que Henri II porta les premiers bas de soie, et que les premières perruques furent faites à Paris, l'an 1620. La mode de se coiffer de chapeaux ne remonte pas au delà du règne de Charles VI, roi de France. C'est également à la France qu'on doit l'introduction des uniformes dans les armées, l'invention des cartes à jouer et des carrosses.

« La découverte la plus récente, dit l'Almanach que nous avons sous les yeux, est celle que M. Linnæus, premier médecin du roi de Suède, fit sur les perles en 1760. Ce grand naturaliste eut l'idée d'augmenter leur volume, moyennant une nourriture convenable qu'il fit administrer aux huîtres. Il réussit si bien que, dans la même année, il eut la satisfaction de présenter à la reine des perles d'une grosseur extraordinaire. »

En 1780, l'Almanach publia l'histoire de la perruque; en 1781, l'histoire de la barbe; en 1782, l'histoire des cartes à jouer; en 1783, l'histoire des voitures; en 1784, l'histoire des journaux; en 1785, l'histoire des montres et des mouchettes.

La même année, l'Almanach de Gotha donnait « des modèles de déclaration d'amour chez les divers peuples. »

Des articles d'utilité publique et d'économie domestique servaient ordinairement d'appendice au volume; on y trouvait des renseignements sur les pierres précieuses, sur leur valeur, sur la connaissance du fil et des dentelles, sur les prix de certains objets, comme d'un lit à deux personnes, d'un ameublement simple ou riche, une liste de « quelques friandises exquises avec l'adresse de Paris. »

Nous y trouvons également des avis contre la fraude du café moka « qui est petit et verdâtre » et le tarif de la porcelaine de Saxe, « bleue, unie, de 1765. »

Ce n'était pas le grave et solennel Almanach que nous connaissons aujourd'hui.

En 1774, les gravures cessèrent d'emprunter leurs sujets à la mythologie, elles s'inspirèrent des romans et des pièces dramatiques en vogue, comme le font nos journaux illustrés. En 1778, ce sont des épisodes du *Voyage de Sophie de Memel en Saxe;* en 1784, les *Aventures de Gil Blas* et des scènes du *Mariage de Figaro;* en 1787, des scènes piquantes tirées des *Nouvelles* de la reine de Navarre. L'illustre graveur Daniel Chodowscki était chargé du dessin et de l'exécution des estampes.

Les éditions de 1776 et 1777 se distinguent particulièrement par de bonnes copies des scènes de la vie du grand monde parisien, d'après les originaux français de

Baudoin, Biron, Lannoy, Gailland et Freudenberg. L'Almanach de 1768 renferme un calendrier illustré. Au mois de février, c'est Neptune qui ouvre toutes ses écluses, et le poëte galant de l'Almanach de s'écrier :

> O que Neptune en ce mois est vilain !
> Mai (sic) Cupidon s'en moque et va son train.

Autre devise de mirliton pour le mois de septembre :

> Vivent Vulcain, les arts et l'expérience,
> Car de leur sein naît la prudence.

L'Almanach de Gotha était aussi un journal de modes. Il reproduit, chaque année, des « coëffures et habillemens » de Paris, de Berlin, Leipzig et Dresde. Les gravures sont exécutées avec un grand soin et beaucoup d'art. Les coiffures sont très-jolies, et l'on y trouverait plus d'un modèle. Elles encadrent des têtes de femmes dont les visages charmants ont tous une expression en harmonie avec leur toilette, en quoi l'Almanach se distingue avantageusement des journaux de modes modernes.

Voici le chapeau à la Théodore, aux proportions de tourelle ; le chapeau de velours noir, aux larges ailes, avec des plumes blanches et surmonté d'une espèce de petit ballon de soie ; viennent ensuite le chapeau à la provençale, tout enrubanné, le chapeau-bonnet mis sur une baigneuse, le pouf à la Tartare, la coiffure simple, couronne de fleurs posée sur les cheveux ; puis c'est le chapeau-bonnet à créneaux, le chapeau bouffant avec la frisure en crochet, le chapeau avec aigrette esprit de plumes, le bonnet à grande gueule de loup, etc.

Ce n'est que vers le commencement du siècle qu'apparaissent les portraits de princes et de princesses, qui envahissent bientôt tout l'Almanach.

Depuis lors, combien d'entre eux ont disparu, emportés par le vent de la révolution ! Combien sont tombés à l'apparition de Bonaparte sur le Rhin ! Et depuis que la Prusse remplace Saturne, que d'enfants couronnés de cette ancienne Germanie, mangés à la sauce Bismarck ! Quelle moralité et quel enseignement sortent de ces pages ! Elles résument toute l'histoire contemporaine. Pour combien de familles princières ces almanachs sont d'honnêtes cercueils recouverts de percale rouge !

Celui qui donna le plus de coups d'épée dans cette forêt généalogique, ce fut l'homme de Brumaire. Il tailla, coupa, abattit avec l'ardeur d'un bûcheron. Il ouvrit dans ce fourré un large passage aux quinze princes de l'Empire qui avaient accédé à sa ligue du Rhin. Douze ou treize principautés, celles de Schwartzemberg, d'Œttingen, de la Tour et Taxis, etc., etc., — furent incorporées à la Bavière. Le roi de Wurtemberg eut pour sa part de butin vingt principautés ou seigneuries ; le grand-duché de Bade en absorba aussi une dizaine ; le comté de Homburg, la principauté de Hardenberg, le duché de Lorch, etc., passaient aux mains du grand-duc de Berg ; le grand-duc de Darmstadt reçut une dizaine de fiefs ; les maisons de Wied furent expropriées au profit des ducs de Nassau.

De 1806 à 1813, l'histoire n'offre pas d'exemple de pays déchiré, mis en lambeaux, coupé, découpé comme le fut l'Allemagne. Bonaparte la jeta au pilon. Chaque jour il pétrissait cette lourde pâte et lui donnait une forme nouvelle. Il arrache les couronnes et en distribue les morceaux à sa famille et aux princes allemands qui ont accepté sa chaîne.

Ce peuple était passé à l'état de marchandise dont il trafiquait. Démembré, épuisé de sang et d'argent, que d'efforts il fit pour se relever et reconquérir son rang ! « La lutte des armes est terminée, disait un de ses hommes d'État exilé par Napoléon, le baron de Stein ; il est temps de songer aux principes, aux mœurs, aux caractères. » Un autre s'écriait : « Il faut régénérer la nation en lui rendant les convictions chrétiennes, morales et patriotiques qu'elle a perdues. »

L'empereur était tout-puissant, et il exerçait, comme on sait, une surveillance minutieuse sur les journaux et les produits de librairie. A la date du 20 octobre 1807, il écrivait à Champagny, ministre des affaires étrangères, au sujet de l'Almanach de Gotha :

« Monsieur de Champagny, le dernier *Almanach de Gotha* est mal fait. D'abord, il y est question du comte de Lille, et puis de tous les princes de la Confédération, comme s'il ne s'était fait aucun changement dans la constitution de l'Allemagne; les noms de la *Famille de France* y sont en termes inconvenants. Faites venir le ministre de Gotha et faites-lui comprendre qu'il faut qu'au prochain Almanach tout cela soit changé... Vous demanderez que cet article vous soit communiqué avant d'être imprimé. »

Bonaparte n'étant pas de souche princière, on n'osait pas même laisser supposer que les autres souverains eussent une *généalogie*; celle-ci disparut de l'Almanach à partir de 1808. On se borna à indiquer les naissances et les mariages des princes et des princesses de la maison de Saxe, de France, des rois et des princes de la Confédération du Rhin.

A la suite de la journée du 14 octobre 1806, les clients de la Prusse furent rayés de l'Almanach : la maison d'Orange, les anciennes dynasties de Hesse-Cassel et de Brunswick.

L'Almanach de 1810 est orné des portraits de Joseph Napoléon, roi d'Espagne ; de Louis Napoléon, roi de Hollande ; de Joachim Napoléon, roi de Naples ; et d'Eugène Napoléon, vice-roi d'Italie. En 1813, M. Perthes père fut obligé de réimprimer trois fois son Almanach.

Les explications qui accompagnent les gravures sont des commentaires intéressants de l'époque. Dans un texte explicatif sur Valence, on lit ce passage : « On entend si souvent parler de cette sorte de milice nationale (les insurgés), qu'on ne verra pas sans intérêt le costume de ces miquelets guérillas, et tant d'autres qui ne valent pas l'honneur d'être nommés. Ce qu'il y a de certain, c'est que les Espagnols qui tiennent à quelque chose, et principalement les habitants des villes, sont fatigués d'une guerre intestine qui n'est profitable qu'aux bandits, et qu'après de si longues agitations tous les honnêtes gens aspirent au repos et à la tranquillité. »

L'édition pour 1814 était déjà tirée, lorsque survinrent les événements qui rendirent à M. Perthes son entière liberté.

D'autres événements ont suivi ceux-là : la dynastie des Napoléon a été pour la seconde fois jetée à terre ; l'*Almanach de Gotha* a subi naturellement les influences nouvelles qui prévalent en Europe, et ce qui était de Gotha hier est de Berlin aujourd'hui.

XIII.

Weimar est une ville. — Le duc Charles-Auguste. — Les joyeuses années de Gœthe. — Gœthe acteur et directeur de théâtre. — Gœthe propriétaire. — Gœthe et Napoléon. — La vieillesse de Gœthe. — La maison de Schiller.

Le chemin de fer m'a transporté ce matin, en une heure, de Gotha à Weimar. La locomotive n'était guère pressée, et cependant les paysages les plus variés venaient s'encadrer comme des tableaux aux fenêtres de notre wagon. La terre est belle et féconde dans cette partie privilégiée de l'Allemagne centrale; mais ce qui lui manque, c'est cette lumière sereine qui donne aux sites de France et d'Italie une harmonie si douce et une si magique splendeur. Ici, le soleil est toujours un peu voilé, et l'atmosphère semble comme obscurcie par la fumée des pipes.

« Weimar, a dit madame de Staël, n'est pas une petite ville, mais un grand château. » J'en demande pardon à l'auteur de *Corinne*, Weimar a de tout temps été une petite ville, et elle aura, je l'espère, la sagesse de rester petite et jolie. En grandissant, elle perdrait une infinité de choses. Le château est une vaste maison bourgeoise qui n'a pas la moindre allure conquérante, et qui ne porte pas même ombrage aux hôtels voisins, plus fiers et plus pimpants que lui.

Weimar est plutôt une ville au milieu d'un parc. Assise au bord d'une modeste rivière, sur les eaux de laquelle les canards ont jusqu'ici seuls navigué, elle est entourée d'arbres séculaires qui secouent sur son front leurs parfums et leurs fraîcheurs. C'est la dernière oasis qu'on rencontre en allant à Berlin.

Lorsque vous vous promenez à travers les rues tortueuses de la charmante cité, vos pas retentissent avec un bruit qui vous étonne. Des miroirs sont placés devant chaque fenêtre, comme pour guetter les trop rares passants. On dirait que, derrière leurs portes scellées, les habitants de la ville se sont paresseusement endormis ; mais tout à coup une main blanche soulève discrètement un rideau de dentelle, et deux yeux vous suivent avec une attentive curiosité.

On passe vite dans ces rues monotones. Pas de pignons gothiques, pas de cariatides qui se débattent dans leur prison de pierre, pas de grilles finement ouvragées ; c'est l'image d'un passé qui n'est pas le passé, et l'image d'un présent qui n'est pas le présent. Il semble qu'on est ici à une époque intermédiaire, pleine de calme, de simplicité et de paix. Le chemin de fer passe si loin de la ville qu'on oublie qu'il existe.

C'est une délicieuse retraite pour le poëte, le penseur, l'écrivain ; et c'est en voyant ces ombrages magnifiques, ces grands chênes majestueux, ces sapins rêveurs, ces tilleuls qui balancent leurs encensoirs au souffle d'une légère brise, qu'on comprend que des hommes comme Gœthe, Herder, Wieland, aient voulu y vivre et y mourir. « Je suis ici depuis cinquante ans, disait Gœthe ; et quels pays n'ai-je pas visités ! Eh bien ! je suis toujours revenu avec joie à Weimar. »

Il est vrai qu'il n'y avait pas seulement la nature pour attirer cette pléiade d'écrivains qui furent, en quelque sorte, les fondateurs de la littérature allemande ; il y avait encore la cour de Charles-Auguste et la duchesse Louise.

Bien qu'ils possédassent le plus petit duché d'Allemagne, bien que leurs revenus fussent presque insignifiants, le duc et la duchesse trouvaient toujours moyen de secourir un poëte dans la gêne : ils vendaient une bague ou une tabatière ; et souvent, pour payer les pensions promises à Schiller, à Wieland, ils mirent de l'argenterie en gage.

Charles-Auguste était le prince le plus instruit et le plus intelligent de son temps. Il est facile à celui qui a la puissance, de rassembler autour de son trône des hommes de savoir et de talent : musiciens, artistes, poëtes, philosophes. Mais ce qui est difficile, c'est de maintenir la paix dans cette république des lettres et des arts, c'est de laisser à chacun sa liberté, sa propre initiative et son libre essor. Voilà ce que Charles-Auguste sut faire.

Personne n'était plus simple que lui et aucun prince ne travaillait avec plus d'amour à la prospérité de son peuple. Gœthe nous l'a dépeint d'une façon pittoresque, — et dans un français qui ne l'est pas moins. Se trouvant avec le duc, en 1784, à la cour de Brunswick, il écrivait à madame de Stein : « De son côté, notre bon duc s'ennuie terriblement ; il cherche un intérêt, il n'y voudrait être pour rien, la marche très-bien mesurée de tout ce qu'on fait ici le gêne, il faut qu'il renonce ici à sa chère pipe, et une fée ne pourrait lui rendre un service plus agréable qu'en changeant ce palais dans une cabane de charbonnier. »

Un des plaisirs du duc était de s'habiller en simple montagnard et de parcourir le pays avec Gœthe, de prendre part, sans être connu, aux fêtes populaires. Que de fois les deux amis ont dansé jusqu'au matin dans une auberge, avec des filles de village !

La duchesse Louise était un esprit solide et distingué ; Napoléon la craignait et la haïssait. D'un tempérament un peu froid, elle tenait beaucoup à la vieille étiquette et conserva toute sa vie les modes de son enfance.

Quand Gœthe vint à Weimar, le 9 novembre 1775, il avait vingt-six ans. C'était un beau jeune homme, aux manières distinguées, aux yeux noirs, à la haute taille, aux longs cheveux flottants. Plein d'ardeur et de verve, il enchantait tout le monde, même ceux qui avaient des préventions contre lui. Wieland, dont il s'était moqué, fut subjugué, et écrivit à son ami Jacobi, après sa première entrevue avec Gœthe : « Cher frère, que te dire de Gœthe ? Comme il m'a remué le cœur ! Je l'aime de toute mon âme. Je me sens plein de lui comme une goutte de rosée est pleine de soleil. »

Gœthe, dit Knebel, parut comme une étoile au ciel de Weimar ; tout le monde tint ses yeux fixés sur lui.

Ces premières années furent des années de gaieté et d'insouciance. On donna des chasses, des bals en son honneur ; on organisait des parties de traîneaux, on improvisait des danses sur la glace, à la lueur des flambeaux, et pendant le carnaval, la cour sortait en masques et folâtrait dans les rues.

Mais bientôt ce débordement de plaisirs lassa Gœthe ; il s'enfuit dans les montagnes : « Je ne suis pas fait pour le monde, disait-il à un de ses amis. » Charles-Auguste, qui ne pouvait se passer de lui, le suppliait dans toutes ses lettres de revenir au plus vite. Gœthe céda, et son protecteur l'éleva immédiatement à la dignité de ministre secret de légation, avec un traitement de douze cents thalers. C'était exactement la somme que le roi de Prusse allouait à une de ses danseuses, la Barberini.

Plus tard, on le sait, Gœthe, anobli, occupa un fauteuil de ministre. Une de ses premières réformes fut de réduire l'effectif de l'armée.

La gravité de ses fonctions ne l'empêchait point d'écrire des chefs-d'œuvre et de diriger en même temps le théâtre de Weimar.

« Gœthe joue gros jeu, écrivait Merck, à cette époque. Il vit à la cour comme s'il était le maître. Le duc est, quoi qu'on en dise, un excellent homme et qui gagne chaque jour dans la compagnie de Gœthe. Tout ce qu'on raconte, ce sont de purs cancans d'envieux. »

L'été, on partait de bonne heure avec des ânes, on allait jouer l'opéra dans la forêt; puis on dînait sur l'herbe, et l'on rentrait le soir, à Weimar, au soleil couchant.

Gœthe se mêlait quelquefois aux acteurs. Dans les *Oiseaux* d'Aristophane, il remplit le rôle d'Alceste, recouvert de plumes comme un véritable oiseau. Dans *Iphigénie*, il joua Oreste, et le prince Constantin, Pylade. « Je n'oublierai jamais, écrivait Huffeland, le moment où Gœthe parut en costume grec; on eût dit Apollon, tellement il était beau. On n'a jamais vu chez un homme une telle perfection physique unie à une aussi grande perfection intellectuelle. »

On a conservé les comptes de direction de théâtre, que Gœthe soumettait au duc après chaque représentation. On y lit des détails de ce genre :

« Pour la nouvelle comédie du 30 janvier, j'ai livré :
Une machine pour faire le clair de lune.... 3 thalers
Une grande roue................................ 1   —
Une machine pour faire une cascade...... 3   — »

Outre la direction du théâtre, Gœthe avait encore la direction de la bibliothèque, du jardin botanique et du musée.

C'est lui qui a créé ce magnifique parc qui n'était qu'une vulgaire forêt, sans sentiers, sans chemins, et qui s'étend du château jusqu'au fond de la vallée. Que de douces heures j'y ai passées ! Quel calme et quelle solitude ! On entend autour de soi les oiseaux qui chantent et les flots de l'Ilm, qui fuient en déposant un furtif baiser sur la rive. Les chemins se perdent en des dédales plus nombreux que ceux de votre rêverie. C'est ici qu'il faut se promener le soir en lisant la ballade du *Pêcheur*. C'est ici qu'apparaissent, dans leur cadre naturel, les figures pensives et tristes de Mignon et de Charlotte. Le feuillage semble frissonner encore au frôlement de leur robe; on se retourne, mais c'est un rossignol ou une fauvette qui vous regarde d'un air familier.

Un jour, Charles-Auguste se promenait avec son poëte dans ces allées ombreuses, en devisant d'art, de littérature, d'histoire naturelle. « Que Bertuch est heureux ! lui dit tout à coup Gœthe, en lui montrant, à travers les arbres, une petite maison qui souriait au soleil. Il est propriétaire, il a un chez soi, il a sa campagne ! »

Charles-Auguste ne répondit pas ; mais le soir même, il se rendit chez Bertuch, et lui dit : « Bertuch, tu vas me donner ta maison et ton jardin. » Bertuch, très-étonné, essaya quelques observations. « Pas de réplique, ajoute le duc. Je veux ta maison, et je la prends. »

Le lendemain, Bertuch déménageait, et Gœthe entrait tout heureux dans cette maisonnette dont un jardinier voudrait à peine aujourd'hui.

On ne peut rien imaginer de plus rustique. Quatre murs blancs, avec de petites croisées sans symétrie, voilà la maison de Gœthe, telle que nous venons de la dessiner dans notre album. Et c'est pourtant dans cette bicoque qu'il a vécu plus de trente ans, écrivant ses plus beaux chefs-d'œuvre. Il cultivait et arrosait lui-même son jardin ; il était surtout fier de ses rosiers disposés en espaliers et qui, en été, grimpaient jusqu'au toit ; des fauvettes, des linottes, avaient bâti leurs nids au milieu des touffes de roses, de sorte que la maison était enveloppée de chants et de parfums. La seule pièce dont se composait le rez-de-chaussée ne brillait pas par le luxe : aux parois, quelques cartes, quelques gravures, et un portrait du poëte par son ami Meyer.

Le vieillard contemporain de Gœthe qui nous a fourni ces détails nous disait que les trois chambres et le cabinet du premier et dernier étage étaient « très-mal meublés et très-incommodes. » Gœthe lui avoua cependant qu'il avait passé dans cet humble logis ses années les plus heureuses. A quoi tient le bonheur? Il ne s'agit que de savoir être content de ce qu'on a.

Eckermann, qui vint voir Gœthe dans sa retraite champêtre en 1809, décrit sa visite en ces termes [1] : « Une après-midi, j'allai voir Gœthe ; le temps était doux, je le trouvai dans son jardin. Il était assis devant une petite table de bois, sur laquelle était placée une fiole à longue encolure ; dans cette fiole s'agitait vivement un petit serpent auquel il donnait de la nourriture au bout d'une plume et qu'il observait tous les jours. Il soutenait que ce serpent le connaissait déjà, et que, dès qu'il le voyait venir, il approchait sa tête au bord du verre... A côté du serpent étaient des cocons renfermant des chrysalides dont Gœthe attendait la sortie prochaine. La main sentait déjà à l'intérieur un léger mouvement. Gœthe les prit sur la table, les considéra avec une grande attention et dit ensuite à son enfant: « Porte-les à la maison ; ils ne sortiront sans doute pas aujourd'hui, la journée est trop avancée. » Il était quatre heures de l'après-midi. A ce moment, madame de Gœthe entra dans le jardin. Gœthe prit les cocons de la main de l'enfant et les reposa sur la table. « Que le figuier est beau, dans ce moment, avec ses fleurs et son feuillage! » nous dit de loin madame de Gœthe, en venant à nous par l'allée du milieu. Après que nous nous fûmes salués, elle me demanda si j'avais déjà regardé de près et admiré le beau figuier. » Il ne faut pas oublier, dit-elle en adressant la parole à Gœthe, de le faire placer à l'intérieur pendant l'hiver. » Gœthe sourit et me dit : « Permettez que je vous montre ce figuier, et de suite, sans cela nous n'aurons pas de repos pendant toute la soirée ! Il mérite vraiment d'être vu, et est digne qu'on fasse de lui un éloge splendide et qu'on le traite avec tous les ménagements possibles. — Comment donc s'appelle cette plante

---

[1] *Conversations de Gœthe*, traduction de M. Délérot.

exotique que l'on nous a envoyée récemment de Iéna ? — L'ellébore, peut-être ? — Justement ! elle vient aussi très-bien. — J'en suis fort content. Nous arriverons à faire de notre jardin une seconde Anticyre ! — Ah ! voilà les cocons ; eh bien, n'avez-vous encore rien vu ? — Je les ai mis de côte pour que tu les prennes. Regardez, je vous en prie, me dit-il en les mettant à son oreille, comme cela frappe, comme cela tressaille et cherche à entrer dans la vie. Quelle merveille que ces changements de la nature, si dans la nature le merveilleux n'était pas ce qu'il y a de plus commun ! Nous ne priverons pas notre ami de ce spectacle. Demain ou après-demain, le bel oiseau sera là, et d'une beauté, d'une séduction que vous avez rarement vues. Je connais cette chrysalide, et je vous invite pour demain à la même heure, si vous voulez voir une chose plus curieuse que toutes les curiosités que Kotzbue a vues dans son curieux voyage à Tobolsk. Ici au soleil, sur une fenêtre du pavillon du jardin, plaçons la boîte où notre belle sylphide travaille si bien pour demain ! Bien ! reste là, mon bel enfant. Dans ce petit coin, personne ne t'empêchera de terminer ta toilette. — Mais cette vilaine bête, dit madame de Gœthe en jetant de côté un léger coup d'œil au serpent, comment peut-on la souffrir à côté de soi et la nourrir de sa main ? C'est une créature si désagréable ! Sa vue seule me fait frissonner ! — Silence ! » dit Gœthe, quoiqu'il aimât assez, avec sa nature tranquille, la vivacité mobile de sa belle-fille ; et, se tournant vers moi, il continua : « Oui, si le serpent voulait bien pour elle se mettre dans un cocon et se transformer en beau papillon, alors on ne parlerait plus de frissonner ! Mais, chère enfant, nous ne pouvons pas tous être des papillons, nous ne pouvons pas tous être des figuiers tout parés de fleurs et de fruits ! Pauvre serpent ! Ils t'abandonnent ! Comme ils devraient au contraire s'intéresser à toi !... Comme il me regarde !

Comme il dresse sa tête ! Ne semble-t-il pas qu'il comprenne que je le défends contre vous ?... Pauvre petit ! Il est là dans la fiole sans pouvoir sortir, comme il était jadis, quand le Créateur lui a donné son enveloppe trop étroite !... »

Gœthe faisait de la nature l'éternel sujet de ses études. Il était en relations constantes avec Humboldt; il écrivit deux livres qui furent très-appréciés du monde savant : les *Métamorphoses des Plantes* et la *Théorie des couleurs*. On trouve cette phrase dans une de ses lettres à la grande-duchesse de Weimar : « Les œuvres de la nature sont toujours comme une parole de Dieu fraîchement exprimée. »

C'est en se promenant dans ce parc, véritable sanctuaire de verdure, que le grand poëte, déjà sur l'âge, laissait échapper ces pensées profondes qu'Eckermann a pieusement recueillies. Un soir, les deux amis avaient fait le tour du bois, ils avaient en face d'eux le soleil couchant. Gœthe resta un instant abîmé dans la contemplation du magique spectacle, puis il cita le mot d'un ancien : « Même lorsqu'il disparaît, c'est toujours ce même soleil ! » Et il ajouta avec une grande sérénité : « Quand on a soixante-quinze ans, on ne peut pas manquer de penser quelquefois à la mort. Cette pensée me laisse dans un calme parfait, car j'ai la ferme conviction que notre esprit est une essence d'une nature absolument indestructible ; il continue à agir d'éternité en éternité. Il est comme le soleil, qui ne disparaît que pour notre œil mortel ; en réalité, il ne disparaît jamais ; dans sa marche il éclaire sans cesse. »

Dans ses promenades à travers bois, il laissait aussi tomber des maximes comme celles-ci : « Il ne faut amener avec soi, dans la vieillesse, aucun défaut de sa jeunesse, car la vieillesse fournit déjà par elle-même ses imperfections. — Il n'est pas bon à un prince de délibérer, et même dans la plus mince question, il ne doit jamais abdiquer. — La liberté ne consiste pas à ne vouloir rien reconnaître au-dessus de nous, mais bien à respecter ce qui est au-dessus de nous, car le respect nous élève à la hauteur de l'objet de notre respect. »

Weimar aussi porte des cicatrices de boulets français. Le soir de la bataille d'Iéna, la ville était pleine de fuyards prussiens, et les canons de Soult et d'Augereau battaient les murs du château. Plusieurs maisons furent incendiées. Les soldats français chassèrent Gœthe de son lit. Le lendemain, Napoléon se présenta chez la duchesse Louise et lui dit : « Vous devez être édifiée sur la guerre, madame. »

Mais la duchesse répondit avec une dignité fière, et le vainqueur ne put obtenir d'elle que son époux se retirât immédiatement de l'armée prussienne. Gœthe plaida, du reste, chaleureusement la cause du prince. Il disait aux généraux français : « Supposez qu'aujourd'hui ou demain votre armée éprouve un revers, que penserait l'empereur d'un général ou d'un feld-maréchal qui ne ferait pas ce que notre duc fait ? » Et il ajoutait poétiquement : « Si Napoléon ne lui pardonne pas, eh bien ! je suivrai mon maître sur les grandes routes d'Allemagne, un bâton à la main. Les femmes et les enfants qui nous reconnaîtront dans les villages diront, en versant des larmes : « C'est le vieux Gœthe et l'ancien duc de Weimar que l'empereur des Français a dépouillé de son trône, parce qu'il était resté fidèle à ses amis dans le malheur... Je chanterai pour lui donner du pain... Je chanterai l'opprobre des Allemands, et les petits enfants apprendront par cœur mes chants jusqu'à ce qu'ils soient devenus hommes et qu'en chantant ils rétablissent mon maître sur son trône et qu'ils vous renversent du vôtre. » Napoléon fut-il touché de la prière du nouvel Homère ? Je ne sais. Quoi qu'il en soit, le duc trouva grâce.

Après Eylau, il se soumit et il put rentrer dans ses

États ; mais la réconciliation avec Napoléon fut plutôt apparente que réelle. En 1809, lors de l'attentat de Staps, le premier mot de l'empereur, dit Bourienne, fut celui-ci : « Rapp !... on ne m'ôtera jamais de l'idée que les menées de Berlin et de Weimar n'y sont point étrangères... Je te dis qu'il y a des femmes là-dedans : des furies avides de vengeance. Si je le croyais, je les ferais enlever au milieu de leur cour... Je sais quelle est la fureur de toutes ces femmes, mais patience !... »

Gœthe a raconté lui-même son entrevue avec Bonaparte. Un gros chambellan polonais le fit entrer. Napoléon était assis à une grande table et déjeunait. Talleyrand était debout à sa gauche. L'empereur fit signe à Gœthe, qui hésitait, d'approcher. Il le regarda avec attention et lui dit : « Vous êtes un homme ! » Le poëte s'inclina. Napoléon lui demanda son âge et quels ouvrages il avait écrits. Daru répondit pour Gœthe qu'il avait beaucoup écrit et traduit le *Mahomet* de Voltaire. « Ce n'est pas une bonne pièce, » murmura l'empereur. Il amena ensuite la conversation sur *Werther*, qu'il disait avoir « étudié à fond. » Il en critiqua certains détails avec beaucoup de bon sens; puis il revint au drame. Il désapprouva les pièces dans lesquelles la fatalité joue le grand rôle. « La fatalité, dit-il, appartient aux siècles sans lumières; que nous veut-on avec la fatalité? La politique, voilà la fatalité. La tragédie doit être l'école des rois et des peuples ; c'est là le but le plus élevé que puisse se proposer le poëte. Vous, par exemple, monsieur *Goet*, vous devriez écrire la *Mort de César*, mais d'une façon digne du sujet, avec plus de grandiose que Voltaire. Cela pourrait devenir l'œuvre la plus belle de votre vie. Il faudrait montrer au monde quel bonheur César lui aurait donné, comment tout aurait reçu une tout autre forme si on lui avait laissé le temps d'exécuter ses plans sublimes. Venez à Paris; j'exige absolument que vous veniez avec moi. A Paris, le spectacle du monde est plus grand ; là, vous trouverez en abondance des sujets de poésie ! »

Lorsque Gœthe se retira, Napoléon répéta de nouveau : « Voilà un homme ! »

L'idée d'aller s'établir à Paris semble avoir souri au poëte : il en parlait souvent à ses amis ; mais comme il n'était pas riche, il recula devant les frais considérables d'un déplacement.

Cependant, à mesure qu'il vieillissait, Gœthe semblait trouver de nouvelles forces et déployait une activité plus grande. Levé dès l'aube, il était au courant de tous les livres qui paraissaient et suivait le mouvement intellectuel de son siècle dans toutes les directions. Son temps était divisé avec méthode ; il aimait l'ordre, la régularité, l'harmonie. Il ne buvait ni ne mangeait jamais le soir, bien que son plaisir fût d'avoir autour de lui quelques amis avec qui il pût causer sans gêne. Herder, Wieland, Schiller, avaient coutume de venir chaque semaine passer une soirée chez lui.

Rien de moins olympien que son intérieur. En lisant certains biographes fantaisistes, on se figure volontiers que l'auteur de *Faust* devait boire dans des crânes doublés d'argent, comme lord Byron, ou tout au moins dans des coupes d'or, comme les dieux du Walhalla. Voici ce que nous apprend son ami Eckermann dans une note du 15 octobre 1825 :

« Ce matin, j'ai dîné pour la première fois avec Gœthe. Il n'y avait avec lui que madame Gœthe[1] et le petit Walter ; nous étions donc tout à fait à l'aise et entre nous. J'ai vu Gœthe là tout à fait comme père de famille ; il nous présentait les plats, découpait le rôti, et cela très-adroitement, sans oublier de nous verser à boire. Nous bavardions gaie-

---

[1] Odile, femme d'Auguste Gœthe, esprit très-cultivé, dont il a été question plus haut.

ment sur le théâtre, sur les jeunes Anglais de Weimar, et sur les petits incidents du jour. »

Lorsque M. Ampère visita le poëte en 1827, il le décrivit en ces termes dans une lettre intime à madame Récamier :

« Gœthe a quatre-vingts ans. J'ai eu le plaisir de dîner plusieurs fois avec lui en petit comité, et je l'ai entendu parler plusieurs heures de suite avec une présence d'esprit prodigieuse; tantôt avec finesse et originalité, tantôt avec une éloquence et une chaleur de jeune homme. Il est au courant de tout, et s'intéresse à tout; il a de l'admiration pour tout ce qui peut en admettre. Avec ses cheveux blancs, sa robe de chambre bien blanche, il a un air tout candide et tout patriarcal. Entre son fils, sa belle-fille et ses deux petits enfants, qui jouent avec lui, il cause sur les sujets les plus élevés. Il nous a entretenus de Schiller, de leurs travaux communs, de ce que celui-ci voulait faire, de ce qu'il aurait fait, de ses intentions, de tout ce qui se rattache à son souvenir : il est le plus intéressant et le plus aimable des hommes. »

Tel était à Weimar, dans sa verte vieillesse, celui que nous avons vu à Francfort, dans la maison où il naquit, où il versa ses premières larmes et rêva ses premiers rêves. Ce n'est point le Gœthe de la légende, mais celui de l'histoire; ce n'est pas le Gœthe de David d'Angers[1], le sculpteur romantique, mais le Gœthe de Trippel, le sculpteur classique.

Il nous reste bien peu de temps pour aller à la maison de Schiller. Elle se trouve dans la rue qui porte le nom du poëte, en face de la maison de Wieland, l'auteur d'*Oberon*. Schiller ne l'habita que peu d'années; il souffrait déjà, à son arrivée à Weimar, de cette maladie de poitrine qui

---

[1] David d'Angers fit, d'après une gravure, un buste colossal de Gœthe, qu'il lui envoya pour sa fête. On dit que le poëte fut longtemps sans se reconnaître; enfin il frappa trois fois du pied en s'écriant : Singulier! singulier! (*Curios! curios!*)

devait l'emporter. Cette maison est simple et toute petite ; bien qu'elle n'eût coûté que 5 à 6,000 francs, le poëte ne fut jamais assez riche pour la payer.

Je ne sais rien qui vous laisse une impression plus mélancolique que cette pauvre chambre de travail de Schiller, tapissée d'un méchant papier vert, aux rideaux étriqués, en serge rouge, avec ses vieilles chaises en noyer, son énorme commode en bois blanc, massive, qui servait de table à écrire ! avec son lit d'hôpital, et cette épinette qui n'a plus de sons, et cette mandoline qui n'a plus de cordes !

Comme tout cela vous serre le cœur, et comme on comprend, en sortant de là, cette suprême expression de tristesse et de douleur dont est empreinte la pâle et maigre figure du poëte idéaliste ! On sait pourquoi il tient son regard au ciel, loin de cette terre dont il n'attendait plus rien ; car si Weimar fut pour Gœthe le temple et l'autel, ce ne fut pour Schiller que le vestibule de la gloire.

XIV.

Première vision de la Prusse. — Un peu de cuisine. — La vie de famille. — Un peu de politique. — Leipzig. — La haine de la France. — Le bilan intellectuel de l'Allemagne. — La librairie allemande. — La foire de Leipzig. — La Bourse. — La cave d'Auerbach.

Me voici en Prusse : l'aspect du pays, la forme des habitations, les mœurs et les habitudes se distinguent par des différences essentielles ; les choses, comme les gens, ont l'accent prussien. Ce ne sont plus de petits vallons pleins de fraîcheur, des bois aux teintes vert tendre, des villages riants cachés derrière un rideau d'arbres; la terre est pauvre, presque inculte; dans ces plaines qui se déroulent avec l'immensité du désert, on distingue des groupes de trois ou quatre femmes, pieds nus, la tête cachée sous un mouchoir rouge, bêchant péniblement un champ ou creusant un sillon. Il y a disette de bras. Dans certains villages, il ne reste plus que des vieillards : les hommes sont morts pendant la dernière guerre, en France ou à leur retour au pays; les jeunes gens sont à l'armée ou en Amérique. C'est ainsi que s'explique la misère profonde dans laquelle sont tombées les populations agricoles de la Saxe, du Brandebourg et de la Poméranie. Aussi, un fait inouï s'est passé l'an dernier, aux élections pour le Reichstag : on a vu des paysans, petits propriétaires fermiers, donner leurs suffrages au socialiste-communiste Liebknecht! Il existe aujourd'hui en Saxe des villages entiers gagnés à la cause du socialisme.

La végétation est d'un mois en retard sur celle du Sud. Les lilas sont à peine éclos; les blés sont courts et malingres; des peupliers, rangés en ligne comme des soldats, à la lisière des champs, qu'ils semblent garder, remplacent les arbres fruitiers; les habitations, lourdes, trapues, ont des aspects de taupinières. Leurs murs, mélange de paille et de boue, sont troués d'une ou deux lucarnes sombres.

A chaque station, entre Weimar et Leipzig, on croise des trains de quatrième classe, sortes de cages de ménagerie, dans lesquelles s'agitent des hommes et des femmes, amas indéfinissable de robes en loques, de pieds nus, de vieux habits troués et de bottes éculées. On rencontre aussi des convois de militaires, que précèdent ou suivent des wagons chargés de charcuterie vivante.

Dans les hôtels, — même dans ceux de premier ordre, — on vous donne des lits sans draps, et si vous en demandez, on vous apporte une serviette. Le châle est indispensable à ceux qui voyagent en Prusse; il tient lieu du linge absent.

La cuisine est en harmonie avec le reste. « Dis-moi ce que tu manges, je te dirai ce que tu es. » Il faut avoir trois qualités essentielles pour affronter les restaurants et les tables d'hôte : pas de scrupules sur la propreté, une patience à toute épreuve et un estomac blindé comme une frégate. On jurerait que tous les empoisonneurs célèbres se sont donné rendez-vous en Prusse pour continuer impunément leur métier.

On commence le dîner par un potage à la bière ou aux œufs de harengs; on vous sert ensuite du bœuf avec de la compote aux pruneaux, puis viennent une succession de ragoûts au poivre rouge, au fond desquels vous découvrez des détritus de légumes, des restes d'ossements de poules à l'état fossile. Le rôti de veau traditionnel nage dans une sauce noire comme de l'encre, visqueuse et d'un goût sucré ; on vous sert également du chevreuil avec des oranges mélangées à des petits pois. Le poisson ne fait son apparition qu'avant le dessert, avec des asperges à côtes dures, semblables à des baïonnettes. Il est de bon ton de ne pas les manger à la française, mais de les hacher menu.

Le maître de l'hôtel préside au dîner ; après avoir servi le potage, il prend place au haut de la table et ne manque jamais de boire les meilleurs vins de sa cave, pour donner le bon exemple. Pendant ce temps, sa femme mange à la cuisine, dans la société des domestiques.

Nulle part la vie de famille n'est plus vide que dans les provinces prussiennes que je viens de traverser. Le soir, le mari mange toujours dehors ; il va déjà à cinq heures à la brasserie ou au cercle, où il reste jusqu'à dix heures. Il choisit les meilleurs plats de la carte, tandis que sa femme et ses enfants sont soumis au régime du café perpétuel, le dimanche excepté, car il est rare que ce jour-là ne soit pas consacré à une promenade générale et à un gai repas champêtre. Dans les villes, les liens de la famille sont si relâchés, qu'il n'est pas rare de voir des messieurs entrer dans un salon où ils retrouvent trois ou quatre de leurs ex-épouses, mises à la porte à la suite d'une révolution d'alcôve. S'il y a quelque chose de banal dans la causerie française, c'est assurément les clichés sur l'Allemagne ; nous en avons, il est vrai, bien rabattu depuis que nous avons vu les Allemands de plus près ; mais que de faux jugements nous portons encore, et comme l'expérience les rectifie vite !

Par exemple, dans un autre ordre d'idées, s'il y a une chose convenue parmi nos politiqueurs, c'est que toute l'Allemagne du Sud est particulariste et anti-prussienne. La vérité est que le parti particulariste n'a jamais été aussi faible que maintenant dans le Wurtemberg, dans le grand-duché de Bade et dans les provinces rhénanes. Je vais vous le prouver par des chiffres.

Lors des dernières élections pour la Chambre wurtembergeoise, 72 candidats nationaux-libéraux sont sortis de l'urne. Les démocrates n'ont réussi à faire passer que 8 des leurs. Au Reichstag allemand, le Wurtemberg est représenté par 15 nationaux-libéraux (parti prussien), 2 catholiques et 1 démocrate.

Dans la Chambre du grand-duché de Bade, nous trouvons 51 députés nationaux-libéraux, 10 catholiques et 3 démocrates. Le grand-duché de Bade a envoyé au Reichstag 12 nationaux-libéraux et 2 catholiques.

La Chambre du grand-duché de Hesse compte une vingtaine de députés nationaux-libéraux, 3 démocrates et 2 catholiques, et au Reichstag, 9 nationaux-libéraux.

Tous ces partis, *sans exception*, travaillent pour la plus grande gloire de l'empire allemand : il n'y a que cette différence entre eux : les uns veulent garder leur ancienne autonomie et développer leurs libertés en dehors de la surveillance et du contrôle de la Prusse. Le parti catholique, dans le Wurtemberg, le grand-duché de Bade et celui de Hesse, n'est pas particulariste ; il se borne à défendre son indépendance religieuse et à combattre la Prusse sur ce terrain restreint. Mais il n'en est pas de même du parti catholique en Bavière, qui est resté particulariste dans la véritable acception du mot, non-seulement anti-prussien, mais anti-unitaire et anti-impérialiste. Le dernier vote de la Chambre de Bavière, donnant droit au Père Jésuite Fugger contre le gouvernement de Berlin, vient de mettre en évidence ces sentiments d'hostilité.

Cette attitude de la Bavière soulève une véritable tempête d'indignation dans la presse prussienne, et ne doit pas inspirer à M. de Bismarck des idées bien roses : car si les Bavarois s'éloignent de l'empire, c'est une des pierres fondamentales de l'édifice qui se détache, et l'œuvre entière est compromise.

Mais je m'écarte de mon sujet et j'oublie que j'ai à vous

parler de Leipzig. Les souvenirs, les monuments, les fêtes populaires, tout entretient ici la haine contre la France, « l'*Erbfeind* », comme on l'appelle, l'ennemie héréditaire. Si vous ne savez pas l'allemand, parlez bas. Les oreilles se dressent menaçantes aux accents sonores de la phrase gauloise, et les marchands ne manquent pas de vous traiter de Maure à chrétien. Non-seulement ils ne vous rendent pas exactement votre monnaie, mais ils exercent encore sur vous un autre droit de rançon de guerre, en doublant le prix de leurs marchandises. Des étudiants de Genève et de Lausanne qui fréquentent l'université de Leipzig me disaient à ce propos : « Nous étions tellement pillés et volés les premiers temps, que nous avons été obligés de nous déclarer citoyens suisses, « quoique parlant français, » en entrant dans un magasin ou un restaurant. »

Les historiens n'indiquent pas au juste l'origine de Leipzig. On sait seulement qu'en 724, c'était un pauvre village de pêcheurs, comme Francfort ; on croit que ce fut l'apôtre de l'Allemagne, saint Winfried, qui les convertit au christianisme et y éleva la petite église de Saint-Jacques. Henri II entoura la cité naissante de fossés et de remparts, et y établit des marchés pour la vente des blés, du bétail, des fruits et du sel. Le landgrave Albert ayant été empoisonné, son frère fit détruire les fortifications et élever à leur place trois forteresses pour tenir la ville en respect. Mais, à sa mort, les Leipzicois les prirent d'assaut et les donnèrent à des moines pour y établir leur couvent. En 1273, la ville obtint le droit de battre monnaie. A cette époque, déjà beaucoup de marchands lombards et juifs étaient venus s'établir dans ses murs. Un événement désastreux contribua bientôt à l'agrandissement de Leipzig. En 1420, un incendie consuma 400 maisons bourgeoises et quantité de cabanes encore recouvertes de chaume. Le dommage fut promptement réparé ; les quartiers anéantis, bâtis avec plus d'ampleur et de solidité. Les cabanes devinrent de grandes et belles maisons.

Au quinzième siècle, la découverte du cap Bonne-Espérance porta cette prospérité à son comble. Jusqu'alors le commerce de transit avec les Indes avait suivi la voie d'Erfurt et de Nuremberg ; il prit désormais la route de Leipzig. Une autre source de richesse pour la ville, ce fut l'Université, fondée en 1409 par l'électeur Frédéric le Belliqueux, sanctionnée par une bulle du pape Alexandre V, et qui attirait chaque année des milliers d'étudiants.

Les princes se réunissaient à Leipzig au temps des foires et avaient l'habitude de visiter les boutiques avec leur famille. Ils contribuaient par leurs achats à entretenir le goût du luxe parmi la noblesse. Les marchands étrangers étaient les bienvenus, et le pape Léon X avait stipulé en leur faveur qu'on ne pourrait les poursuivre pour dettes pendant la foire. Tous les convois de marchandises qui traversaient le pays étaient obligés de s'arrêter à Leipzig, et de mettre pendant trois jours leurs marchandises en vente. A la révocation de l'édit de Nantes, plusieurs familles de commerçants français émigrèrent sur les bords de la Pleisse. En 1678, on construisit une Bourse, et le 11 janvier 1683, le tribunal de commerce tint sa première séance. Jean Gaillac et les frères Dufour essayèrent, en 1699, de fonder une Banque au capital de deux millions de thalers. En 1720, il y avait déjà à Leipzig 136 maisons de commerce en gros, 150 marchands et 19 libraires. Cinquante ans plus tard, nous y trouvons 15 banquiers, 19 commerçants en soieries, 9 marchands d'articles anglais, 16 marchands de draps, 38 marchands de denrées coloniales, 28 commissionnaires en marchandises, 20 libraires. En 1853, ces derniers étaient au nombre de 150 ; ils sont 360 aujourd'hui [1].

---

[1] Une statistique récente porte à 4,369 le nombre actuel des libraires, éditeurs, etc., dans toute l'Allemagne. Il y a 1,074 éditeurs,

Deux fois par an, l'Allemagne dresse son bilan intellectuel. Son teneur de livres, le libraire Heinrichs, publie en janvier et en juillet la liste de tous les ouvrages parus pendant le semestre écoulé. Que de papier noirci, que d'idées remuées, que de livres qui sortent de l'atelier du brocheur pour retourner sous le pilon ou s'envoler en cornets! Voulez-quelques chiffres? Vous allez être servi à souhait. Le correspondant d'une excellente revue, la *Bibliothèque universelle*, a eu la patience d'additionner les ouvrages d'un de ces catalogues.

De janvier à fin juin 1872, il a été publié en Allemagne environ 6,000 volumes, c'est-à-dire en moyenne 39 volumes par jour, un peu plus que Dumas père en écrivait en une année! Ces 6,000 volumes contiennent quelque chose comme 1,800,000 pages, ce qui donne 10,000 pages par jour. Un lecteur assidu lisant 15 heures par jour n'en pourrait pas lire la cinquième partie. En comptant une production de 10 pages par jour, ce qui est énorme pour un écrivain allemand, qui « vingt fois sur le métier remet son ouvrage, » il a donc fallu plus de mille auteurs travaillant un an sans une minute de repos.

La librairie allemande est organisée de telle sorte que tous les livres qui paraissent doivent prendre le chemin de Leipzig. C'est l'entrepôt littéraire central de l'Allemagne. Avez-vous besoin d'un ouvrage qui a paru à Mayence ou à Stettin, à Iena ou à Tubingue? c'est à Leipzig que vous devez vous adresser ou que s'adressera votre libraire. Si ce grand réservoir n'existait pas, les livres allemands, qui sont déjà d'un prix excessif, atteindraient des prix fabuleux. Calculez à combien reviendrait à Paris un ouvrage que vous feriez venir de Posen ou de Dantzig. Le commissionnaire de Leipzig n'envoie pas le livre demandé seul,

---

173 éditeurs d'œuvres artistiques, 93 éditeurs de musique, 118 librairies artistiques, 146 librairies musicales, 86 librairies anciennes, 2,608 libraires, 69 commissionnaires.

il attend un certain nombre de commandes et expédie en ballot.

— Pourquoi vos livres sont-ils si chers? demandai-je à un éditeur ; c'est contre toutes les règles du commerce : le bon marché aide à la vente. Ainsi, le dernier roman de M. Paul Heyse, les *Enfants du monde*, trois petits volumes qu'on payerait 6 francs en France, coûte 25 francs.

— Les Français, monsieur, me répondit-il, ont seuls su organiser la librairie d'une manière pratique. Si nous donnions nos livres à meilleur marché, nous nous ruinerions. Nos éditions ne dépassent, en général, pas cinq à huit cents exemplaires. Vous ne verrez jamais personne acheter un livre en Allemagne, parce que tout le monde est abonné au cabinet de lecture. Nous ne faisons par conséquent que des éditions de cabinet de lecture et de bibliothèque. Tout notre commerce est d'ailleurs un commerce de commission. Les libraires ne reçoivent pas d'envoi à compte fixe ; ils n'acceptent nos livres qu'en dépôt, et souvent, à la fin de l'année, tous les exemplaires nous reviennent défraîchis, gâtés, avec les frais de port en sus. Nous avons la mauvaise habitude de soumettre à l'examen de nos clients les nouveautés qui sont de nature à les intéresser. On feuillette les livres envoyés, la plupart du temps on les lit et on les renvoie. Comment voulez-vous que les affaires soient brillantes dans ces conditions ? Rien n'est plus chanceux que notre commerce. L'intérêt de nos avances dort souvent un an, deux ans, car les comptes ne sont réglés qu'à la foire de Pâques. A cette époque, tous les éditeurs allemands se réunissent à Leipzig, on ouvre la Bourse de la librairie, chacun apporte son carnet, et l'éditeur reprend les exemplaires invendus.

— Mais comment expliquez-vous ce chiffre extraordinaire de publications nouvelles?

— C'est une manie qui nous a pris depuis la guerre. Maintenant que nous nous considérons comme les flambeaux du monde, il n'est pas d'Allemand qui ne veuille jeter son étincelle et qui ne publie son volume de prose ou de vers. Un étudiant ne saurait recevoir le titre de docteur sans mettre au monde un gros in-folio. Mais ce n'est pas l'éditeur qui s'aventure, c'est l'auteur qui se porte garant de tous les frais. Nous avons aussi une collection de femmes qui tricoteraient de très-bons bas et qui passent leur vie à barbouiller du papier; elles payent, cela va sans dire, en beaux écus sonnants l'honneur de se voir imprimer. De là ce nombre prodigieux de fruits-secs, ce règne universel de l'orgueil et de la médiocrité...

Jusqu'à ces derniers temps, les éditeurs allemands payaient fort mal le travail de la pensée et s'entendaient comme des larrons en foire pour vivre aux dépens des auteurs qui avaient de la vogue. Gœthe lui-même ne recevait en échange d'un de ses manuscrits que deux ou trois exemplaires de l'ouvrage imprimé. La générosité était exceptionnelle quand l'éditeur ajoutait un service en porcelaine de Saxe. Schiller, mort dans la misère, a enrichi M. Cotta d'une poignée de millions. Aujourd'hui cependant ces conditions ont changé; les écrivains de mérite, comme M. Berthold Auerbach, l'auteur des *Histoires de la forêt noire*, les savants, les historiens savent se faire payer fort cher.

Rien de plus animé, de plus gai que ces foires de Leipzig. Elles ont lieu à Pâques et à la Saint-Michel, et durent quatre semaines. La ville se transforme en dock immense; c'est un entassement, une tour de Babel de marchandises. Partout des boutiques, des baraques en plein vent; on enlève les portes et les fenêtres des magasins; de longues banderolles de toile flottent à toutes les façades, annonçant des déballages et des nouveautés. On entend résonner tous les idiomes, et il n'est pas rare de rencontrer des Grecs, des Turcs, dans leur pittoresque costume. C'est une véritable kermesse, un joyeux tableau de peintre flamand, plein de vie et d'éclat, de propos graves et doux, de chocs de verres, de bruits de tambours et de trompettes : car tous les saltimbanques de l'empire, tous les avaleurs de sabre, toutes les musiques ambulantes se dirigent sur la ville. La municipalité de Leipzig engage, pour ces jours de fêtes et d'affaires, tous les musiciens qui se présentent et les envoie jouer à la porte des hôtels et des restaurants, à l'heure des repas, pour tenir les étrangers en belle humeur.

Le marché auquel j'ai assisté avant-hier n'est qu'un écho affaibli et lointain de ces journées mémorables. L'aspect en est toutefois original. Les marchands se tiennent à l'abri du soleil sous d'immenses parasols rouges, bleus ou jaunes. Des enfants, tête et pieds nus, dirigent des attelages de chiens qui tirent piteusement la langue. Là, c'est une vendeuse de poissons salés, de harengs, de thon et d'anguilles fumées ; ici, c'est une cuisine portative qui lance des bouffées de vapeur : des femmes dévorent des saucisses à belles dents et boivent de la bière à pleins verres. Mais voici le côté lugubre : c'est un étalage de cercueils à bon marché. Le marchand appelle la pratique en battant une marche funèbre avec ses doigts sur les caisses vides. On peut choisir à l'avance sa dernière demeure, son dernier habit de chêne ou de sapin, avec des clous dorés ou de simples clous de fer. J'ai vu un vieillard s'approcher, dénouer le coin de son mouchoir, faire tomber 3 thalers dans la main du marchand, et s'en aller en emportant son cercueil sur les épaules.

La place du marché est imposante et belle, avec ses hautes maisons massives, à l'architecture gothique. Quelques-unes sont noires et enfumées comme si elles avaient subi l'épreuve du feu. L'hôtel de ville est une construction très-remarquable, qui date de 1556. Ses fenêtres sont ornées de merveilleuses grilles qui lui prêtent un caractère de sombre puissance. On montre encore la salle où le juge brisait les verges devant le condamné à mort, et l'endroit où les femmes « qui s'étaient battues dans la rue » étaient exposées dans une cage.

La Bourse s'élève derrière l'hôtel de ville.

C'est un pavillon dans le style rococo, avec les statues de Mercure, d'Apollon, de Pallas et de Vénus sur le faîte. Voilà certes des boursicotiers bien protégés et qui doivent connaître les métamorphoses de la mythologie païenne. Je me suis mêlé un instant à cette société, mais j'ai rencontré des figures si sinistres, des habits si crasseux et si troués, que j'ai rapidement regagné la rue, en écoutant anxieusement si ma montre palpitait encore.

J'étais à deux pas de « l'*Auerbachskeller*, » la cave d'Auerbach, dans laquelle Gœthe a placé une des scènes les plus fantastiques de son *Faust*. On y descend par un escalier noir; les murs sont couverts de fresques représentant les exercices de magie auxquels se livra Méphisto, en présence des étudiants qu'il y trouva attablés.

« Je dois, dit le diable au docteur Faust en l'entraînant dans cette cave, je dois avant toute chose t'introduire en joyeuse compagnie, afin que tu voies comme on mène aisément bonne vie. Pour cette race, pas un jour qui ne soit une fête. Avec peu d'esprit et beaucoup de contentement, chacun tourne dans un cercle étroit, comme de jeunes chats jouant avec leur queue. Pourvu qu'ils aient la tête libre, tant que l'hôte leur fait crédit, ils sont joyeux et sans soucis. »

Faust s'approche des étudiants qui boivent, leur souhaite le bonjour et s'assied à côté d'eux. La conversation s'engage. Faust les prie de continuer leurs chants; mais Méphisto entonne cette chanson de la *Puce*, bouffonnerie qui ne déparerait pas la *Belle Hélène* et le *Roi Carotte*. Quand il a fini, il offre à boire à ceux qui l'ont écouté.

« Que chacun, dit-il, choisisse un vin à son gré. — Moi, répond l'étudiant Frosch, je demande du vin du

Rhin. La patrie fournit encore ce qu'il y a de mieux. — Je veux, ajoute Brander, du vin de Champagne, et qu'il soit bien mousseux. On ne peut pas toujours s'abstenir des produits de l'étranger, et les bonnes choses sont souvent si loin de nous! Un véritable Allemand ne peut souffrir les Français, et cependant il boit leur vin volontiers. »

Méphisto, qui a percé à l'aide d'un foret des trous dans le rebord de la table, fredonne ce couplet avec des gestes bizarres :

> La vigne porte du raisin
> Et le bouc des cornes ; — le vin
> Est suc et rosée agréable ;
> Le cep, bois dur comme l'airain.
> — Pourquoi le bois de cette table
> Ne donnerait-il pas du vin ?
> Un long coup d'œil dans la nature
> Fait le miracle, je vous le jure [1].

Et il ordonne à ceux qui regardent d'un air d'étonnement et de doute, de tirer les tampons qu'il a placés dans les trous de la table. O merveille! le vin jaillit, c'est du johannisberg, du champagne, du tokai. Les étudiants boivent rasade sur rasade en chantant :

> Nous nous en donnons à plein ventre,
> Nous buvons, buvons, buvons
> Comme cinquante mille cochons.

Le docteur Faust veut se retirer. Méphisto le retient en lui disant : « Vois comme ils sont heureux! Encore quelques minutes, et tu vas voir la bestialité se montrer dans toute sa gloire. »

Mais l'étudiant Siebel a oublié la recommandation de Méphisto, de ne pas répandre de vin à terre ; il vient d'en verser quelques gouttes qui se sont aussitôt changées en

---

[1] *Faust*, traduction de M. Henri Blaze.

flammes. « Au secours ! au feu ! à l'aide ! crie-t-il. L'enfer s'allume ! » Pendant que Siebel et Frosch se prennent de querelle avec Méphisto, un autre buveur, Altmayer, a tiré un bouchon de la table et une traînée de feu jaillit et l'atteint.

Les étudiants prennent leurs couteaux et s'élancent sur Méphisto, qui les transporte en d'autres lieux en prononçant cette incantation :

> Enchantements, illusion,
> Troublent ces lieux et la raison ;
> Soyez ici et là !

Ils se trouvent sur un coteau de vigne, au milieu des grappes de raisin et des pampres verts.

Mais Méphisto continue avec des gestes graves :

> Erreur, laisse tomber le bandeau de leurs yeux.
> Qu'ils voient tous comment le Diable raille.

Puis il disparaît avec Faust, laissant les compères qui le tenaient par le collet échanger cette singulière conversation :

Siebel. — Qu'y a-t-il ?

Altmayer. — Quoi ?

Frosch. — C'était donc ton nez ?

Brander, à Siebel. — Et j'ai le tien dans la main.

Altmayer. — Quel coup c'était ! On s'en ressent dans tous les membres. Vite, une chaise ! Je tombe en défaillance !

Frosch. — Non ; dites-moi seulement, qu'est-il arrivé ?

Siebel. — Où est le drôle ? Si jamais je le dépiste, il ne sortira pas vivant de mes mains.

Altmayer. — Je l'ai vu passer par la porte de la cave, à cheval sur une tonne. — J'ai les pieds lourds comme du plomb. (*Se tournant du côté de la table.*) Ma foi ! si le vin en coulait encore !

Siebel. — Mensonge que tout cela! illusion, apparence!

Une ancienne gravure et un vieux tonneau dont l'authenticité est assez douteuse perpétuent ce souvenir. On lit cette légende sous la gravure qui représente le docteur Faust chevauchant hors de la cave sur le tonneau enchanté :

DOCTOR FAVSTVS ZV DIESER FRIST AVS AVERBACHS KELLER GERITTEN IST. AVF EINEN FASZ MIT WEIN GESCHWINT, WELCHES GESEHEN VIEL MVTTER KIND. SOLCHES DVRCH SEINE SVBTILNE KVNST HAT GETHAN VND DES TEVFELS LOHN EMPFANGEN DAVON. 1525 [1].

Nous ne saurions quitter cette rue historique sans entrer encore dans une de ces vieilles maisons de commerçants du xvi⁸ siècle. Le Barthelshof est devant nous, élevant sa tourelle noire dans l'air bleu. Il a été bâti en 1523, par un riche commerçant, qui, dit la chronique, possédait une tonne remplie d'or. Son fils équipa cinq chevaliers pour aller combattre contre les Turcs. Cette ancienne construction a conservé la physionomie du temps : vaste escalier, corridors spacieux, chambres hautes, salles qui occupent tout un étage. Les propriétaires ne construisaient pas encore pour les locataires. Les magasins étaient au rez-de-chaussée; dans la cour, il y avait une table chargée de rafraîchissements pour les clients. Les apprentis et les commis logeaient sous le même toit que le patron; ils étaient à portée de sa surveillance et de ses conseils.

---

[1] A cette époque le docteur Faust s'est enfui de la cave d'Auerbach à cheval sur un tonneau de vin qui avait vu maint mortel. Il a fait cela grâce à ses sortiléges : le diable l'en a récompensé. 1525.

XV.

Une journée à l'Université de Leipzig. — La république académique, ses lois, ses coutumes. — Les professeurs allemands.

J'ai passé la journée d'hier à l'Université, j'ai assisté à plusieurs cours, j'ai été dîner dans une modeste *restauration* (restaurant) d'étudiants, j'ai vécu de nouveau pendant douze heures de cette vie que j'ai connue il y a cinq ans à Tubingue, à Munich et à Vienne. Souvenirs riants des années jeunes, je vous ai revus à travers les nuages de la pipe et de la science allemande ! Le doux parler français résonnait alors comme une divine musique aux oreilles germaines ; c'était le sésame qui ouvrait toutes les portes ; on vous recherchait, on vous choyait, on vous entourait de mille prévenances ; le nom de Paris faisait tourner ces grosses têtes allemandes comme un souffle de brise mutine fait tourner les grandes ailes des moulins à vent. La France était le pays rêvé, c'était la terre merveilleuse couronnée de pampres, revêtue d'une robe d'or et couchée sur un lit de fleurs ; c'était l'Orient de ces peuples du nord. Voir Paris et mourir ! tel était le cri qui s'échappait des lèvres allemandes.

Aujourd'hui... il vaut mieux n'en point parler. Retournons vers le passé, car s'il est une chose immuable en Allemagne, c'est la république universitaire. Voilà de longs siècles qu'elle est établie, sans avoir subi de révolutions. Ce sont les mêmes bases, les mêmes lois, les mêmes priviléges, les mêmes habitudes, les mêmes usages. Les Universités ont conservé, comme au temps de Frédéric le Belliqueux, leurs droits de juridiction, leurs sénats, leurs tribunaux et leurs prisons.

Dès que vous êtes immatriculé, vous portez le titre de *citoyen académique* et ne relevez plus que du gouvernement universitaire. La police locale n'existe pas pour vous. Si vous rossez le guet, tant pis pour le guet; il n'a que le droit de vous demander respectueusement votre nom, il n'a pas celui de vous arrêter. Si vous contractez des dettes, c'est le *juge académique* qui se charge de négocier un emprunt à la caisse paternelle. A Tubingue, il faut que l'étudiant présente une caution solvable, dans la personne de son père ou d'un parent; alors, libre à lui de faire des dettes, il acquiert le droit de vivre une année sans payer sa pension, ni son propriétaire, ni ses fournisseurs. A Leipzig, on a mis certaines bornes au crédit : toute dette dépassant 10 thalers « pour la boisson » est au risque et péril du débitant.

L'étudiant porte toujours avec lui sa carte de légitimation, sur laquelle figurent son nom, son lieu d'origine, la Faculté à laquelle il appartient, et la signature du *rector academicus*. Cette carte n'est pas seulement un talisman contre les sergents de ville, c'est encore un passe-partout. Y a-t-il un concert ? l'étudiant exhibe sa carte : il ne paye que demi-place. Même faveur au théâtre, même faveur sur les chemins de fer. Tandis que le bourgeois débourse 10 thalers pour aller à Berlin, le citoyen académique n'en débourse que 5; il a le droit de s'y arrêter un mois et de revenir gratuitement.

Le roi ou le prince est à la tête de la République universitaire. L'empereur Guillaume, le roi de Saxe, le grand-duc de Bade, etc., portent chacun le titre de *rector magnificentissimus*. Le chef réel, qui est un professeur, s'appelle *rector magnificus* ou *prorector*.

Le recteur est une espèce de pape élu par le collége des professeurs, qui se réunissent chaque année pour procéder, en même temps, à l'élection du sénat académique.

L'installation du nouveau *rector* est l'occasion d'une fête solennelle : les étudiants se rendent en cortége à l'Université, coiffés de leur petite casquette brodée et sans visière, la taille serrée dans un justaucorps de velours, les jambes perdues dans des bottes à canon ; ils marchent par *Burchenschaft*, c'est-à-dire par corps ou associations, précédés de leurs drapeaux et de la grande corne de buffle doublée d'argent, dans laquelle ils boivent en portant leurs toasts. Le recteur, revêtu d'une robe noire, avec le bonnet de docteur, les attend dans l' « aula » de l'Université, en compagnie de tous les professeurs, et leur adresse un discours qui dure plus souvent deux heures qu'une. Après quoi les étudiants se retirent dans le même ordre ; mais une fois sur la place, chaque corps va de son côté, dans son « local, » célébrer par des libations à Gambrinus la réouverture de l'année académique. Celle-ci finit à Pâques et recommence un mois après.

Fondées sur le modèle de l'Université de Bologne et de l'ancienne Université de Paris, les Universités allemandes se ressemblent à peu près toutes. Il n'y a de différence entre elles que la vogue. Autrefois, on ne complétait ses études qu'en passant un semestre à Berlin. Aujourd'hui, l'Université de Berlin est réduite à sa plus simple expression et compte à peine un millier d'étudiants, tandis que celle de Leipzig en a trois mille, dont 2 *français*, 7 grecs, 15 anglais, 7 italiens, 12 roumains, 71 russes, 45 suisses, 10 turcs, 1 japonais, 4 africains, 35 américains et 2,900 allemands [1].

La vie universitaire subit toutefois l'influence du milieu où elle s'agite. Ainsi, à Tubingue, à Heidelberg, à Iéna,

---

[1] De ces étudiants, 399 (dont 114 allemands et 285 étrangers) étudient la théologie, 960 la jurisprudence, 429 la médecine, 166 les sciences naturelles, 136 la philosophie, 79 la pédagogie, 325 la philologie, 80 les mathématiques, 120 l'économie politique, etc.

l'étudiant est maître et seigneur. C'est encore un petit baron despote du moyen âge. Tous ces gens qui sont venus se grouper autour de l'Université, brasseurs, aubergistes, restaurateurs, gargotiers, tailleurs, chapeliers cordonniers, épiciers, vivent et dépendent de lui. Si un fournisseur se conduit mal, il est mis au ban[1]. Que de fois à Tubingue, j'ai vu des noms de brasseurs affichés à la table noire, au « pilori! » Ceux qui n'avaient pas les reins assez solides ou l'échine assez souple fermaient leur établissement au bout de huit jours : ils ne vendaient plus un verre de bière. Ce qui se fait dans des *nids* (*nest*), pour employer l'expression allemande, comme Tubingue, Heidelberg, Iéna, ne peut se faire dans les grandes villes, où les étudiants sont noyés dans une population de 80 ou 100,000 âmes. A Iéna, les citoyens académiques se rendent visite en pantoufles et en robe de chambre. La ville leur appartient, ils sont là entièrement chez eux. A Leipzig, à Munich, à Berlin, il y aurait quelque inconvénient à se promener dans les rues en cet équipage. C'est pourquoi la vie universitaire est plus décente et plus morale à Leipzig qu'à Heidelberg. On ne rencontre pas ici, comme sur les bords du Neckar, de futurs médecins, de futurs pasteurs, jurisconsultes ou professeurs, titubant en chantant d'une voix effroyable : « Je sors du cabaret, mais que la rue a l'aspect étrange! J'ai beau la chercher à droite, à gauche, je ne la trouve pas. O rue, serais-tu ivre? — Et toi, lune, pourquoi me regardes-tu ainsi? Pourquoi un de tes yeux est-il ouvert et l'autre fermé? Tu as trop bu, ma vieille amie; — lune, va te coucher. »

A Leipzig, les cours commencent à six heures du matin. Je ne crois pas qu'ils commencent avant neuf heures à Heidelberg et à Iéna.

Il était huit heures quand je sortis de mon hôtel et me

---

[1] En allemand : *in verchiess*

rendis à l'Université. C'est un superbe édifice, au cœur de la ville, sur la plus belle place, l'*Augustusplatz*, en face de l'hôtel des Postes, à deux pas du musée de peinture et du théâtre ; c'est plus qu'un édifice, c'est presque un quartier : car à mesure que l'essaim académique augmente, on construit de nouveaux bâtiments. Le *Paulinum*, par exemple, dans lequel se trouvent la bibliothèque et une collection anatomique, est un ancien cloître de dominicains annexé à l'Université. On a découvert sous ses voûtes noircies par le temps d'admirables fresques du XVe siècle représentant l'histoire de sainte Catherine.

La cloche venait de sonner la fin des cours de huit heures. De toutes les portes sortaient de longues théories de philosophes au front méditatif et aux regards austères, avec des piles de vieux livres sous le bras. La plupart se dirigèrent vers la marchande de saucisses qui a dressé ses fourneaux au fond de la cour. A voir l'appétit avec lequel ils mangeaient cette charcuterie peu authentique, il était permis de supposer que la science allemande creuse beaucoup l'estomac.

Quinze minutes se passèrent, puis le bedeau[1], qui remplit également les fonctions de portier, de gendarme et de geôlier, sonna un nouveau cours. Je montai au troisième étage, j'entrai dans une vaste salle et m'installai à une des rares places restées libres. Le cours d'économie politique de M. Roscher, que je venais entendre, est fréquenté par environ 200 élèves.

Les professeurs allemands n'y mettent pas tant de façons que les nôtres. Leur leçon se divise en deux parties : la causerie et la dictée. Il ne faut chercher chez eux ni l'éloquence, ni le feu, ni l'entraînement de l'improvisation ; il semble qu'ils se ménagent ; la vérité est qu'ils n'ont pas d'art. Tout est ordonné, tout est harmonieux dans le cours

---

[1] En allemand : *Pedell*.

d'un de nos professeurs ; chez eux, c'est un entassement de faits et d'idées, une averse de citations, une avalanche de notes et de renseignements bibliographiques. La leçon n'est pas attrayante ; c'est souvent un véritable casse-tête chinois que de suivre un professeur germain dans ses sauts et ses bonds scientifiques. Les vues d'ensemble sont rares ; c'est celui qui vous donne le plus de petits faits, de détails, celui qui aura découvert une nouvelle virgule dans un texte contesté, c'est celui-là qui sera considéré comme le plus savant.

Qu'a fait M. Roscher pendant les trois quarts d'heure que nous l'avons écouté ? Il nous a raconté des historiettes de son enfance pour nous prouver que le pain était à meilleur marché en 1820 qu'en 1874 ; il nous a cité d'anciens manuscrits de la bibliothèque de Mexico, des vers d'un poëte polonais dont les Polonais ne connaissent pas même le nom ; il nous a expliqué la théorie du bon marché en nous donnant comme exemple les chemins de fer allemands, faisant des affaires beaucoup plus brillantes depuis qu'ils ont abaissé leurs tarifs.

C'est là plus qu'il n'en faut pour acquérir une réputation considérable parmi cette jeunesse germanique, uniquement préoccupée des sources et des textes de la science. A leurs yeux, la forme n'est rien. Il leur faut le bloc de marbre, tel que le professeur l'extrait de la carrière, informe, rude, grossier, long à broyer. La science n'est pas pour eux une maîtresse séduisante et passionnée ; c'est une vieille matrone d'une gravité toute romaine.

L'État est représenté dans chaque Université par un *curator*, c'est-à-dire un fondé de pouvoirs qui surveille l'enseignement et le tient sous sa tutelle. Qu'on ne s'étonne pas si, imprégnée comme elle l'est de la doctrine de l'État, la jeunesse universitaire est tout entière gagnée à la Prusse. Je ne sais si je vous ai rapporté les paroles d'un étudiant de Heidelberg, fils d'un des principaux députés catholiques du Reichstag ; il me disait : « Nous n'osons pas nous déclarer anti-prussiens ; nous serions mis au ban, en *verchliess*[1]. »

Les cours sont généralement payants. Les étudiants, outre la finance d'inscription au registre universitaire, payent une cotisation mensuelle de 1 thaler par cours. Ceux qui suivent les leçons de beaucoup de professeurs arrivent à un chiffre qui varie entre 80 et 120 francs par semestre.

Les *privatdocent* ou agrégés n'ont pas d'autre traitement que la finance de l'élève. C'est parmi ces agrégés que se recrutent les professeurs extraordinaires appelés à remplir les vides des professeurs ordinaires. Les *privatdocent*, après une série d'examens publics d'une grande difficulté, acquièrent le droit d'enseigner dans une des salles de l'Université ou chez eux. Il arrive fréquemment qu'un *privatdocent* qui traite le même sujet qu'un professeur ordinaire a quatre fois autant d'élèves que celui-ci.

Le traitement des professeurs varie selon leur réputation ; quelquefois trois ou quatre universités se disputent le même professeur ; ce sont alors de véritables enchères. Dans ces luttes, l'Université de Leipzig, qui est une des plus riches de l'Allemagne, remporte ordinairement la victoire ; c'est ce qui explique la présence de tant de célébrités dans cette ville. MM. Tischendorff, Fleicher, professeurs de langues orientales ; Ritschl, professeur de philologie classique ; Bruhns, professeur d'astronomie, directeur de l'Observatoire, touchent des traitements de 15 à 20,000 francs.

Les professeurs de langues vivantes n'ont que le simple titre de *lector*, lecteur, et sont soumis au même régime que les *privatdocent*.

---

[1] Cet ostracisme est bien plus odieux que les *brimades*

Jusqu'en 1870, il existait dans chaque université des espèces de séminaires, désignés sous le nom de *convict*. C'étaient des écoles normales supérieures spécialement destinées aux jeunes gens sans fortune. Ils y étaient entretenus aux frais de l'État, qui leur donnait une nourriture aussi malsaine que peu abondante. Le *convict* a été aboli, du moins à Leipzig, et au lieu d'être retenu en cage, l'étudiant a sa liberté, avec une bourse de 20 à 30 thalers par mois.

L'après-midi, en retournant à l'Université pour assister à un cours de musique, de M. le docteur en philosophie Langer, « *lector publicus der musik und universitats musik director* » (lecteur public sur la musique et directeur de la musique universitaire), je fus par hasard témoin de l'incarcération d'un étudiant en philologie, qui avait mordu la joue à un de ses camarades. Le bedeau le suivait avec un énorme trousseau de clefs. Ils entrèrent dans une petite porte noire, à gauche, au fond de la cour. Quelques minutes après, une fenêtre au-dessous du toit s'ouvrit avec fracas et nous vîmes le prisonnier attacher aux barreaux de fer un ruban rouge ; c'était un signal d'appel et de ralliement. Les membres des associations ou des corps qui se distinguent entre eux par les rubans de différentes couleurs qu'ils portent en sautoir, sur le gilet, sont tenus d'aller visiter leurs frères (*Brüder*) en captivité et de leur apporter du vin, de la bière et des saucisses. La prison reste ouverte, sauf dans les cas graves, et devient ainsi le centre de réunions bachiques. On chante, on boit, on fume, on joue aux dés et aux cartes.

La justice académique n'y regarde pas de trop près. Je me souviens d'avoir assisté au jugement d'un étudiant qui avait tué d'un coup de couteau sa fiancée, dans un accès de jalousie. Il fut condamné à six ans de reclusion dans les prisons de l'État.

Bien qu'ils ne sentent pas de gendarmes à leurs trousses, les étudiants allemands subissent scrupuleusement leur peine ; car un étudiant qui fuit d'une Université est immédiatement signalé à toutes les autres, qui lui ferment leurs portes.

En France, on a souvent envié à l'Allemagne ces foyers de science et d'érudition qui font, avant tout, le bonheur des marchands de soupe et des brasseurs. Je crois qu'en examinant de plus près ces institutions, on ne doit point regretter qu'elles soient restées dans les brumes du Rhin.

XVI.

Le socialisme en Allemagne. — Une visite au tourneur Bebel. — Le député Liebknecht. — Son *Histoire de la révolution française* — Ce que sera la grande révolution allemande.

On dit que Leipzig est plus prussien que Berlin. Il faut s'entendre : si l'aristocratie commerciale et financière ne jure que par M. de Bismarck, le contraire a lieu dans la classe ouvrière, complétement gagnée aux doctrines socialistes. C'est elle qui a envoyé au Reichstag Bebel et Liebknecht ; et ces deux apôtres ont élu domicile ici, au milieu de leur troupeau.

Je ne pouvais m'arrêter à Leipzig sans essayer d'approcher de ces hommes qui jouent, dans le mouvement socialiste allemand, le rôle principal.

Ce matin, j'ai cherché leur domicile dans l'*Adressen-Buch*, et je me suis rendu chez Bebel, sans autre formalité.

Bebel habite dans la Peterstrasse, 18, au fond de la cour. Une plaque en fer peinte en rouge, et sur laquelle on lit :

BEBEL, DRECHSLER.
(*Bebel, tourneur.*)

orne la grande porte d'entrée, donnant sur la rue. La petite enseigne se répète dans la cour, car de tous côtés se trouvent des ateliers et des entrepôts.

Je pénétrai dans une petite pièce qui reçoit le jour par une lucarne ; trois ouvriers y travaillaient.

— M. Bebel?

— Il n'est pas encore descendu. Est-ce pour affaires particulières? me demanda un jeune homme, qui me fit l'effet du contre-maître.

—Oui ; c'est M. Bebel lui-même que je désirerais voir.

Il disparut par un escalier tournant et revint deux secondes après, me dire que M. Bebel m'attendait.

Je montai et le trouvai lui-même sur le palier. Je lui expliquai en deux mots l'objet de ma visite. Avec une politesse et une amabilité auxquelles j'étais loin de m'attendre, il m'introduisit dans une étroite petite pièce qui sert tout à la fois de chambre à coucher, de cabinet de travail et de salon de réception. Un bocal avec des poissons rouges occupait le centre de la table ; aux parois, pas un tableau, pas une gravure tragique ; dans le fond, un véritable lit de pensionnaire, caché sous une housse d'une blancheur virginale. J'ai remarqué quelques livres au-dessus d'un bonheur-du-jour en bois de noyer, et comme je regardais deux canaris qui caquetaient dans leur cage, sur la fenêtre, M. Bebel me dit :

— Ce sont mes compagnons de captivité ; nous sommes sortis ensemble de prison, il y a un mois. Je me console en les voyant captifs comme moi, et pourtant si joyeux.

— La prison est-elle sévère?

— Non. Nous avons la permission de nous promener trois heures par jour ; nous sommes autorisés à écrire à notre famille quand bon nous semble et à la recevoir une fois par semaine. A la fin de chaque mois, nous obtenons un jour de congé pour nous rendre chez nous. Liebknecht m'a donné des leçons de français pendant le temps que nous avons été détenus ensemble. Seulement, on nous défend de nous occuper de politique et d'écrire pour nos journaux ; mais nous avons notre service secret, plus sûr et mieux organisé que celui du gouvernement. Il est question de rendre ce régime plus sévère et d'astreindre à l'avenir les prisonniers politiques à un travail manuel comme les autres détenus.

A ce moment, la porte s'ouvrit et une blonde tête de fillette de sept à huit ans s'avança sournoisement et cria :
« *Guten Morgen, lieber papa!* (Bonjour, mon cher papa! »

Bebel tendit ses bras à l'enfant, qui sauta d'un bond à son cou.

J'examinais avec attention la physionomie de cet homme, que les journaux de Berlin représentent avec « une face livide et des yeux pleins de haine. » Eh bien : je suis obligé de l'avouer, il m'a semblé que j'étais en présence, dans ce doux cadre d'intérieur, d'un honnête et paisible bourgeois, d'un brave artisan qui embrasse ses enfants avant d'aller à l'enclume ou au marteau. Encore ici, vous le voyez, quelle différence entre les socialistes allemands et les socialistes français! Ceux-ci prêchent l'anéantissement de la famille, et proclament la liberté de l'amour ; ceux-là — Bebel du moins — respectent le mariage et comprennent les devoirs qu'il impose.

L'enfant se retira en emportant les canaris, qui faisaient un bruit étourdissant et nous empêchaient de nous entendre.

Après quelques paroles échangées, Bebel me dit :

— Je vois que vous êtes au courant de notre marche et de nos progrès. Suivez-nous de près; l'avenir est à nous. Les prolétaires constituent en Allemagne la grande majorité de la nation, et le droit de réunion ainsi que le suffrage universel leur fournissent les moyens de faire prévaloir leurs droits. Le parti national-libéral espérait sans doute exploiter à son profit le suffrage universel ; mais qu'importe aux ouvriers l'unité nationale, la gloire et la puissance de l'empire allemand ! Ce qu'ils veulent avant tout, c'est une réorganisation sociale. On nous répond que la propriété est sacrée. Mais si elle est sacrée, pourquoi la Prusse, qui nous met en prison et nous poursuit, nous prouve-t-elle depuis dix ans, en bouleversant les anciennes institutions du pays, en s'annexant par la violence des populations qui ne veulent pas être prussiennes, que ce grand mot de *propriété* est vide de sens ? L'existence d'États entiers et les droits d'anciennes monarchies sont-ils moins sacrés que les domaines, les maisons, les fabriques ? Dès que le droit historique sur lequel est basée la propriété tombe, celle-ci n'existe plus. L'héritage une fois aboli, le socialisme se sera établi de lui-même.

« C'est ainsi que la Prusse fait nos propres affaires ; nous pourrions nous croiser les bras et attendre, sûrs d'être portés par le flot. Mais nous voulons arriver dans dix ans, et voilà pourquoi vous nous voyez sans cesse sur la brèche, payant de notre poitrine. Consultez la statistique électorale de la Saxe, vous serez étonné du développement que prend le mouvement socialiste. Aux dernières élections, savez-vous de quoi se composaient nos électeurs ? De huit mille ouvriers et de *quatre mille paysans*. La Saxe nous appartient tout entière ; il y a des villages où tout le monde est socialiste, le bourgmestre comme le marguillier. Pendant la campagne de 1870-71, on redoutait que l'étincelle ne fût mise aux poudres, et M. de Bismarck nous invita à transporter notre domicile dans une forteresse. »

J'exprimai quelque surprise à voir des paysans si âpres au gain, si défiants des idées nouvelles, s'enrôler en rangs serrés sous le drapeau des partageux.

— Mais, monsieur, me répondit Bebel, le prolétariat agricole n'est pas chose nouvelle en Allemagne. Il a existé de tout temps. Rien de plus faux que de dire : Le socialisme nous est venu de France. Au quatorzième siècle, il était plus avancé qu'aujourd'hui. En 1370, la riche ville hanséatique de Brunswick tombe aux mains des ouvriers, qui en chassent les bourgeois patriciens et organisent la démocratie pure, c'est-à-dire la Commune. A la même époque, un mouvement ouvrier et socialiste éclata à Nuremberg. Les chefs, deux ouvriers nommés Geissbart et Pfauentritt, ne furent vaincus par l'empereur Charles qu'après une lutte longue et acharnée. Mayence, Vorms, Strasbourg, Spire, Francfort, Ulm, Augsbourg, formèrent aussi des Communes, c'est-à-dire de petits États libres se gouvernant eux-mêmes.

« Plus tard, en 1408, l'insurrection ouvrière éclata dans Lubeck même. Les démocrates (ouvriers des métiers) renversent le conseil municipal, composé d'aristocrates (commerçants, patriciens), et le remplacent par des conseillers choisis dans le peuple proprement dit. Les familles patriciennes fuient à Hambourg, mais dans cette ville aussi la Commune destitue son Sénat qui a mis aux fers un citoyen ayant osé mal parler d'un duc de Saxe.

« Au seizième siècle, nous assistons de nouveau aux luttes des communistes et des anabaptistes. A Münster, ils chassent l'évêque, ils expulsent tous les prêtres. Le jeune tailleur Jean de Leyde se met à la tête du mouvement et organise un régime de travail en commun. Nourriture, vêtements, mobilier, matières premières, tout est entassé dans les magasins publics et le conseil supérieur en fait la distribution aux citoyens[1]. »

---

[1] Münster se remplit de femmes de mauvaise vie et on y célébra des solennités horribles ; le désordre ne connut bientôt plus de bornes : on travailla de jour dans les ateliers, mais la nuit se passa en orgies et en bacchanales. Jean de Leyde voulut imiter les anciens rois bibliques et nomma douze magistrats communaux représentant les douze apôtres ou chefs des douze tribus d'Israël. Il ordonna à tous les citoyens de porter une bague d'or au doigt, de s'habiller de vêtements aux trois couleurs, vert, gris et blanc ; il fit inscrire partout cette devise : « Point de mendiants, point de fainéants ! » Le peuple, nourri aux frais de l'État, se croyait dans un véritable paradis. Un matin, Jean de Leyde se réveille d'un sommeil de trois fois vingt-quatre heures, pendant lequel il a eu des visions, et pro-

Je demandai à Bedel si Jean de Leyde servirait de modèle à son parti.

— Non, non, me dit-il ; ne croyez pas que nous rêvions les extravagances de nos devanciers, et si nous sommes, par principe, avec les communards parisiens, nous déclarons leur conduite insensée. Si nous pouvons diriger le mouvement comme nous le voulons, la réforme sociale allemande sera sérieuse, elle s'imposera à l'État d'abord, auquel nous demandons les fonds nécessaires pour nos associations.

— Le congrès d'Eisenach, qui se composait de *Kathedersocialisten* (socialistes de la chaire, socialistes de paroles et non d'action) a cependant fait un fiasco complet. Il représentait les idées modérées.

— En effet, ces messieurs s'imaginent qu'on fait une révolution comme on fait un article de journal. Ils ont présenté neuf solutions empruntées à la république idéale ; pour nous, socialistes allemands et internationaux, il n'y a qu'une seule solution du problème, je vous l'ai dit : les caisses d'épargne, les sociétés ouvrières de consommation sont inutiles ; il nous faut l'association productive avec l'aide de l'État ; en d'autres termes, il faut que la communauté qui porte le nom d'*État* devienne un commanditaire chargé de favoriser le travail, en donnant ou en prêtant les sommes nécessaires à la production ouvrière. C'est la

---

clame que Dieu lui a ordonné d'abaisser tout ce qui a été élevé. Il n'y avait plus de riches dans la ville ; il dut s'attaquer aux monuments. Les clochers, les tours, tout ce qui dépassait le niveau ordinaire fut abattu (ce qui montre que Courbet n'est pas même un inventeur).

Jean de Leyde rétablit en même temps la polygamie telle qu'elle était pratiquée chez les juifs. Il donna l'exemple en épousant sur-le-champ dix-sept femmes. Les femmes mariées et les mères de famille qui tentèrent de s'opposer à cette loi eurent la tête tranchée.

(OWERBECK.)

seule manière, à notre avis, de reconstruire l'édifice social.

On frappa un coup sec à la porte, et avant que Bebel eût répondu : *Herein !* (Entrez), un homme d'une quarantaine d'années, de taille moyenne, alerte et maigre, à la figure fatiguée, mais aux yeux étincelants, entra en nous saluant.

— Permettez-moi de vous présenter mon collègue Liebknecht, me dit Bebel en se levant.

M. Liebknecht rédige à Leipzig, depuis 1868, le fameux journal le *Volkstaat* (le Gouvernement du Peuple), à cause duquel il a déjà subi quatre ou cinq ans de prison. Il est, comme Bebel, membre du Parlement.

Je le mis immédiatement en plein dans notre sujet.

M. Liebknecht m'apprit que son journal comptait quinze mille abonnés et paraissait trois fois par semaine. Mais savez-vous combien ces quinze mille abonnements représentent de lecteurs ? Au moins cinquante mille, car l'ouvrier allemand a l'habitude de passer la soirée à la brasserie et de faire lecture de son journal à ses camarades. L'atelier prend l'abonnement en communauté.

— Ah ! M. de Bismarck, s'écria tout à coup avec feu Liebknecht, a plus travaillé pour nous que cinq ministres socialistes. Par son système révolutionnaire inauguré en 1866, il a débarrassé la voie des entraves qui nous empêchaient d'aller vite. Les événements de 1870 et 1871 nous ont fait plus de partisans qu'ils n'ont rapporté de pièces d'or à la Prusse. Le peuple ouvre aujourd'hui des yeux gros comme le poing et tire la langue. Il voit avec une amertume profonde combien tant de sacrifices lui ont peu rapporté, et comment la position a empiré au lieu de s'améliorer, avec la perspective d'avoir des charges de plus en plus lourdes à supporter. La vie a doublé depuis la guerre, mais les salaires n'ont pas augmenté en proportion. L'annexion de l'Alsace a ruiné nos industries saxonnes. Toutes nos filatures, nos fabriques de toiles chôment ou sont à la veille de faire faillite. Mulhouse nous inonde de ses produits ; ils sont à meilleur marché, il y a plus de goût dans le dessin, il est naturel que le public les préfère. Je dois me rendre, dans quelques jours, dans nos régions manufacturières, et j'en ai à l'avance le cœur serré. Mon Dieu ! quelle misère ! Le 75 0/0 de la population saxonne n'a pas 100 thalers par an (à peu près 390 francs) pour son entretien. Des familles de cinq ou six personnes sont obligées de vivre avec un thaler par semaine. Voilà les fruits de la guerre et de la conquête, voilà le produit des milliards ! On a comblé les généraux de riches dotations et l'on écrase le peuple sous de nouveaux impôts. Aussi, ne vous étonnez pas en lisant dans les journaux de Hambourg que dix mille, quinze mille Allemands s'embarquent chaque mois pour les terres étrangères.

« Je viens de quitter, il y a dix minutes, un jeune sous-officier, prussien fanatique avant la guerre. Il est revenu avec un bras amputé, incapable de continuer son métier. Savez-vous ce qu'on lui donne ? une pension de 20 thalers par an, — soixante-quinze francs ! Demandez-lui aujourd'hui ce qu'il pense de la Prusse et de la guerre. Eh bien ! tout le peuple allemand est dans le même cas. Ce qui le touche avant tout, ce n'est pas l'unité de l'empire, la grandeur de la patrie allemande, mais ses propres intérêts et ceux des siens. Malheur à Bismarck s'il impose un nouvel impôt de sang. Je ne crois pas à une révolution : le peuple marchera en rongeant son frein ; mais à son retour dans ses foyers, lorsqu'il y trouvera la misère et la ruine, il reprendra ses armes pour demander compte à qui de droit de sa misère et de ses souffrances. »

Liebknecht aborda la question de la nouvelle loi militaire qui, selon lui, sert la cause du socialisme. Il me parla du mécontentement qui règne dans l'armée, surtout parmi les sous-officiers, qui ont reçu des médailles de fer, mais pas un *groschen* de la rançon. Dès que leur service est fini, ils quittent l'armée ; c'est ainsi que celle-ci perd ses meilleurs chefs.

— Le secret de la puissance de la Prusse, reprit Bebel, est dans sa bureaucratie, organisée comme dans aucun État. Le gouvernement exerce une surveillance et une pression continuelles sur ses employés ; mais cependant, dans ce grand troupeau, des signes de mécontentement commencent aussi à se manifester. Comment voulez-vous que des familles vivent avec des salaires de 160 à 200 thalers par an ?

. . . .

. . . .

J'avais appris à Francfort que M. Liebknecht travaillait depuis une dizaine d'années à une *Histoire de la Révolution française*, et qu'il avait réussi à se procurer, sans qu'on s'en doute, des documents excessivement importants conservés dans les archives de Berlin. Je lui demandai où en était son travail. Il me répondit que ses notes étaient à peu près complètes et que le premier volume de son *Histoire* paraîtrait prochainement.

Il était midi, — heure du dîner en Allemagne. Je me retirai. En regagnant mon hôtel, je songeais à cette prédiction de Henri Heine qui écrivait, il y a trente ou quarante ans, après avoir annoncé la reconstitution de l'empire germanique : « L'empire marchera promptement à sa chute. Ce cataclysme sera le résultat d'une révolution politique et sociale, œuvre des penseurs et des philosophes allemands. Les Kantistes sont déjà venus, qui ont extirpé les dernières racines du passé ; les Fichtéens viendront à leur tour, et leur fanatisme ne pourra être maîtrisé ni par la crainte, ni par l'instinct. Les plus redoutables seront les philosophes de la nature, les communistes, qui se mettront en relations avec les pouvoirs originels de la terre et évoqueront les traditions du panthéisme germanique. Alors ces trois chœurs entonneront un chant révolutionnaire dont la terre tremblera, et il se passera un drame en Allemagne auprès duquel la Révolution française n'aura été qu'une idylle ! »

DEUXIÈME PARTIE.

BERLIN ET LES BERLINOIS.

I.

DE LEIPZIG A BERLIN.

« N'arrivez ni le soir ni dans la nuit. Rien de moins sûr que les cochers de Berlin; s'ils s'aperçoivent que vous ne connaissez pas la ville, ils vous conduiront dans quelque ruelle écartée des faubourgs, où vous serez allégé de votre bourse et de vos bagages. Ce *fait divers* se renouvelle si souvent depuis la nouvelle ère, qu'il est passé à l'état de cliché dans les journaux de la capitale. »

C'est ainsi que se terminait la lettre qu'un de mes amis, correspondant d'une feuille anglaise, depuis trois ans à Berlin, m'adressait à Leipzig au moment où je me disposais à l'aller rejoindre. La réputation des cochers des bords de la Sprée était déjà venue jusqu'à moi, mais je croyais que leur scélératesse s'arrêtait devant les emblèmes du sexe fort [1]. Le conseil était, en tout cas, bon à

---

[1] Ce qui rend dangereux le cocher de *droshke* (fiacre), écrivait en 1865 M. W. Reymodd, c'est son tempérament amoureux. Un jour l'un d'eux *charge*, à l'arrivée d'un train, une jeune et jolie étrangère

suivre : il joignait à l'avantage de ne pas laisser d'argent dans les mains de l'ennemi, celui de voir tout à l'aise, de neuf heures du matin à quatre heures du soir, cette Marche du Brandebourg, aussi fameuse que la campagne romaine.

Aux prairies verdoyantes succède bientôt la plaine sablonneuse. Je ne sais rien de plus triste, de plus désolé. Pas de villages, pas de vie champêtre, pas de chariots entourés de joyeux laboureurs, mais le silence et l'immobilité de la mort : çà et là seulement quelques misérables chaumières groupées, comme de vieilles mendiantes, au pied d'un clocher qui ressemble lui-même à une ruine. Des dunes, comme au bord de la mer. Puis des rangées de pins rabougris dont les racines noueuses sortent du sable pareilles à des serpents en convulsion. Dans les bas-fonds, des flaques d'eau verdâtres au bord desquelles boivent deux ou trois vaches plus maigres que celles que Pharaon vit en songe. Nul être humain, aucun oiseau. Une seule fleur croît dans ces solitudes : le coquelicot ; — on dirait des taches de sang.

Le ciel est en harmonie parfaite avec ce funèbre paysage : gris, lourd, il ressemble à la pierre d'un sépulcre.

C'est ici cependant que les Hohenzollern transplantèrent leur arbre généalogique. Ce fut d'abord un chétif arbuste

qui lui jette une adresse d'un accent mal assuré. La voiture se met en marche, traverse un faubourg, pénètre dans une forêt, la *Thiergarten*, et s'y enfonce toujours davantage. La jeune voyageuse ne comprend rien à cette grande ville qui lui paraît beaucoup trop ornée de promenades et d'ombrages luxuriants. Tout à coup la voiture s'arrête, le cocher descend de son siège, attache ses chevaux à un arbre, ouvre la portière et offre à la jeune dame son bras pour l'accompagner dans les bosquets. — Au secours ! crie la victime. — Ne criez pas, dit poliment le cocher, je n'ai pas l'intention de vous faire de mal ; mais comme vous me plaisez, je désire obtenir de vous un baiser. Pas davantage ! — Il fallut bien s'exécuter. Le baiser reçu, le cocher remonte sur son siège et conduit consciencieusement la jeune fille à son adresse.

que ce chêne dont les rameaux abritent aujourd'hui l'Allemagne entière. Sigismond de Saxe, qui avait pris possession de la contrée, la donna en hypothèque à un de ses parents de Nuremberg, du nom de Hohenzollern, auquel il avait emprunté une somme de quatre cent mille florins. Il ne put rembourser sa dette, et à sa mort, la Marche de Brandebourg devint la propriété de l'heureux créancier.

On sait les commencements humbles et pénibles de ces parvenus. Frédéric IV n'avait pour faire la guerre aux seigneurs qui refusaient de le reconnaître, qu'une vieille pièce de canon qu'il appelait « sa tante Marguerite. » Frédéric II a dit de Frédéric-Guillaume, le Grand-Électeur : « C'était un prince sans territoire, un électeur sans pouvoir, un allié sans armée. » A force d'habileté, d'intrigues, d'économie, de persévérance, il répara les désordres qui avaient marqué le règne de son père, il prépara les voies de la grandeur future de sa dynastie, il fixa à cette machine politique et militaire qui devait s'appeler la monarchie prussienne, les rouages propres à lui assurer la régularité et le mouvement. Ses successeurs trouvèrent une armée excellente, les caisses du trésor bien remplies, une légion de fonctionnaires dressés à la baguette et obéissant comme une meute au sifflet du veneur. Embusqués dans les marécages de la Sprée et de la Havel, ces rois de proie étaient toujours à l'affût d'une occasion, et ne s'élançaient qu'à coup sûr. Ils prirent la Silésie, la Pologne ; leurs mains crochues ne se refermaient jamais vides. Administrateurs consommés, ils équilibraient leur budget au moyen d'impôts extravagants sur les souliers, les chapeaux et les perruques. Ils réglaient les dépenses de leur maison mieux que ne l'eût fait Harpagon. Leurs filles se mariaient sans dot et portaient des robes de serge. La cour se nourrissait de viande fumée et de choux maigres. On fouettait sur la place publique les employés du fisc qui ne rendaient pas des comptes assez exacts. Cet argent, ménagé avec une avarice si sordide, servait à créer de nouveaux régiments, à tracer des routes, à dessécher les marais, à creuser des canaux, à forcer ce sol ingrat et infécond à nourrir la colonie qui s'y était établie.

A mesure qu'on approche de Berlin, ces perpétuels efforts de l'homme sur la nature, cette persistante ardeur à vaincre ses hostilités, ces conquêtes incessantes du travail, deviennent plus visibles. On aperçoit quelques cultures semblables à des oasis au milieu du désert. Des arbres fruitiers, au feuillage malingre, se dressent, comme de longs cierges jaunes, autour de petites maisons basses, sans étage. Un troupeau d'oies, sous la conduite d'une fillette ébouriffée et en guenilles, s'en va lentement à la recherche d'un cours d'eau que signale le vol d'une cigogne mise en fuite par le bruit de la locomotive. À l'horizon, trois ou quatre moulins à vent élèvent leurs bras éplorés; puis, derrière, s'étend une forêt de cheminées rouges surmontées de longs panaches de fumée: c'est Berlin.

II.

PREMIER ASPECT.

En descendant de wagon, la première chose qui frappe les yeux du voyageur ce sont des écriteaux placés aux quatre coins de la gare et portant ces mots : « *Prenez garde aux voleurs !* »

Cette étiquette, collée par les soins de la police sur les murs de la capitale impériale, a quelque chose de franc et de naïf. On se dit en boutonnant sa redingote : « Voilà des gens qui ont le courage de se donner pour ce qu'ils sont. » Et n'est-ce pas aussi un avertissement à l'étranger que ce nom de *Place des Gendarmes,* porté par la principale place de Berlin ?

Pas d'octroi, pas de formalité pour les bagages. L'entrée et la sortie de la gare sont libres. Des escaliers disjoints conduisent dans une cour malpropre, où les fiacres se mêlent aux lourds camions. Dix cochers portant une large plaque de cuivre au chapeau me font signe. Je monte au hasard dans le *droshke* le plus voisin. Tous ces fiacres sont laids, usés, délabrés. A chaque tour de roue, on craint un effondrement. On y est à peu près aussi commodément assis que sur une pelote d'épingles, et on se sent honteux de se présenter aux populations dans un équipage si piteux, si crasseux, traîné par un cheval poussif, dont les os percent la peau. Les voitures de première classe ne sont guère plus confortables et plus élégantes ; la différence consiste dans l'adjonction d'une seconde haridelle, qui empêche l'autre de courir, et dans l'absence de plaque de cuivre au chapeau de l'automédon, ce qui le rend moins ridicule et moins grotesque.

Henri Heine parle de l'effet de surprise et d'enchantement que produit Paris sur l'étranger. Berlin produit aussi un effet de surprise, mais il n'a rien d'enchanteur. On est surpris que la ville du nouvel Empire, la « ville de l'intelligence, la ville universelle » ait moins l'air d'une capitale que Dresde, Francfort, Stuttgard et Munich. Je ne parle pas de Vienne, qui n'est comparable qu'à Paris. (*Es gibt nur eine kaisertadt, es gibt nur ein Wien*[1]. Vienne est une noble douairière, tandis que Berlin n'est qu'une princesse de théâtre, a dit un écrivain allemand. Ce que Berlin montre aux gens est moderne, battant neuf; tout y porte la marque de cette monarchie d'aventure et de fabrique, composée de pièces et de morceaux, de cette monarchie d'occasion qui s'est taillé à coups de sabre des vêtements dans le manteau du voisin, et qui fait mentir depuis trois siècles la morale de la fable du Geai paré des plumes du paon.

Rien de moins allemand, dans le sens gothique que nous donnons à ce mot, que la physionomie de Berlin. Les rues se suivent, longues et monotones ; elles sont le produit d'une volonté souveraine, elles ont été bâties par ordre, comme des casernes, et alignées par la canne du roi-caporal. Il ne faut pas chercher ici des monuments qui parlent du passé, qui soient l'incarnation d'une époque ou d'un art. L'enthousiasme du beau n'a jamais enflé le cœur coriace de ces rois de Prusse rationalistes et mesquins. Un canon leur a toujours paru supérieur à une cathédrale; ils auraient troqué une demi-douzaine de madones de Raphaël contre un grenadier de six pieds. On dit « l'Arsenal et le Château de Berlin, » comme on dit à

---

[1] Il n'y a qu'une ville impériale, il n'y a qu'un Vienne. (Proverbe allemand.)

Vienne, à Cologne, à Francfort, à Ulm, « le Dôme ou la Cathédrale. » Le dieu de la guerre est seul reconnu et adoré dans la capitale prussienne. L'aigle tonnant de Jupiter est orgueilleusement posé sur l'église de la garnison, et la statue de la Victoire s'élève sur la place du Roi, comme le veau d'or au milieu du camp israélite. Les mélodieuses sonneries des cloches chrétiennes sont remplacées par le bruit assourdissant des tambours et les aigres sifflements des fifres. Le gai tumulte du travail est étouffé par le roulement de l'artillerie. Aussi, quand vous avez parcouru ces rues rangées à la file, veuves d'animation populaire, quand vous n'avez vu que des sabres, des casques et des panaches dix heures durant, vous vous sentez pris d'un indicible ennui, vous comprenez pourquoi Berlin, malgré le prestige que lui ont donné les derniers événements, ne sera jamais une capitale comme Vienne, Paris et Londres. Ce n'est pas quelqu'un, c'est quelque chose : un entassement de moellons gardés par des sentinelles.

La Sprée, qui traverse la ville, est une rivière infecte, roulant de la boue noire, aux émanations pleines de pestilence. « La Sprée, a dit un poëte du cru, est pareille à un cygne à son entrée dans la capitale ; elle en ressort semblable à une truie. » Les ponts jetés sur la rivière sont tous en bois, lourds, massifs, mais solides et suffisants pour le passage des régiments et des canons. L'entretien des rues ferait honte à une bourgade italienne. Dans les faubourgs, pas de pavé. Quand il pleut, bêtes et gens naviguent dans une mer de boue. Les trottoirs sont inconnus dans ces quartiers où la population grouille comme des animaux immondes et végète dans les caves.

Sous *les Tilleuls*, — le boulevard des Italiens de Berlin, — les trottoirs sont bordés d'une ornière profonde. A chaque instant, de grosses servantes, à la taille de tambour-major, les manches retroussées et les bras étoilés d'énormes taches de rousseur, chaussées d'une espèce de sabot dans lequel le pied est nu, viennent y vider des seaux de relavures, en éclaboussant les passants. La nuit, ces rigoles remplacent les égouts absents, et conduisent à la Sprée ce que la Compagnie Richer recueille avec tant de soin à Paris, et transforme en dividendes inodores. Plus d'une fois on a trouvé des ivrognes noyés dans ces ruisseaux.

Au milieu de la ville, autre foyer d'infection. C'est un immense réservoir à ciel ouvert, dont les émanations putrides tuent les mouches à cent pas. Toute description est impossible, il faut voir pour croire. Pendant trois mois de l'été des employés de la voirie sont occupés à répandre de l'acide phénique dans ce voisinage. Il a été souvent question d'assainir la ville, car le choléra y est en permanence, mais les ressources municipales sont terriblement restreintes. Du reste, le peuple ne se plaint pas, il semble se complaire dans cette atmosphère pimentée. On a voulu construire des halles pour faire disparaître ces ignobles marchés de la viande et du poisson qui se tiennent en pleine rue. Les marchands sont allés s'installer, la pratique a refusé de venir, et aujourd'hui, les halles de Berlin ont été transformées en cirque.

Les odeurs de Berlin ne sont pas faites pour attirer l'étranger. Elles ne donnent que des nausées, tandis que les odeurs de Vienne et de Paris produisent sur des sens émoussés une certaine titillation agréable. Celui qui a amassé une rapide fortune en Amérique, aux Indes, en Australie vient souvent en jouir ou la dépenser dans ces deux villes. Ceux qui font fortune à Berlin n'ont rien de plus pressé que de sortir de la « grande sablonnière du Brandebourg. Cette absence d'étrangers donne à la ville l'aspect d'un village et aux plus beaux magasins l'air de boutiques. « Que voulez-vous ? me répondait un vieux Berlinois auquel je demandais pourquoi l'apparence des magasins était en général si triste,—que voulez-vous ? Nous n'avons pas dans nos rues des processions d'Anglais, de Russes, d'Espagnols, d'Américains, de Hongrois comme chez vous. L'Égypte et la Turquie ne se ruinent pas pour nos danseuses, et nos princes qui font des folies vont ailleurs. Les étrangers ne s'arrêtent pas chez nous, ils passent, car déjà au bout de la première journée ils s'écrient en bâillant : « O mon Dieu, que cette ville de l'intelligence « est donc ennuyeuse ! (*Gott was ist diese stadt der hohen* « *intelligenz doch so langweilig !*) » Il n'existe cependant pas de ville en Europe où l'augmentation de la population ait pris un aussi puissant essor. Après Londres, Paris et Constantinople, Berlin est la capitale la plus populeuse. Lorsque éclata la grande Révolution, Paris comptait 800,000 habitants, et la résidence des rois de Prusse à peine 120,000. Sous le règne du Grand-Électeur elle n'en avait que 20,000. Le progrès tient du prodige. En 1817, Berlin est peuplé de 188,000 âmes ; en 1831, de 230,000. Dans la période de vingt ans qui suivit, la population s'accrut de 200,000 habitants. En 1867, en dépit de la guerre, la statistique indiquait 702,000 âmes. Au 31 décembre 1871, la population de Berlin s'élevait à 828,015 habitants, et aujourd'hui elle touche au chiffre de 850,002 [1]. Les villes américaines donnent seules des exemples de colonisation aussi rapide. A mesure que le flot arrive, la ville s'agrandit, de nouveaux quartiers surgissent à l'est, à l'ouest, mais ils sont bientôt remplis des caves aux galetas, le torrent déborde, des familles entières sont obligées de

[1] Le 23 juin 1892, la population de l'Allemagne sera égale à celle de la France, dit M. Firk dans un travail publié sous le titre de : *Population de l'Allemagne et de la France*. De 1867 à 1871, l'augmentation de la population a été, en effet, en Allemagne, de 62 0/0. En 1902, si les conditions actuelles ne changent pas, la France n'aura plus que la moitié de la population de l'Empire allemand.

camper en plein air, et à côté de la capitale une autre ville s'élève, étrange, pittoresque, baroque comme son nom, c'est *Barakia*, la ville des baraques. Les plus riches se logent dans de vieux wagons de chemin de fer. Des boutiques, des débits de bière s'ouvrent, les baraques s'alignent sur quatre rangs, la cité a sa police et ses veilleurs de nuit. *Barakia* a vécu un été. A l'approche de l'hiver, le gouvernement s'est ému de cette situation, il a fait conduire les femmes et les enfants dans les hospices, et les hommes, rentrés dans la capitale, se sont mis à la chasse de cette bête sauvage que Mürger appelait la pièce de cent sous. L'État n'a pas tardé à interner dans les prisons ces dangereux chasseurs.

Parmi les 133,693 émigrants de l'Allemagne qui se sont dirigés, après la guerre, sur la capitale impériale, comme vers la terre promise des milliards, il n'y en avait que 3,104 accompagnés de leur famille ; les autres étaient seuls et représentaient 130,589 personnes dont 35,400 femmes, se subdivisant ainsi : 10,000 domestiques, 20,000 femmes non mariées et 5,400 femmes séparées de leurs maris.

La vertu prussienne, déjà sérieusement ébranlée, n'a pas résisté à cet assaut. L'ennemi est maître de la place. La prostitution s'assied au foyer domestique, et la tourbe de coquins et de gens de mauvaise vie qui compose les dernières couches de la population berlinoise inspire à un journal officieux les tristes réflexions que voici : « Qu'on ne croie pas que Paris seul soit exposé aux horreurs d'une insurrection communiste ; les mêmes matières explosives existent chez nous et se cachent sous la surface de la vie sociale. »

III.

SOUS LES TILLEULS.

La principale rue de Berlin, l'artère centrale, s'appelle *Unter den Linden* (sous les tilleuls). Les indigènes, qui s'étaient décerné avant la guerre le surnom de *Parisiens du Nord*, comparent cette rue au Broodway de New-York, à la Perspective Newsky de Saint-Pétersbourg, et même au Canal-Grand de Venise ! Dans son *Guide* en Allemagne, M. Bœdecker, Prussien de fraîche date, déclare que « *les Tilleuls* ne le cèdent qu'en étendue aux boulevards parisiens. » Les Génevois prétendent bien que, si Paris ressemblait à Genève, Paris serait une bien belle ville !

Cette rue si fameuse, plantée de quatre rangées d'arbres dont quelques-uns seulement appartiennent à la famille des tilleuls, n'est praticable pour les piétons que s'ils suivent les trottoirs. Sous les tilleuls proprement dits, on s'expose la plupart du temps à être asphyxié par des tourbillons de poussière ou atteint par les éclaboussures des cavaliers et des voitures. Le soir, le rêveur qui s'aventure sous ces sombres arceaux et regarde trop les étoiles scintiller à travers les branches risque de tomber, non pas dans un puits, mais dans les mains de l'honorable corporation qui moissonne avec tant de succès les portemonnaie et les chaînes de montre de ceux qui oublient l'avertissement paternel affiché à l'entrée des gares. On vous attaque en pleine rue à Berlin [1], comme dans un vil-

---

[1] La *Gazette évangélique* poussait encore le cri d'alarme le 25 décembre dernier. « Dans notre métropole, écrivait-elle, dans la ville

lage de la Sicile ou de la Grèce. Et à cette heure propice où la nuit déploie ses voiles, l'amour libre s'installe sur les bancs, à l'ombre des arbres; et le petit dieu fripon prend ses ébats sous la tendre protection des filous et des voleurs. Ce n'est pas des tilleuls qu'il faudrait à cette rue, — mais des feuilles de vigne.

L'*Unter den Linden* commence à la place de Paris et va jusqu'à la place de l'Opéra. Avant de descendre la rue, jetons un coup d'œil sur la première de ces deux places, qui rappelle Paris à peu près comme un cheval de bois rappelle un cheval vivant. La porte de Brandebourg, mauvaise imitation d'architecture grecque, surmontée d'un quadrige de la Victoire que Napoléon Ier fit galoper sur la route de Paris, forme le décor du fond, avec un corps de garde entouré d'une grille. A droite s'élèvent l'hôtel que la ville de Berlin donna à Blücher après ses victoires sur les Français, et la maison du feld-maréchal Wrangel, aussi décrépite, aussi vieille que son propriétaire. C'est un des plus curieux types de la capitale que ce soldat nonagénaire, aujourd'hui tombé en enfance, et qui, malgré ces deux infirmités, la vieillesse et la folie, ne sort jamais qu'à cheval et caracole dans les rues, en uniforme de gala, à la surprise des passants et à la grande joie des enfants, auxquels il a l'habitude de jeter des poignées de menue monnaie.

« Papa Wrangel, » comme l'appelle le peuple de Berlin, n'est généreux que depuis qu'il ignore sa générosité. En lançant des *groschen* aux gamins, il s'imagine qu'il leur distribue des balles pour tirer snr les zouaves. Ses principes de stricte économie, qui l'ont rapidement conduit à une fortune assez ronde, lui ont coûté la vie de son

---

de la crainte de Dieu et des bonnes mœurs; le brigandage devient public, les voleurs se réunissent par bandes et attaquent les voitures en pleine rue. Et c'est sous de pareils auspices que nous entrons dans la nouvelle année. »

fils. Cet enfant de père avare, officier dans je ne sais plus quel régiment, avait fait des dettes. Un jour il écrivit à son père que, si la caisse paternelle ne s'ouvrait pas, il se brûlerait la cervelle. « Brûle-toi tout ce que tu voudras, mon cher fils, répondit le feld-maréchal, je ne paye pas. » Le lendemain, le père inflexible apprit par son journal que son fils unique avait passé l'Achéron sans payer sa place.

Tout à côté, l'hôtel d'Arnim, appartenant à la belle-mère de l'ex-ambassadeur allemand à Paris. C'est un vaste bâtiment sans cachet, une espèce de mausolée qui sent le néant, et qu'on appelle néanmoins « un palais. » Depuis son rappel de France, M. d'Arnim a habité les pièces du rez-de-chaussée, qui donnent sur un vaste jardin. L'ex-ambassadeur à Paris a passé une jeunesse fort orageuse à Berlin, où il se retrouve aujourd'hui vieux avant l'âge, cloué sur une chaise de douleurs, écrasé sous la griffe de son terrible adversaire. Il y a vingt ans, M. d'Arnim était, comme on disait alors, le lion du jour. On se disputait sa présence dans les salons de l'aristocratie, on colportait ses mots jusqu'aux oreilles du roi, et le roi riait de bon cœur ; des bords de la Sprée aux bords de la Baltique, il n'y avait pas de sportmann qui lui tînt bride. Les paris qu'il engageait sont restés célèbres. Il alla un jour en une demi-heure de Berlin à Potsdam. Rien ne manquait à sa gloire de parfait gentilhomme, et il avait trouvé le secret de faire mentir le proverbe : « Heureux au jeu, malheureux en amour. » Fatigué de bonne heure de cette vie facile, il détacha sa barque du rivage embaumé et se lança à toutes voiles dans les courants périlleux de la diplomatie et de la politique. Il s'arrêta à Dresde, à Munich, à Rome ; et le long de la rive il cueillait les décorations comme on cueille des fleurs. Mais arrivé dans le paradis terrestre de Paris, il rencontra le serpent caché dans l'arbre de la science du bien et du mal. Le serpent lui dit : « Si tu manges de ce fruit, tu seras semblable à M. de Bismarck. »

Il crut le serpent et mangea du fruit; et comme Adam, il fut chassé.

En face, de l'autre côté, cette maison jaune, à un seul étage, plus large que haute, avec un escalier en forme de perron et un toit surmonté d'une girouette qui représente un uhlan, c'est l'hôtel ou plutôt le « palais » de l'ambassade de France. Quand la guerre éclata, la populace de Berlin menaça de démolir cette maison qui portait sur sa façade l'aigle impériale avec son diadème et ses foudres. La nuit, on brisa les vitres à coups de revolver. Les armes de l'empire disparurent quelques jours après, — escamotées sous une caisse de fer-blanc, qui existe encore, et dont le vernis grisâtre se confond avec la pierre.

En quittant la place de Paris, nous laissons derrière nous le « palais » du comte de Redern, en style florentin, dont l'architecte Schinkel a tracé le plan. Le comte de Redern est un riche amateur de tableaux, sa collection passe pour une des plus belles de Berlin. Nous passons devant le ministère de l'instruction publique et des cultes, devant l'hôtel de l'ambassade russe, l'école d'artillerie et du génie et le ministère de l'intérieur. Le Berlinois qui vous montre le « palais » de l'ambassadeur de Russie ne manque jamais d'ajouter: « L'ambassadeur était aux fenêtres à la rentrée du roi Guillaume à Berlin, le lendemain de la déclaration de guerre; il a salué amicalement Sa Majesté de la main, nous rassurant ainsi publiquement sur la neutralité de la Russie. »

L'école d'artillerie et de génie compte 404 élèves, qui dînent à midi, dans un réfectoire commun, mais logent en ville. Les études d'officiers d'artillerie durent dix mois et demi; celles d'officiers de génie, un an et demi. L'école d'artillerie prussienne passe pour la meilleure de l'Europe.

En continant notre promenade, nous arrivons à l'*Aquarium*, dirigé par le docteur Brehm. C'est la plus merveilleuse des merveilles de Berlin, où il y en a si peu. On entre, on monte une dizaine de marches, et l'on est subitement transporté dans les déserts de l'Afrique, dans les pampas de l'Amérique, au pied des montagnes Rocheuses, dans les forêts vierges de l'Australie, au plus haut des airs et au plus profond des mers. On fait le tour du monde en quatre-vingts secondes et l'on descend sous les mers sans cloche ni appareil, au milieu des coquillages les plus bizarres, des madrépores filandreux, des dentelles de Vénus, des bryozaires et des polypes, des éponges, des étoiles, des argus, des plumes et des anémones de mer, des poissons les plus extraordinaires et les plus curieux. Le domaine de Neptune ressemble ici à celui de la fable. De la grotte des poissons on passe au palais des reptiles. L'installation est la même que celle qui a été faite récemment au Jardin des plantes. Les boas, les vipères, les serpents à sonnette, sont couchés sur un lit de sable ou de mousse verte, ou enroulés autour d'un tronc d'arbre, ou encore mollement étendus le long d'un petit bassin de marbre, où des grenouilles attendent l'honneur insigne d'être mangées. Des lézards que les Égyptiens auraient adorés à deux genoux, des caïmans qui barbotent autour d'un jet d'eau, animent ce paysage exotique. Les vautours, les aigles, les faucons sont échelonnés le long d'une paroi de rocher artificiel, et dans un jardin recouvert d'un léger treillage voltigent, chantent, gazouillent, sifflent, jacassent, roucoulent, gloussent, crient tous les oiseaux de la création, depuis le colibri jusqu'à l'autruche. On dirait le paradis des oiseaux, après la résurrection universelle.

Traversons la rue, et allons flâner un instant dans la *Kaiser-Gallerie* (galerie impériale). C'est un pastiche du passage Jouffroy, mais ampoulé comme le style d'un élève de rhétorique, exagéré, criard, surchargé de dorures, de festons, d'astragales de mauvais goût. On s'étonne de rencontrer si peu de caractère et d'originalité dans l'architure berlinoise. Le pastiche est partout : la porte de

Brandebourg, — une imitation de la Grèce ; le musée, — encore une imitation grecque ; l'hôtel de ville, une commande gothique, comme ces châteaux de pacotille qui remplacent les anciens burgs du Rhin ; la colonne de la Victoire, — une copie manquée de la colonne de Juillet.

C'est au milieu de la *Kaiser-Gallerie* que se trouve le musée Castan, une imitation aussi, une réduction mesquine du musée Tussaud. La statue de cire de Rochefort se dresse derrière la vitrine. L'échappé de Nouméa, en cravate blanche et en habit à queue d'hirondelle, ressemble à un directeur de théâtre ambulant ; on dirait qu'il débite le boniment.

Entrons. Nous sommes en pays de connaissance : voici Napoléon III dans l'uniforme qu'il avait à Sedan ; Jules Favre versant un pleur éternel ; Bazaine devant le conseil de guerre ; l'archevêque de Posen, Mgr Ledochowski, tête fine et intelligente ; la Spitzerder, condamnée pour escroquerie à Munich ; des assassins et des brigands qui ont tous la véritable physionomie de l'emploi. J'oubliais don Carlos dans l'attitude excentrique d'un chevalier de la Manche. Les femmes en ont la tête tournée, et l'exhibition de cette « pièce » a déjà occasionné plus d'un divorce.

On a essayé d'ouvrir dans ce passage des restaurants somptueux, des salles de concert ; rien de tout cela n'a réussi, et les actions de la *Kaiser-Gallerie*, qui valaient 100 thalers, sont tombées à 18. Non que les Berlinois détestent la musique et la bonne chère, mais il leur faut leurs aises, leurs jardins-brasseries, où, tout en fumant ou en mangeant, ils peuvent déguster de l'oreille une polka ou une valse. Ils ont conservé, sous ce rapport, des habitudes traditionnelles, et plus le local où ils vont boire est sombre, malpropre, plus ils s'y complaisent. Les officiers et l'aristocratie fréquentent seuls les grands restaurants de l'*Unter den Linden* : Hiller, un maladroit copiste de Brébant ; le restaurant Hanus, dirigé par un Parisien.

M. Langlet, qui tient haut le torchon immaculé et radieux de la cuisine française. La plupart de ces restaurants ont un jardin, et le soir on dîne en musique. Il y a du reste, sous *les Tilleuls*, des *wein* et des *bierstube* (chambres à boire) pour toutes les bourses. Les employés et les cochers en disponibilité, les filous malheureux et les déclassés descendent dans les caves, où ils vident à deux ces énormes brocs de bière blanche d'une capacité de cinq à six litres. Ils mangent un morceau de viande fumée, puis font une partie de billard sur quatre planches de sapin recouvertes d'un lambeau de drap vert. Ils vont ensuite entendre dans un jardin plus populacier que populaire — et également situé sous les *Linden* — « la belle Thunselda, qui sert les clients et joue l'harmonica; la belle Erica, qui exécute sur le piano les marches d'Offenbach et de Wagner; la vive et sémillante Prisca, âgée de dix-sept ans, qui chante des chansons d'amour et des hymnes patriotiques[1]. » La curiosité m'a poussé un jour dans cet infect bouge. C'est la cour des Miracles en plein Berlin. Le jardin, au fond d'une allée toute noire, est divisé en quantité de petits kiosques. Les lanternes projettent une lumière douteuse et des groupes étranges se devinent dans la pénombre, — pendant que dans une chambre basse, décorée de gravures obscènes dignes de ce lieu, « la vive et sémillante Prisca, âgée de dix-sept ans, » tire d'un gosier éraillé des notes infernales.

Mais nous ne sommes ici qu'au centre de la rue des Tilleuls ; descendons jusqu'au bout de ce « boulevard des Italiens » de la capitale impériale. En passant devant l'Académie des sciences et des arts, qui n'a absolument rien d'artistique dans son architecture, nous arrivons au palais de l'empereur. Rien de plus bourgeois que cette « maison, » dont deux factionnaires font le seul ornement.

[1] C'est en ces termes que le *Biergarten* en question fait ses annonces dans les journaux.

La bibliothèque impériale est installée dans une annexe du palais de l'empereur et porte cette inscription sur son fronton : *Nutrimentum spiritus.* Comme les écuries royales se trouvent précisément au rez-de-chaussée, sous la salle de lecture, un Berlinois, né malin, griffonna un jour au crayon sur une des portes : *Musis et mulis.* La bibliothèque de la « ville de l'intelligence » est fort mal tenue ; elle est misérablement fournie en publications nouvelles. Au mois de janvier 1874, M. Mommsen, lors de la discussion du budget au Reichstag, prit une voix suppliante pour demander un petit crédit supplémentaire en faveur de cette « pharmacie de l'âme, » dont l'allocation n'est que de 75,000 francs. Les salles sont si petites que les livres sont entassés sur le plancher. Le catalogue, encore manuscrit, est presque inaccessible au public.

L'Opéra s'élève un peu plus loin, vis-à-vis de l'Université. Des muses, des dragons, des chars triomphants ornent son fronton et son toit. Tout cela pêle-mêle, sans discernement, sans ordonnance, sans mesure. On dirait le rêve d'une imagination malade, hantée par des visions burlesques. La décadence italienne s'accouple encore là avec le paganisme philosophique de la Prusse. Frédéric II décréta la construction de l'Opéra au camp de Silésie. Cet amateur passionné des pieds mutins et des jambes savantes, ce grand admirateur de pirouettes et de grimaces mettait autant de soins à compléter sa ménagerie de danseurs qu'il en mettait à composer sa ménagerie de philosophes. Il employait ses agents diplomatiques comme des courtiers de théâtre, et plus d'une fois il menaça de la guerre les petits princes qui lui refusaient une ballerine en renom. Aussi économe d'écus que d'orthographe, le roi-philosophe conduisait ses bataillons de danseurs comme ses bataillons de conscrits — avec la canne. Il écrivait au comte de Zierotin, directeur des spectacles :

« Le *dansseur* et sa *feme* ne valent pas six sous, il faut les renvoyer le plus vite et par le plus court. »

Il écrivait encore :

« Il ne faut que des ballets ordinaires.

« *Tisbé* doit estre *habillié* en *ninfe* pastorale, satin *coulleur de cher*, et gaz d'argent avec des fleurs. »

On peut lire encore aux archives de Berlin la note marginale suivante, écrite de la main du vainqueur de Rosbach :

Les ballets sont trop tristes ; il faut quelque chose qui réjouisse et *qui ne coûte pas* ; je ne dépenserai qu'un habit pour la nouvelle *acctrisse*, rien pour les *balets*. Je ne sais qui est la Barnoville ; elle peut *dansser*, mais comme elle n'a aucune *cellebrité*, certes, je ne la regarderai pas.

L'église de Sainte-Hedwige et l'église française élèvent dans le voisinage de l'Opéra leurs deux tours extravagantes et théâtrales. Des statues de saints dans des poses d'acrobates se tiennent sur les terrasses et les échafaudages de colonnes ; les cloches sont si frêles que le roulement lointain d'un tambour étouffe leur sonnerie ; l'acoustique de la nef est si défectueuse, que le langage des prédicateurs se transforme en horrible charabia. On ne va pas prier Dieu dans ces *dioscures*, qui sont tout, excepté des temples chrétiens. De l'autre côté de la rue on remarque l'Université, immense caserne où se forment ces professeurs, ces avocats, ces écrivains qui sont, comme le disait lui-même le recteur universitaire, M. Dubois-Reymond, « la garde du corps intellectuelle des Hohenzollern. » L'école prussienne est un moule dans lequel on refond l'enfant : l'Etat l'en retire façonné pour son usage. Entre l'Université et l'Arsenal, s'élève un corps de garde bâti sur le modèle d'un château-fort romain, avec un péristyle d'ordre dorique. C'est l'œuvre du représentant berlinois de cet art néo-grec plein de prétention, M. Schinkel, qui construisait des étables dans le style des temples. Après ce singulier corps de garde, l'Arsenal, surchargé de décorations de guerre, et, vis-à-vis, le palais du prince royal, qui ressemble à une villa italienne. Le badigeon recouvre partout la brique.

Telle est la rue qui fait la gloire et l'orgueil de Berlin. Les passants sont en harmonie avec l'aspect terne et grisâtre de ces maisons construites en style de caserne. Rien de pittoresque, de gai, d'animé, d'entraînant comme dans les rues de Paris. Les petites industries sont inconnues ; Berlin n'a pas de cris, il n'a que des gémissements. La misère est affreuse. Sur dix personnes qui passent, j'en compte, en moyenne, cinq en haillons. Et quand la nuit tombe, le spectacle devient navrant. Priape recrute ses prêtresses parmi les jeunes filles de quinze à dix-sept ans. Il n'y a pas de ville au monde où la jeunesse soit ainsi profanée et publiquement livrée aux bêtes. L'étranger rougit et se sent ému de pitié. La police est-elle de connivence dans cette exploitation honteuse ? J'ai vu le « Louis » synonyme berlinois de M. Alphonse) qui a placé sa marchandise glisser ordinairement une pièce de monnaie dans la main du sergent de ville, — qui fermait les yeux.

Les *Tilleuls* ne sont pas un centre d'élégance, de flânerie et d'affaires comme nos grands boulevards. Il est rare d'y rencontrer une dame en toilette. La flânerie est insipide et il faut se borner à regarder l'essaim qui se forme et se disperse, pour se reformer sans cesse, devant les pavillons de refraîchissements élevés sous les Tilleuls ; les Berlinois appellent les jolies Hébés qui vous versent l'eau de seltz dans des gobelets d'argent des « *sodalisques*, » à cause de leur passion pour les mouchoirs brodés.

Les omnibus ne circulent pas *sous les Tilleuls*. On a établi dans une des rues parallèles, la *Dorotheestrasse*, un chemin de fer américain, et la principale rue de Berlin reste spécialement réservée aux équipages et aux flacres. Le peintre Houmann a laissé un tableau intitulé : *Les équi-*

pages de Berlin. Le paysage représente une plaine de sable, avec quelques buissons épineux et un moulin à vent : deux véhicules se rencontrent : l'un est une charrette de sable, l'autre une charrette de laitière. La première est attelée d'un pauvre cheval à l'état de squelette ; la seconde est traînée par deux chiens épuisés. Cette scène se perpétue dans les rues de Berlin ; mais à côté de ces « équipages » on voit maintenant passer des tilburys conduits par des lieutenants de la garde ou des officiers décorés. L'aristocratie a conservé ses vieilles et lourdes berlines rasant terre, et qui semblent spécialement affectées aux goutteux. Les médecins et les avocats ont aussi leur voiture spéciale qui ne brille ni par la propreté ni par la rapidité. Un véhicule curieux, c'est le char du brasseur, composé de deux longues solives sur lesquelles sont rangés les tonneaux de bière. Ce char ne peut pas tourner, et les chevaux s'attellent à volonté à l'arrière ou à l'avant.

Quant aux magasins des *Linden*, ils n'attirent jamais d'attroupements, excepté les boutiques qui exhibent les photographies décolletées des danseuses de l'Opéra et des princesses des petits théâtres. La tolérance à cet égard est encore une chose qui étonne, dans la capitale « de la crainte de Dieu et des bonnes mœurs. » Dans certains magasins de photographies légères, on tient à la disposition du public masculin, moyennant finance, des « Albums des beautés de Berlin, » et ces « beautés » sont cotées comme la rente espagnole et l'emprunt ottoman. La « Bourse de l'amour » s'ouvre chaque soir sous les voûtes dorées de la *Kaiser-Gallerie*. Les « Louis » se rassemblent, et là, comme des courtiers consciencieux, ils établissent les cours.

La science de l'étalage n'existe pas. Les marchandises s'entassent derrière les devantures. Je suis entré par curiosité dans une *Galanterie-Waaren*, c'est-à-dire un magasin de nouveautés. J'hésitais sur le choix de mes emplettes ; les commis et les dames s'empressèrent alors de me dire : « C'est ce que nous avons de plus beau ; *cela vient directement de Paris.* » Berlin encore tributaire de Babylone ! Si M. de Bismarck le savait, il ferait fermer la boutique.

On n'a aucune idée ici des magasins comme le Louvre, le Bon-Marché, Pygmalion, le Gagne-Petit, les Deux-Magots. Le commerce vit au jour le jour et s'approvisionne au fur et à mesure. Depuis la guerre les affaires ne vont plus et le nombre de maisons en faillite est fabuleux.

A Paris, sur les boulevards, à côté des magasins qui font feu de leur devanture, nous avons les cafés, — véritables salons en plein air. A Berlin, c'est la confiserie, la *conditorei*, qui remplace le café ! On y lit les journaux, on y fume beaucoup, mais on y consomme peu, car la clientèle des *conditorei* se compose en majeure partie d'étrangers, qui montrent peu de goût pour la pâtisserie berlinoise, indigeste et grossière.

IV.

LES STATUES.

Elles seules donnent à la rue des Tilleuls une physionomie originale et à part, un caractère guerrier comme l'on n'en trouve dans aucune ville d'Europe. Les statues font de l'*Unter den Linden* une espèce de musée historique et de voie triomphale. Tous ceux qui ont levé l'épée ou taillé, comme Shylock, une livre de chair humaine, sont là, et semblent, du haut de leur piédestal, exciter encore leurs compatriotes à la rapine et au combat. Voici Frédéric le Grand, entouré des héros de la guerre de délivrance : Blücher, Gneisenau, York, Bülow et Scharnhorst ; sur le pont qui conduit au Lustgarten, on remarque huit groupes belliqueux : des Victoires enseignant à de jeunes Borussiens le métier des armes, couronnant les vainqueurs, relevant les blessés ; des Iris montrant le chemin de l'Olympe à ceux qui sont morts dans l'enlèvement d'un drapeau ou d'une pendule ; sur la place du Palais-Vieux, la statue équestre de Frédéric-Guillaume III, et, au milieu du pont qui aboutit à la rue Royale, la statue du Grand-Électeur, entourée de soldats enchaînés qui représentent les sujets de la monarchie.

Ces statues montrent bien quelles sont les préoccupations de ce peuple belliqueux. Ses grands hommes ne sont ni des philosophes ni des poëtes : ce sont des généraux. Et leurs statues sont là, au centre de la ville, comme dans le sanctuaire d'un temple de Mars.

Frédéric le Grand est à cheval, la tête coiffée du petit

chapeau à trois cornes et la canne légendaire suspendue au poignet : c'est bien l'astucieux vieillard que l'on connaît, au profil de spectre, au sourire de damné. Ses hommes d'État et ses plus illustres généraux sont représentés en relief, de grandeur naturelle, tandis que les philosophes et les poëtes ont été relégués derrière, sous la queue du cheval.

La statue de Blücher et celles des quatre généraux de la campagne de 1813 ornent la place de l'Opéra. Blücher, la tête nue, les cheveux au vent, foule un canon démonté, et, agitant son épée, s'élance contre l'ennemi héréditaire, l'*Erbfeind*, en poussant son fameux cri : « *Vorwærtz!* » En avant! La tête est énergique, l'expression de haine est puissamment rendue. Blücher avait soixante ans quand il gagna la bataille de Leipzig. Esprit téméraire et fanatique, c'était le vrai chef qu'il fallait à ce peuple qui s'organisait pour la « guerre sainte. » « Je ne sais pas lanterner, disait-il, je vais en avant ; et si on ne veut pas marcher, je préfère me retirer. » Il aimait les coups rapides et les grands coups. Jamais il ne consultait une carte ; il ne savait ni la grammaire ni l'orthographe ; c'était un général sans théorie, une espèce de caporal inspiré. Il buvait sec et jouait gros. D'anciennes gravures le représentent dans une obscure tabagie, devant une table de jeu, tenant d'une main une longue pipe au fourneau de porcelaine et, de l'autre, choquant son broc contre celui de ses partenaires. On lit au-dessous cette légende : « Après le grondement du canon, c'est le bruit que je préfère. « (*Nachstens dem Kononen-Knall ist mir dies der liebste Schall.*) Blücher détestait les soldats de la landwehr créés par une ordonnance royale du 17 mai 1813. Ces militaires improvisés, dont l'uniforme se composait d'un casque en fer-blanc, d'un sac en toile, d'un sarrau de drap, d'un pantalon de coutil et de bottes montantes, laissaient beaucoup à désirer au point de vue de la tenue, et Blücher, dans son langage pittoresque, disait : « Ils ressemblent à des cochons. » Ce furent cependant ces soldats, tout enflammés de patriotisme, qui culbutèrent les rangs ennemis à Leipzig. Blücher est resté le type du parfait guerrier prussien : c'est un soudard.

A sa droite, la statue de Gneisenau. Blücher l'appelait sa « tête. » C'était en effet une tête de fer. Il avait déjà cinquante ans lorsqu'il prit du service. Diplomate et soldat, il défendit Coblentz et fut envoyé en qualité d'ambassadeur en Angleterre et en Suède. Sa figure respire la fierté, l'audace, la persévérance. Il lève le bras droit comme pour signaler l'approche de l'ennemi.

De l'autre côté, Louis d'York brandit son épée. Son attitude est superbe d'orgueil. Les soldats l'avaient surnommé « le père Grondeur » (*Vater Isegrimm*). York était d'un caractère hautain et exclusif. Il ne voulait obéir à personne et réclamait de ses subordonnés une soumission aveugle. Il haïssait le général Scharnhorst. Sans attendre les ordres du roi, il opéra sa jonction avec les Russes, en disant : « C'est fait ; on en pensera ce qu'on voudra. »

Les deux autres statues sont en marbre de Carrare. Bulow, le général heureux, à qui la victoire resta fidèle, montre un front rayonnant. Scharnhorst est pensif et grave comme M. de Moltke. C'était l'homme des combinaisons savantes, des plans longuement étudiés. Enveloppé dans son manteau, on dirait qu'il médite à la veille de la bataille. Scharnhorst, sorti des rangs du peuple, était l'enfant de ses œuvres : fils de paysan, il avait commencé par être forgeron. Gneisenau disait en 1811, en parlant de lui : « Je suis un nain à côté de ce géant. » Et Arndt, chantant sa mort, s'écriait : « Là où il est tombé, ses petits-fils planteront les chênes de la liberté. »

Toutes ces statues sont sorties du ciseau du sculpteur Rauch ou ont été modelées de sa main. Ce sont des chefs-d'œuvre d'expression, de mouvement et d'énergie tragique. En les voyant, on comprend qu'elles sont faites pour exalter le patriotisme et entretenir dans les cœurs le feu sacré de la haine contre l'étranger. Rauch est né en 1777. Il a puisé l'inspiration au milieu même des abaissements et des gloires de sa patrie. Il a coulé en bronze et taillé dans le marbre les strophes ardentes des Kœrner et des Arndt. Ses décorations héroïques effacent en cet endroit la vulgarité de la rue, et prouvent que si les autres dieux sont en train de tomber dans la capitale du paganisme prussien, les dieux de la guerre sont encore sur leurs autels, vénérés et tout-puissants.

V.

L'ARSENAL.

C'est par l'Arsenal qu'il faut commencer pour bien comprendre Berlin, comme on commence par l'alphabet pour savoir lire. C'est le berceau. La monarchie prussienne sort du boulet de canon comme l'aigle sort de l'œuf. Ce musée de guerre est le musée historique de la nation. Paris a le musée de Versailles, Florence les Offices, Rome le Vatican ; — Berlin a l'Arsenal. La force prime l'art et le droit.

La France a civilisé le monde par l'idée ; la Prusse a civilisé l'Allemagne par le canon. Toute la différence est là.

Au moment où nous arrivons sur la place, il y a musique devant le corps de garde, à côté de l'Arsenal. Il est midi et demi, heure du rapport. Une foule bigarrée d'officiers, de sous-officiers, va, vient, s'agite et parade, à l'ombre des malheureux châtaigniers qui ornent la place et abritent huit grosses pièces de canon conquises en 1814. Au milieu de ces groupes pittoresques, quelques vieux généraux à moustache blanche, la poitrine couverte de croix et de rubans ; ils écoutent graves et attentifs, enveloppés dans leur manteau doublé de drap rouge, la lecture que leur fait un jeune lieutenant botté, éperonné et casqué, luisant comme un soleil.

Cette petite scène militaire, qui ferait un tableau de genre très-original, ne nous empêche point de porter nos regards sur l'Arsenal; de tous les édifices de Berlin, c'est le plus beau et le plus imposant, car il a le double aspect du sanctuaire et du château fort. C'est un réfugié français, Jean de Bodt, qui en traça le plan; l'architecte Schluter termina l'édifice, qui avançait péniblement, vu l'état précaire du trésor, et la difficulté de se procurer des ouvriers [1]. Les travaux durèrent quinze ans. Enfin, en 1710, après la bataille de Malplaquet, une escorte de grenadiers y amena les trophées conquis : onze canons, trois étendards, un drapeau et deux timbales.

Le grand portail de l'Arsenal, qui fait face au palais du prince-héritier, est décoré de statues représentant les Mathématiques, la Mécanique, la Géométrie et l'Artillerie. Ces femmes colosses, laides et rouillées, semblent avoir été exposées là pour vous inspirer une sainte horreur de toutes ces sciences de la mort. On remarque encore le médaillon de Frédéric Ier, modelé par un artiste français, Hulot, et coulé en bronze doré par Jacobi. Mars trône dans les reliefs de la toiture, assis sur les dépouilles du vaincu et environné de prisonniers dans les fers. Une chaîne suspendue à des canons à moitié enfouis dans le sol entoure l'édifice.

Au-dessus de la porte de derrière par laquelle nous entrons, on nous montre, tristement penchée, la statue allégorique du *Regret*. Mais a-t-on jamais compté ce qu'il a fallu de larmes et de sang pour tapisser ces murs de trophées de victoire?

Au milieu de la cour un lion de bronze, de dimension gigantesque, se dresse sur son piédestal de granit et tourne la tête vers le ciel, comme s'il implorait la délivrance de la divinité même. C'est le fameux lion danois de Flensburg, rappelant une défaite allemande, et enlevé au Schleswig-Holstein après la guerre. Une sentinelle prus-

---

[1] Frédéric Ier dut vendre de vieilles bombes et de vieux boulets pour payer l'architecte et les ouvriers.

sienne garde l'animal encagé et muselé. Autour de lui, couchés dans le sable comme des reptiles étrangers, ouvrant une gueule toute noire, des mortiers et des obusiers.

Nous pénétrons sous les sombres couloirs du rez-de-chaussée : on dirait une arche de Noé de canons. Des couleuvrines allongent leur cou de fer, des fauconneaux se tordent comme des boas énormes, des mitrailleuses vous flairent de leurs naseaux, c'est un entassement indescriptible d'engins de toutes formes, une collection de monstres qui réclament sans cesse une proie, et qu'on ne peut assouvir qu'en leur jetant des royaumes et des armées. Le génie de la destruction a créé du premier coup le canon se chargeant par la culasse ; le voilà tel qu'il est sorti des mains de son inventeur, il y a trois siècles. A côté est accroupie la bombarde, le mastodonte de cette horrible ménagerie. La bombarde a été inventée par Berthold Schwartz, qui employa la fonte au lieu du fer. Parmi ces pièces bestiales n'ayant qu'un but, vomir la mort, quelques canons de luxe, imitation lointaine des « douze pairs de France » de Louis XIV. Frédéric Ier fit couler « l'Europe, l'Asie et l'Afrique. » Chacune de ces pièces coûta 14,611 thalers. La charge était de 50 livres, et le boulet parcourait une distance de 5,400 pas. Mais le bronze où l'art a eu réellement sa part, c'est la Belle-Colombe, splendide couleuvrine du XVIe siècle, fondue à Magdebourg, et offerte par cette ville à Frédéric Ier. Les reliefs sont ciselés avec une finesse exquise, et représentent une centaine de figures. Les anses sont formées par des groupes de guerriers enlacés. De semblables bijoux étaient faits pour des écrins royaux, et ne devaient s'employer qu'à tirer sur les princes. Une autre création de cet art ravissant de la Renaissance qui ornait les poignards de pierreries et les canons de ciselures, c'est une pièce de Nuremberg, à l'affût délicatement ouvragé et aux roues travaillées comme de la dentelle. La mort se rendait coquette, elle se fardait et se couronnait de fleurs, et vous invitait à tomber avec grâce.

Quelques-uns de ces canons poétiques parlent et louent Dieu comme les cloches des cathédrales; d'autres roucoulent comme des colombes ou chantent comme les rossignols. La plupart cependant crachent l'imprécation et l'injure. Ces derniers contrastent avec les premiers par leur lourdeur et leur matière grossière. Sur une pièce fondue en 1546 à Friedberg, on voit le pape, coiffé de la tiare, et tenant les clefs de saint Pierre; de sa bouche apostolique sortent des crapauds et des serpents emportés dans un tourbillon de feu et de fumée. Au-dessous de ce témoignage antique de la haine de la Prusse contre le Saint-Siége, on lit ces mots sur une lettre d'indulgence, munie de ses cachets :

> N'obéissez ni à Dieu ni aux hommes:
> Moi et le Diable nous sommes les maîtres [1].

L'inscription suivante s'enroule autour du canon :

> Toutes les autres puissances ont été
> Envoyées par Dieu au secours de l'humanité.
> Satan et le Pape et sa bande
> Sont venus pour semer et le crime et la mort.
> Le Pape est l'homme méchant
> Qui, par la ruse et la perfidie,
> Attire sur nous tous les malheurs ;
> Aussi, Dieu et l'humanité le maudissent.

Cette coutume païenne et barbare de spiritualiser la matière, de la rendre complice des crimes de l'homme, s'est conservée dans l'armée prussienne : les obus qui incendiaient le dôme de Strasbourg et visaient Notre-

---

[1] *Habt euch Gott und Menschen fern,*
Ich und der Teufel sind die Herrn.

Dame de Paris portaient cette inscription blasphématrice :
« Dieu est avec nous (*Gott ist mit uns*) ! »

— Notre arsenal était bien plus riche en antiquités au siècle passé, nous dit le vieux militaire chargé d'introduire les étrangers. Mais les Russes et les Français ont passé par là, et notre collection de vieilles armures est allée à Saint-Pétersbourg, — où nous irons la reprendre bientôt ; — les « douze apôtres » et les « douze électeurs » ont été emmenés à Paris, où nous n'avons pas réussi à les retrouver. Les « douze Électeurs » étaient les adversaires des « douze Pairs. » Fameux canons, beaux comme des anges ! Ils crachaient la mitraille avec une verve et un entrain !... Nous possédons encore celui-ci, l'Albert-Achille. Vous remarquez le portrait de l'Électeur, en relief, avec ses armes et sa devise. Quand ces canons grondaient, on savait quel était l'électeur qui avait la parole, car ils avaient chacun une voix différente.

Au fond, sous les voûtes à peine éclairées, les pièces d'artillerie françaises conquises dans la dernière guerre se pressent les unes contre les autres, comme un troupeau affolé. Les canons de Strasbourg et de Metz forment de noirs entassements. On a l'idée d'hécatombes de fer ; le marteau des Cyclopes a dû s'abattre là, à tort à travers, comme la hache du défricheur dans la forêt. Une vision monstrueuse que Callot eût intercalée dans sa *Tentation de Saint Antoine* complète ce tableau : c'est la *Valérie*, hérissant sa croupe de bronze colossale, et ouvrant sa large gueule, d'où sort une menace éternelle.

Nous montons au premier étage par un escalier tournant encombré de visiteurs. Beaucoup de jeunes gens. L'arsenal est une école, un pèlerinage patriotique, un sanctuaire national où sont exposées les saintes reliques de la victoire. On entre par escouade de quinze à vingt. Nous attendons dix minutes, la porte s'ouvre, nous franchissons le seuil et regardons avec effroi autour de nous : de tous côtés des tubes d'acier brillant s'allongent le long des parois ; cela ressemble à des tuyaux d'orgues. Orgues terribles, sur lesquelles se joue le *Dies iræ* des peuples : alors la terre tremble sous le poids des cadavres et la fumée du sang obscurcit le ciel.

La salle est immense. L'œil en sonde les profondeurs comme celles d'une forêt mystérieuse et tragique ; l'oreille écoute, croyant entendre Teutatès qui préside aux sacrifices. Les sabres, les baïonnettes se suspendent aux parois comme des lianes ; des yatagans grimpent au plafond comme des salamandres gigantesques, recouvertes d'une peau d'acier ; les baïonnettes forment des buissons épineux ; les boucliers antiques s'accrochent comme des vampires ; les colonnes qui soutiennent, comme des chênes superbes, ce dôme et cet entassement de fer, sont drapées d'étendards et ornées de trophées. Ainsi les anciens Germains clouaient à la porte de leur chaumière le tête de l'ennemi vaincu.

C'est la France, hélas ! qui est attaché à ces poteaux de guerre. Elle porte, comme un haillon glorieux, les drapeaux déchirés de Leipzig, de Wœrth, de Strasbourg et d'Orléans ; belle et fière sous cette robe sanglante du martyre dont il ne reste que d'héroïques débris, on dirait Jeanne sur le bûcher, faisant encore trembler ses bourreaux.

Les jeunes Germains qui viennent dans ce musée militaire étudier les dernières pages de leur histoire sont conduits par un gardien spécial chargé de l'explication. Suivons les écoliers, et écoutons l'enseignement officiel :

— Les Français, s'écrie le « guide historique » avec emphase, ont de tout temps été les ennemis de notre patrie. Dans les deux derniers siècles ils nous ont déclaré trente fois la guerre ; mais Dieu qui est avec nous les a punis de leur orgueil. En 1870-1871, nos armées victorieuses sont entrées pour la seconde fois dans la Babylone moderne, nos chevaux ont traversé la Seine et nous avons bu le vin français à la santé de l'Allemagne. La nation maudite est tombée comme écrasée sous le feu du ciel. A Wœrth, première défaite de Mac-Mahon : nous avons pris les deux aigles qui sont devant vous, six mitrailleuses, trente canons et nous avons fait quatre mille prisonniers. Lutzelstein, Lichtenberg dans les Vosges, Marsal capitulent dans cette première quinzaine du mois d'août. Après la victoire du 16 devant Metz, Phalsbourg capitule à son tour, puis Vitry qui laisse en notre pouvoir 16 canons, 17 officiers et 850 soldats. Le 29 Mac-Mahon, de nouveau battu près de Mousson, nous abandonne 20 canons et quelques milliers de prisonniers. La capitulation de Sedan nous a donné les aigles qui décorent cette colonne. Nous avons trouvé dans cette ville 400 canons de campagne, 70 mitrailleuses et 150 canons de siége. La clef suspendue dans cette boîte de verre est la clef de Sedan. Voici les 3,000 fusils, les 3,000 sabres et les 500 cuirasses qui proviennent de la forteresse de Toul. Le drapeau que vous apercevez là est celui de la garde mobile. Quatre jours plus tard Strasbourg se rendait : 1,070 canons, 451 officiers, 17,000 hommes, et toutes ces armes et ces aigles ! Soissons, Schlestadt nous ouvrent aussi leurs portes et livrent à l'armée allemande des centaines de canons et des milliers de fusils. Enfin Bazaine capittule! Nous sommes ici dans le compartiment de Metz. 173,000 prisonniers, 3 maréchaux, 600 officiers, 35 aigles et drapeaux, 541 pièces de campagne, 800 canons de siége, 66 mitrailleuses, plus de 300,000 fusils ! Ce lustre suspendu au-dessus de vous, formé de sabres et de pistolets, décorait la salle du cercle des officiers de Metz. Ces armes-ci ont été recueillies sur le plateau d'Avron, abandonné par l'ennemi. Voici deux aigles conquises dans le combat sanglant de Villersexel.

Ces deux autres drapeaux ont été enlevés à l'armée de Bourbaki, entre Pontarlier et la frontière suisse. Les Français nous ont abandonné dans cette guerre six cent mille chassepots et six mille bouches à feu. Ils chercheront un jour à les reprendre, c'est pourquoi il faut que nous nous tenions prêts. Travaillez, ne vous endormez pas; que chacun de vous soit une sentinelle digne de celle qui veillait sur le Rhin !

La leçon dura trente minutes environ ; il nous sembla que nous avions vécu un siècle quand la porte se rouvrit et que nous pûmes respirer un autre air que celui qui nous suffoquait dans cette salle de torture. Nous redescendîmes, silencieux et la tête baissée, comme si nous revenions du Calvaire où la France est crucifiée.

VI.

LE CHATEAU-VIEUX.

Les cris des marchands d'habits et de peaux de lapin, des vitriers et des marchandes de marée, le bruit et le passage des mille petites industries de la rue donnent à Paris une physionomie vivante et gaie qu'on ne trouve pas ici. A Berlin, le pavé appartient exclusivement aux militaires et aux filles. Les marchands ambulants n'ont pas le droit de rouler leur pittoresque charrette ou d'improviser leur boutique en plein vent. Parfois seulement, au coin d'une rue, quand vous passez, un homme s'approche de vous et murmure à vos oreilles d'une façon furtive et presque incompréhensible : *Alt' Kleider !* (vieux habits.) N'étant pas prévenu, vous donnez une aumône au pauvre hère, ou pressez le pas, croyant avoir affaire à un *bauernfænger*, un preneur de paysans, un filou.

Si l'on n'est pas réveillé, sur les bords de la Sprée, par de joyeuses clameurs matinales, on est par contre soumis, de sept heures du matin à huit heures du soir, au supplice du tambour, du fifre et de l'orgue de Barbarie. Depuis la guerre, Berlin a vu augmenter par centaines le nombre de ses orgues à manivelle. Il faut bien célébrer la gloire du nouvel empire, — et laisser un gagne-pain à ceux qui sont revenus avec un bras ou une jambe de moins. C'est vraiment pitié de voir ces pauvres diables en uniformes, décorés de médailles, et réduits à moudre de la musique en chantant d'une voie cassée et chévrotante la *Garde au Rhin*, l'*Hymne de victoire*, et les exploits de ceux qui se sont réservé les grosses dotations. Rien de plus grotesque et de plus plat que ces *kriegslieder*, ces chants de guerre du peuple prussien. Je ne sais si l'invalide qui vient m'assourdir depuis un mois s'est enquis de ma nationalité, mais je remarque qu'il choisit de préférence les *Deux Trompettes au rendez-vous*, *Eh ! bonjour, monsieur Zouave* (en français de Berlin), *Napoléon à Willemshœhe*. Ce matin, il a cependant renouvelé son répertoire, et tandis que je rêvassais encore sur mon oreiller, il chantait d'une voix qui me faisait tressauter :

> Turiboum ! turiboum !
> C'est le tambour, boum ! boum !
> Rataplan, rataplan,
>   Soldats à vos rangs !
> C'est le tambour, boum, boum !
> Soldats, au combat avec Dieu!
> Allons, ma femme, adieu !

Le Français est sur le Rhin, — Il veut nous prendre au collet, — L'imbécile ! Il croit qu'il n'a qu'à tirer son sabre pour nous tuer !

> Turiboum ! turidoum, etc.

Non, Français, ça ne va si vite, — Notre plomb vaut bien le tien. — Femme, si nous tombons, pleure, — La nuit seulement; le jour, sois joyeuse.

> Turiboum ! turiboum, etc.

Mon fils, ton père fut soldat ; — Recueille son épée, et au combat — Marche le cœur haut, contre le Français, — L'ennemi héréditaire du Germain !

> Turiboum ! turiboum, etc.

J'étais comme saint Laurent sur son gril, et le chanteur invalide n'avait pas terminé son troisième couplet, que j'avais déjà bondi hors de mon lit.

Tandis que je passais rapidement mon pantalon, l'orgue

joua un autre air ; la *Chanson du général Staff* attira toutes les cuisinières aux fenêtres :

O malheur ! nous Français, vaincus ! — Quel est l'auteur du plan de campagne ? — Nous le connaissons ; c'est un espion, — Il s'est glissé dans nos forts, nos arsenaux.

    Piff, puff, paff,
   C'est le général Staff !

Stoffel l'a bien connu, — Avant que la guerre éclatât — Et il avait dit à Napoléon : Prenez garde, — Vous verrez qu'un jour fera

    Piff, puff, paff !
   Le général Staff.

Les cuisinières riaient à gorge déployée ; quelques-unes frappaient sur leurs casseroles quand les *piff, puff, paff* s'échappaient du gosier du chanteur, comme des coups de feu d'un canon de fusil.

On m'avait apporté mon premier déjeuner (compris dans le prix de toute chambre garnie), et pendant que je buvais mon café, je dus me résigner à subir cette ballade, imitée du *Roi des Aulnes*, de Gœthe :

— Qui chevauche si rapidement vers l'Ouest ? — C'est un père avec son enfant. — Ils viennent de Paris, et le père — A pris avec lui son enfant, afin « qu'il apprenne. »

— « Mon fils, pourquoi ton visage trahit-il l'angoisse ? » — « Père, ne vois-tu pas le roi des Prussiens ? — Le roi des Prussiens, avec sa couronne et son épée ? » — « Mon fils, il ne vaut pas la peine d'en parler. »

— « Petit polisson, veux-tu bien t'en aller ! — Autrement tu vas filer un mauvais coton. » — « Mon père, mon père, n'entends-tu pas ce que le roi des Prussiens me dit en face ? » — « Sois tranquille, mon enfant : ce n'est que le vent du nord qui fait vibrer le télégraphe. »

— « Ah ! tu ne veux pas t'en aller, mauvais petit garnement. — Mes fusils à aiguille te feront déjà déguerpir. — Mes fusils à aiguille qui mènent la danse — Et qui sifflent et qui tonnent et qui tuent ! »

— « Mon père, ne vois-tu pas autour de nous — Les fusils à aiguille du roi des Prussiens ? » — « Mon fils, mon fils, tu te fais illusion ; — Tu en vois beaucoup, il y en a si peu ! »

— « Je ne veux plus de rejeton de ta race — Et si tu ne m'obéis pas, j'userai de la violence. » — « Mon père, mon père, il s'approche ! — Le roi des Prussiens va me saisir !

— Le père a peur, il s'enfuit ; — Il court vers le Havre, en pressant son enfant dans ses bras, — Mais il manque le paquebot fumant — Et tous deux tombent, frappés de mort.

Tout cela sur l'air lamentable de Fualdès, et d'une voix poussive, et avec un instrument qui devrait toucher sinon les entrailles, du moins les oreilles des membres de l'*Invalidenfonds*.

Un patriote, logeant au rez-de-chaussée, envoya une chope de bière à l'invalide ; son enthousiasme se retrempa dans la liqueur de Cambrinus, et il reprit de plus belle :

— Hurrah, hurrah ! madame Germania ! — Hurrah ! belle et orgueilleuse femme ! — Malheur à toi, madame Gallia ! etc., etc.

N'y tenant plus, agacé, horripilé, mis hors de moi par cette infernale musique, je pris mon chapeau et je m'enfuis comme un fou. Au bout de dix minutes de course, je me trouvais dans le voisinage du château-vieux, et je saisis cette occasion pour le visiter.

Le château-vieux ou château royal est l'ancienne résidence des rois de Prusse, le véritable palais du souverain. Il s'élève sur le Lustgarten (jardin de plaisance), place aride et sablonneuse qu'un pont relie à la rue des Tilleuls et que décore la statue de Guillaume III, roide et solennelle comme celle d'un pape à cheval. Le château-vieux forme un immense carré, une espèce de montagne de pierre, de « 479 mètres de circonférence », dit M. Bædecker. L'aspect en est sombre et délabré. Il s'en échappe une odeur humide. L'électeur Frédéric II en jeta les fondements en 1699, alors que Berlin n'était qu'une petite ville succédant au « village des Oies. » L'édifice a suivi les destinées de la monarchie : il s'est agrandi à mesure que les affaires des chefs s'amélioraient et se développaient. C'est singulier comme tout sent ici la boutique et le comptoir. Dépouillez ces rois de la pourpre, vous avez des spéculateurs de territoires et des traficants de peuples.

Le château royal est le seul monument antique que possède Berlin. Les pièces ajoutées à son vêtement de pierre racontent les victoires et les conquêtes de la dynastie. Le portail principal est un pastiche grossier de l'arc de triomphe de Septime Sévère ; des anges y sonnent de la trompette d'une manière furibonde et déroulent péniblement une feuille de marbre sur laquelle sont gravés ces vers prétentieux.

> Hæc sunt Friederici medio molimina bello
> Condidit is tantam belligerando domum.
> Victori respondet opus. Debebat in urbe
> Non aliter Prussus Mars habitare sua [1].

Le petit portail, par lequel nous entrons, est décoré de deux groupes de bronze, offerts par l'empereur Alexandre. Ce sont deux hommes nus, deux dompteurs qui retiennent des coursiers cabrés. Avant la guerre, les Berlinois appelaient le premier groupe « le Progrès arrêté, » et le second « la Reculade encouragée. »

Dans la cour, un Saint-Georges colossal, chef-d'œuvre de Kiss, terrasse le démon. Le dragon hideux et terrible enfonce ses griffes dans le poitrail du cheval effaré ; le saint, l'épée levée, est d'une tranquillité glorieuse. L'effet n'est pas cherché, l'opposition est naturelle ; c'est l'esprit vainqueur de la matière, c'est Dieu lui-même qui est caché sous cette armure et terrasse le dragon.

Je tombe au milieu d'un essaim de visiteurs bourdon-

---

[1] « C'est l'édifice solide que Frédéric construisit en combattant. L'œuvre est digne du vainqueur, et le dieu de la guerre prussien ne pouvait habiter autre part que dans sa ville. »

nant comme une ruche devant le vestibule. C'est une école américaine en voyage de vacance sur le continent, escortée par une maîtresse, en longues papillottes, en lunettes et en voile bleu. Des paysans du Brandebourg, qui ont fini leur marché et veulent mettre le temps qui leur reste à profit en visitant ce château dont parlent les vieilles légendes, se tiennent craintivement à distance des jeunes miss qu'ils prennent pour des Parisiennes. En Prusse, on croit au mauvais œil, et les regards français doivent être chargés de tant de malédictions, que tout Allemand prudent les évite. Enfin un huissier en culottes courtes et en bas jaunes se présente muni d'un trousseau de clefs, et, se plaçant en tête de la colonne, nous crie : « *Vorwærts!* » En avant ! Il ne manque qu'un tambour. Nous escaladons une rampe raboteuse, en grosses briques, que les électeurs et les anciens rois montaient à cheval et les dames en chaises à porteurs.

Avant de nous laisser pénétrer dans les appartements, on nous invite à nous chausser d'énormes babouches. Nous naviguons bien plus que nous ne marchons sur les parquets cirés. Les paysans du Brandebourg sont dans un embarras mortel et ne s'en tirent qu'en se mettant à la remorque de l'huissier. Nous voguons ainsi à travers la salle Suisse, qui n'a d'helvétique que le nom ; nous doublons la salle du Roi, ornée du portrait de Sa Majesté, dont le casque à paratonnerre brave tous les orages politiques de l'Europe ; et, longeant la salle des Chevaliers, nous stopons à la salle du Trône. Frédéric Ier s'est fait peindre au plafond sous les traits allégoriques d'un Mars qui n'a pour toute parure que son casque et qui folâtre avec des déesses dont la tunique est restée au vestiaire. Le trône royal est en argent massif, entouré de colonnes également en argent. Vis-à-vis, suspendu à la paroi, on remarque le bouclier d'argent que la ville de Berlin offrit à Frédéric-Guillaume lors de son avénement en 1840

Dans la salle suivante, celle de l'Aigle-Noir, se trouve un tableau dont on voit partout les réductions photographiques : Guillaume Ier sur le champ de bataille de Gravelotte, à la tombée de la nuit. M. de Bismarck apparaît comme un spectre derrière les généraux qui entourent l'empereur; la terre est piétinée et labourée par le combat, souillée de sang, jonchée d'armes et de cadavres. A l'horizon, de sinistres incendies : les fumées de la gloire. L'empereur, au premier plan, ressemble à ce cavalier de la Mort de Holbein, fatigué de sa chevauchée et s'arrêtant indécis de son chemin et comme épouvanté de son œuvre.

C'est dans cette salle que se célèbre chaque année la fête des Ordres prussiens. Il y en a sept. Le banquet est présidé par l'empereur et les princes de sa maison. La première fête des Ordres remonte au 17 janvier 1701, date du couronnement du premier roi de Prusse. Sous Frédéric II, la fête des Ordres tomba en désuétude; Frédéric-Guillaume la rétablit en 1810, et s'en fit une arme contre la France. La reine Louise, cette Jeanne allemande, présidait ces réunions, et ses discours exhortaient les cœurs à venger la patrie outragée. Elle parlait avec la double autorité de la beauté et du malheur : on eût dit une prêtresse inspirée dans laquelle s'était incarnée l'âme de la Germanie des Niebelungen. Pendant le siége de Paris, le 17 janvier 1871, la fête des Ordres fut pompeusement célébrée à Versailles. Napoléon III appartenait à la chevalerie prussienne, il avait été décoré de l'Aigle Noir.

La salle Blanche dans laquelle nous entrons est la principale du château. Les angles du plafond sont ornés de quatre bas-reliefs : la Foi, l'Amour, la Paix et la Gloire, personnages allégoriques qui n'ont guère jusqu'ici trouvé le moyen de s'entendre. Les médaillons des grands généraux et des hommes d'État de la Prusse sont placés dans les frises, et les statues de marbre des douze électeurs se tiennent debout contre les murs, d'une blancheur mate comme du lait. Dans ce jour pâle et vaporeux, ces statues s'effacent et se fondent comme des ombres.

A l'ouverture de la session parlementaire, l'empereur prononce dans cette salle le discours du trône. Tous les députés s'y réunissent, à l'exception, bien entendu, des Alsaciens-Lorrains et des socialistes. Quand apparaît Sa Majesté, un *hoch* formidable fait trembler les vitres. L'empereur porte pour la solennité l'uniforme de général; il est accompagné de son fils, du prince Frédéric-Charles et de M. de Bismarck, les premiers en uniforme de généraux et le dernier en uniforme de cuirassier. Aux tribunes se tenaient autrefois la reine et les princesses royales; aujourd'hui on n'y voit plus que les représentants du corps diplomatique. Du temps où le Reichstag n'était que le Parlement fédéral, les roitelets et les principicules de la Confédération défilaient sur la place du Château dans leurs lourdes berlines aux housses de velours rouge, et avec leurs cochers archaïques, poudrés à frimas. Le prince royal passait au galop de ses six chevaux bais, précédé de jeunes postillons jolis comme des amours sous leur perruque frisée et leur veste galonnée d'or. Le roi Guillaume, impassible comme une image, passait aussi, dans un brougham à deux chevaux. Les soldats formaient la haie; la foule saluait du chapeau, mais ne poussait pas de cris. Cette procession avait un faux air de mascarade, et c'était pour Berlin un bien grand divertissement.

La salle Blanche est ordinairement transformée en salle de banquet pour les réceptions de souverains. Lorsque le shah de Perse visita Berlin, il y eut un festin de conte de fée sous ces lambris historiés et dorés. L'impératrice en fit les honneurs et prononça un discours en français, que les Allemands n'ont jamais voulu comprendre. Par contre, lorsque Victor-Emmanuel vint rendre visite à Guillaume Ier, l'impératrice se sauva à Bade et refusa catégoriquement de paraître à la cour tant que le « geôlier du pape » et le mari de la « fille du tambour-major » y serait.

La chapelle du château où nous descendons ensuite est une vaste coupole ornée de marbres précieux et décorée de fresques. Luther y sourit à Moïse ; l'électeur Frédéric II y tient compagnie au prophète Isaïe ; Jean Hüss semble regarder de travers l'apôtre saint Paul. C'est un salmigondis indescriptible de figures bibliques, d'hommes et de souverains de toutes les époques, de réformateurs et de martyrs. On doit à l'empereur la création de cette galerie, qui, dit-on, représente une idée philosophique. Cette idée n'est malheureusement pas à la portée des pauvres mortels. Et ce n'est pas avec un livre d'heures ou un recueil de psaumes qu'il faudrait entrer dans ce sanctuaire, mais avec un catalogue explicatif. Si c'est là le dernier mot de l'art religieux berlinois, cet art est singulièrement frappé d'impuissance et de stérilité. Il lui manque en effet cette chose essentielle qui est le souffle de l'art catholique ; il lui manque l'étincelle de vie : la foi. Examinons de plus près ces peintures étranges : elles n'ont rien de sacerdotal, elles vous laissent indifférent et froid : elles n'atteignent pas l'*au delà*, elles s'arrêtent où s'arrête la raison, qui ne va pas bien haut. La peinture allemande a complétement dénaturé le caractère pathétique du Christ ; il n'est plus le Dieu sanglant de la Passion, le divin crucifié, le ressuscité vainqueur de la mort ; c'est un jeune docteur allemand, un philosophe pensif et doux, aux yeux bleus et aux cheveux bouclés. On ne le contemple pas, on le regarde avec une curiosité mêlée de respect, passer le long des rives poétiques du lac de Tibériade, à l'heure où le soleil se couche, où les canards sortent des roseaux, et où les colombes roucoulent dans les palmiers. Les pauvres, les affligés, les malades de cœur, ne reconnaissent pas en lui l'ami éternel, le Christ consolateur, qui porte triomphalement sa croix ; c'est **un sage, ce n'est pas** un Dieu. Si Madeleine, affolée d'amour divin, venait se rouler à ses pieds, il se troublerait et s'enfuirait en lui laissant un traité de morale en deux tomes, avec annotations en marge et table analytique.

Comme j'étais descendu dans la cour, j'entendis un des paysans brandebourgeois murmurer à l'oreille de ses compagnons : « Nous n'avons pas aperçu la *Dame Blanche*, je vous le disais bien, c'est un conte bleu. »

Cette *Dame Blanche* que la tradition populaire a placée dans le château royal en parcourait, dit-on, chaque nuit, les six cents chambres ; elle ne pénétrait toutefois dans les appartements royaux qu'à la veille d'une catastrophe.

On racontait, il y a quelque dix ans, que Guillaume Ier, voulant s'assurer de la présence du fantôme, inspecta tous les étages du château, à minuit, avec ses aides de camp. « On a vu le roi, mais pas d'esprit, » disaient les Berlinois.

VII.

LE MUSÉE.

Il est situé à l'extrémité opposée du Lustgarten, en face du château royal. On passe, pour s'y rendre, devant le Dôme qui ressemble bien plus à une hutte d'Esquimaux qu'à une cathédrale. Le *Dom* sera prochainement démoli et remplacé par un *Campo sancto* dans le genre de celui de Pise, qui servira tout à la fois à la sépulture de la famille royale et deviendra un Panthéon pour les illustrations du nouvel empire[1].

Il y a vingt ou trente ans, on le sait, l'Allemagne s'éprit d'un amour extravagant pour la Grèce et son architecture. Munich pasticha Athènes. Berlin, cédant à son tour à ces inspirations peu nationales, orna les corps de garde de chapiteaux corinthiens. Les soldats, coiffés du casque à canule, montaient la garde au pied de Propylées d'occasion. On eût dit l'*Iliade* travestie. Le musée passe pour le chef-d'œuvre de cet art d'emprunt, importé et propagé dans la « ville de l'intelligence » par l'architecte Schinkel. C'est lui qui traça les plans de cette masse colossale sans grandeur et sans effet, de cette maçonnerie énorme qui écrase les pilotis qui la soutiennent.

On a orné l'édifice d'un large escalier qui conduit à une colonnade. Sous ce soleil en perruque, loin du tumulte du

[1] La Chambre vient de voter une somme de 600,000 marcs destinée à la construction de cet édifice.

peuple et du flot, dans cette grise atmosphère du Nord, ce Musée a l'air d'une *charge* de temple grec.

En montant l'escalier, le regard s'arrête sur deux groupes du sculpteur Kiss qui font oublier un instant la laideur de cette bâtisse : c'est une Amazone à cheval, toute nue, combattant un lion, — œuvres classiques du romantisme allemand, pleines de fougue, de frémissement d'âme et de chair.

Les fresques qui décorent la colonnade ont été peintes par Cornélius, d'après les cartons de Schinkel. Le coloris est ambitieux, rude à l'œil, sans grâce. Cornélius est un grand dessinateur, ce n'est pas un grand peintre. Il n'a jamais eu de couleur à lui. Tantôt il empruntait à Paul Véronèse sa palette éclatante, tantôt il prenait le pinceau sévère d'Albert Durer ou du Caravage. Il en est résulté quelque chose de criard, de discordant, comme un morceau de musique où seraient intercalées des mesures de Mozart, de Wagner, d'Offenbach et d'Auber. Cornélius a abaissé la peinture monumentale au niveau de la peinture de genre ; bon nombre de ses fresques, qui font la gloire de Munich, ressemblent à des caricatures. Les Allemands eux-mêmes reconnaissent les premiers ces défauts, mais ils les excusent en disant : « Cornélius est un si grand penseur! » Il a inauguré en Allemagne la décoration philosophique. Avant lui les peintres s'étaient bornés à représenter simplement, sans prétention, pour le seul plaisir de l'art pour l'art, les dieux et les déesses trônant dans les hauteurs éthérées de l'Olympe, ou se révélant aux hommes dans des métamorphoses charmantes et variées. L'artiste n'avait pas d'autres préoccupations que celles de l'idéal et de la beauté. Cornélius fit de la peinture une manifestation humanitaire et philosophique : il chercha à expliquer Dieu et la création ; il interpréta les mystères, il se servit de son pinceau comme le penseur se sert de sa plume pour écrire des traités et développer des systèmes. Il disséqua des doctrines. Schinkel appartenait à cette école qui n'a heureusement aujourd'hui plus d'élèves. A force de profondeur et de science, la peinture monumentale tomba dans les rébus et les logogriphes. Je n'en veux pour preuve que les fresques extérieures du musée de Berlin et les explications qui les accompagnent dans le « *Guide pour l'ancien et le nouveau musée de Berlin, par M. le docteur Philippe Lœve, 19ᵉ édition, entièrement corrigée et augmentée, 1ʳᵉ édition française*[1]. » Je copie textuellement :

IIᵉ PARTIE. — A. PREMIER TABLEAU.

Le Printemps. Le matin. L'enfance.

La Sibylle qui, selon les opinions de l'antiquité, a fondé la poésie en inventant l'hexamètre, et qu'on croyait la première interprétatrice de la volonté des dieux, trace l'avenir sur des feuilles de palmier dont on se servait en premier lieu pour écrire. Les nomades sont étendus près de leurs troupeaux en jouissant tranquillement de la nature. Un peuple chasseur sauvage descend des forêts de montagne. Les jeux gymniques exercent le corps ; des jeunes gens tirent sur un hibou, représentant de la nuit ; la Victoire dirige la main de l'un. Le peuple assiste. Après qu'une Muse et Psyché, dans la chaumière du poëte, ont mis les cordes sur la lyre, le génie de la poésie entonne le chant, et charme et inspire les assistants ; un garçon évente sa bien-aimée avec une feuille, une autre jeune fille s'adonne aux délices d'une cascade limpide.

B. SECOND TABLEAU.

L'été. Le midi. La jeunesse des individus et des peuples.

La Moisson. Une Nymphe offre à un guerrier la boisson de l'enthousiasme, les sons de la lyre et de la flûte embellissent les joies de la nature ; la gaieté de la jeunesse inspire des folies à une jeune fille qui arrose son amie puisant de l'eau. Sur les hauteurs du mont Hélicon, Pégase, d'après les fables des anciens, fait jaillir, par un coup de pied, l'Hippocrène (en français, source de cheval), qui, enchantant l'innocence, descend dans le puits de l'inspiration ; une Nymphe caresse le cheval ailé, un couple amoureux l'admire.

---

[1] Berlin, à la librairie W. Logier (G. Radewald). Friedrichsshasse, 161.

Comme c'est idyllique !

M. le docteur Lœve, que les dieux de l'Olympe, pour se venger, devraient transformer en arrosoir, décrit encore de la manière suivante l'arrivée du jour : « Les nuages de nuit qui s'évanouissent font voir un chœur qui, avec des harpes, célèbre le lever du soleil, et dessous des alouettes s'élèvent des champs arrosés en chantant. »

Devine qui pourra ce charabia plein d'une gaieté trop folichonne, qui a toutefois le mérite de donner une idée parfaite de la peinture de MM. Cornélius et Schinkel.

On arrive à la galerie des tableaux par un escalier borgne, en passant par une rotonde décorée de merveilleuses tapisseries de Raphaël et d'une légion de dieux et de héros de la Grèce au milieu desquels était placé jadis le buste de l'empereur Guillaume, couronné de lauriers en papier peint : à le voir là avec son col droit et ses favoris bien peignés, on eût dit un inspecteur de police surveillant une école de natation.

La collection de l'ancien musée comprend les tableaux rassemblés par le grand électeur dans les châteaux de Potsdam, de Berlin et de Charlottembourg ; ils sont classés en trois sections, avec subdivisions, d'après le développement historique de l'art. La première section, réunissant les écoles italienne, espagnole et française, est composée de cinq cents tableaux ; la seconde section, comprenant les écoles flamande, hollandaise et allemande, est également composée de cinq cents tableaux ; la troisième section, de trois cents tableaux, réunit les antiquités byzantines, italiennes, hollandaises et allemandes.

Je ne veux pas refaire sur la galerie de Berlin un travail déjà fait, bien qu'il soit ancien et incomplet[1]. M. Viardot porte un jugement d'une scrupuleuse vérité, lorsqu'il dit : « Cette collection n'a pas une seule de ces œuvres supé-

---

[1] Viardot, *les Musées d'Allemagne*, Paris, 1860.

rieures, capitales, célèbres dans les fastes de l'art, partout connues et partout enviées, qui jettent sur la collection entière l'éclat de leur renommée universelle. Rien d'excellent, rien de mauvais ; tout s'enferme dans les limites d'une honorable médiocrité. »

Il ne faut pas venir chercher ici les vierges adorables de Raphaël, les moines austères et pathétiques de Zurbaran, les anges merveilleux du Corrége, les Vénus radieuses du Titien. Çà et là quelques pages des maîtres secondaires, pleines de grâce ; des madones douces et chastes de Jean Bellin, de Roselli, de Filippo Lippi, du Ghirlandajo. La Vierge toscane est déjà sortie de son éternelle extase, elle a soulevé ses voiles byzantins pour monter comme une reine sur son fauteuil en forme de trône ; auguste et doucement pensive, elle attend Raphaël, qui illuminera ses traits, et mettra sur ses lèvres le sourire et dans ses yeux l'amour. Des nuées de petits anges joufflus et roses, aux cuisses potelées, aux blanches ailes de colombe, la soutiendront entre ciel et terre, et l'humanité, devant l'apparition idéale, devant l'étoile du matin et le lis sans tache, s'agenouillera dans la personne de ces pontifes et de ces évêques revêtus de leur chape d'or, et de ces moines pâles et immobiles, déjà enveloppés dans leur robe de bure, comme dans leur linceul.

Les maîtres allemands sont clairsemés. Pas un Holbein le Vieux ; par contre, trois portraits d'Holbein le Jeune, trois perles[1]. Lucas Cranach est représenté par sa *Fontaine de Jouvence*, une ingénieuse et amusante fantaisie : des femmes vieilles et ridées, dont la peau est collée aux os, se font voiturer jusqu'au bord d'une piscine dans laquelle elles se plongent, pour en sortir jeunes, gaies et

[1] Ces tableaux proviennent de la galerie Suermondt, que le Musée acheta en 1874, pour 1,002,750 francs. Le plus beau, un portrait de gentleman anglais, date du premier séjour de Holbein en Angleterre (1527-1528).

fortes. Elles chantent, elles dansent, elles boivent et mangent surtout : ce qui montre que le peintre n'a pas voulu laisser de doute sur leur nationalité.

Un autre tableau du genre fantastique, le *Jugement dernier* de Bosch, est bien digne d'attirer l'attention. M. Viardot ne l'a pas mentionné. La verve endiablée de Callot et de Téniers n'a rien produit de plus étrange. Tandis que les bons sont sauvés des monstres vomis par l'enfer, et montent vers le ciel sans efforts, comme emportés par la légèreté de leur conscience, les méchants subissent des supplices dont l'imagination reste épouvantée. Des diables à la tête de crocodile écorchent les voleurs tout vifs ; d'autres diables au museau de loup versent du plomb liquide dans la bouche des menteurs ; quelques-uns de ces pauvres pécheurs sont jetés sous la meule comme du blé ; d'autres sont murés dans des cavernes. Au milieu de cette boucherie de damnés se promènent de gros diables ventrus comme des bourgmestres, et dont le corps, composé d'un œuf d'autruche, se termine par une queue de serpent et des pattes de grenouille.

Une galerie relie l'ancien musée au nouveau. Le premier étage renferme les antiquités égyptiennes, les antiquités germaniques, les collections ethnographiques ; le second, la collection des plâtres ; et le troisième étage la *Kunst-Kammer*, c'est-à-dire une collection de curiosités de toutes les provenances et de toutes les époques, un bric-à-brac d'amateur et d'antiquaire, les habits râpés des anciens électeurs et le gourdin noueux avec lequel le gros Guillaume frappait les femmes qu'il rencontrait inoccupées dans la rue.

La salle des antiquités germaniques est décorée de fresques représentant les dieux de la Walhalla : Wuotan, père des dieux et des hommes ; Odhin, dieu de la victoire, père de l'armée, coiffé de son casque d'or, accompagné de ses deux loups et entouré des noirs corbeaux chargés de l'informer de tout ce qui se passe dans le monde ; son cheval galope sur ses huit pieds et fait frémir la terre. A côté d'Odhin, son fils le plus cher, Baldur, assassiné par son frère aveugle, Hodur, et symbolisant le temps de la lumière croissante de la lune, en opposition avec celui de la lumière décroissante. Baldur est beau comme Apollon. Uller, le dieu de la glace et du patin ; Bragi, le dieu de la poésie; Loki, le dieu du feu, précèdent les déesses des régions supérieures : Freya, déesse de l'amour ; Gaflon, protectrice des jeunes vierges ; Herda, déesse du foyer, et Iduna, déesse de la jeunesse : ceux qui mangeaient les pommes qu'elle cueillait pour les dieux immortels échappaient à la vieillesse et à la mort. Les trois Nornes, correspondant aux trois Parques de la mythologie grecque, se tiennent au pied du frêne universel pour juger les hommes, tandis que les Walkyries ou vierges des batailles, obéissant aux ordres de Wuotan, relèvent les guerriers tombés sur le champ de carnage et les transportent à la Walhalla.

La salle des antiquités égyptiennes est également ornée de peintures murales représentant des paysages ou des monuments: on voit, comme dans un diorama, les pyramides de Chéops, le temple du zodiaque à Denderah, la statue de Memnon, la grande pyramide de Memphis, le temple de Carnac, l'île de Philé, etc. Un véritable enfantillage de savant a poussé l'architecte de cette salle, construite sur le plan d'un temple assyrien, à couvrir les murs de caractères hiéroglyphiques célébrant les vertus et les exploits du roi actuel.

Mais passons aux fresques de Kaulbach qui décorent le grand escalier, et qui sont l'œuvre capitale du maître. Il a consacré dix-neuf ans à ce travail gigantesque, achevé seulement en 1866. C'est un livre qu'il faudrait pour décrire cette épopée divine et humaine. L'art moderne n'avait pas encore atteint à cette hauteur de conception, à cette exécution aussi brillante que grandiose. C'est l'œuvre d'un titan de la peinture que ces six vastes décorations murales qui résument l'histoire universelle. L'humanité militante défile tout entière sous vos yeux. Voici la chute de la tour de Babel et la Dispersion des peuples; puis la Jeunesse de la Grèce; la Destruction de Jérusalem; la Bataille des Huns; la Conversion de Wittekind; les Croisés devant Jérusalem, et enfin le Siècle de la Réforme dont nous avons vu les cartons à l'exposition de Paris en 1867.

Kaulbach est le peintre national par excellence, c'est le Béranger, le Tyrtée de la peinture allemande [1]. Son pinceau est un glaive, sa palette un bouclier. L'artiste guerrier peut revendiquer une part légitime dans la défaite de la France et la chute de Paris. Voilà trente ans que ses compositions furieuses soufflent au cœur des Allemands la haine et le mépris des races latines, et qu'une Némésis blonde, aux yeux de lynx, au cœur altéré de vengeance et de sang, y pousse ses vociférations de mort. Ces peintures du musée de Berlin sont comme le cri de guerre de la nation germanique; ce sont les prophéties terribles dont nous n'avons vu que le commencement et que sont chargées d'accomplir les générations futures. La « mission historique de l'Allemagne » est tracée là, sur ces murs funèbres, comme un Mané, Thécel, Pharès. La chute de la tour de Babel signifie la chute prochaine du catholicisme et de la race latine; la Destruction de Jérusalem est la destruction de Paris, la ville maudite, la capitale du peuple déchu [2].

[1] De même que Béranger, Kaulbach a fait, à côté des compositions les plus magistrales, des peintures dont l'obscénité dépasse celles de Jules Romain.

[2] Inspiré par une noble pensée patriotique, M. Haul Baudry, le peintre du Nouvel-Opéra, avait inscrit, sur le rouleau que Calliope tient sur ses genoux, le nom de l'*Alsace*. La censure a fait effacer

Regardez ces idoles renversées par l'écroulement de la tour de Babel, c'est la religion catholique anéantie sous les ruines du monde moderne ; ces serviteurs de Belial, qui fuient le temple s'effondrant sous les coups d'un dieu vengeur, sont chassés par la Réforme et l'Esprit nouveau ; et ce cavalier pensif, coiffé du casque et armé de la lance, marchant derrière les fils de Japhet, c'est la race germanique, « *destinée à parcourir un jour le monde*, dit le catalogue officiel du musée, *en lui apportant la culture* (traduisez par « la civilisation ») et *l'idée de la beauté.* »

Dans le sac de Jérusalem, ce n'est pas seulement une ville, c'est une nation entière qui périt sous le glaive flamboyant des anges exterminateurs. Titus entre par une brèche, à la tête de ses légions, suivi de ses licteurs, et précédé de ses trompettes sonnant le jugement dernier du peuple juif. Ces musiciens aux allures barbares, dont la vue vous glace d'épouvante, portent le costume allemand ; Titus a les traits d'un empereur germanique, et semble, du haut de son cheval, déjà commander au monde. Dans les cieux supérieurs, au milieu de nuées sanglantes, les prophètes sont assis, tenant les Livres dans lesquels ils ont annoncé ces châtiments, mais que les Juifs ont méconnus. Leur regard menace le Grand-Prêtre sacrilége, qui se tue de désespoir au pied de l'autel. A travers les colonnades on distingue les reflets rouges de l'arche qui brûle ; et, debout sur l'escalier du temple, les deux chefs militaires de Jérusalem, immobiles comme les statues de la Lâcheté et de l'Impuissance, regardent d'un œil hébété les scènes d'horreur et de désolation du siége, ces hommes affamés qui se rongent les

---

le mot, qui a été remplacé par un vers de Virgile. La censure ignore sans doute l'existence des fresques de Kaulbach, qui, depuis *quatorze ans*, prêchent aux Allemands en général et aux Prussiens en particulier la guerre contre la France et le pillage et la destruction de Paris.

poignets, ces mères échevelées et cadavériques qui étranglent leurs enfants, tandis que les légions triomphantes semblent soulever ironiquement de la pointe de leur lance la pierre de cet immense sépulcre.

C'est ainsi que la « Guerre sainte » continue symboliquement sur les murs du musée de Berlin, comme dans cette autre fresque de Kaulbach où l'on voit les âmes des Huns s'élever en longues files vers les nues et poursuivre dans le ciel le combat achevé sur la terre.

VII.

LE PALAIS DE L'EMPEREUR.

On raconte que, lorsque Frédéric-Guillaume III monta sur le trône et qu'il rentra de sa première sortie comme roi, il trouva la porte de son salon ouverte à deux battants : « Suis-je donc devenu beaucoup plus gros depuis hier ? » demanda-t-il au laquais, qui avait cru mettre en pratique une des premières règles de la nouvelle étiquette. Et il ordonna que l'on continuât de faire comme au temps où il n'était que prince-royal et où l'on n'ouvrait les portes qu'à un battant.

Le fils a suivi l'exemple du père. Élevé dans les principes d'une économie rigoureuse, ennemi de la représentation et du faste, Guillaume I*er*, après son avénement, n'a rien changé à son petit train de vie bourgeois et simple ; il est resté dans la maison qu'il habitait comme prince héritier ; et, après son couronnement impérial sous les murs de Paris, il est revenu encore, mais avec un peu plus de tambours et de trompettes, dans ses modestes appartements royaux. Cette maison à deux étages, qui ne se distingue des autres ni par son architecture, ni par aucun signe extérieur, qui n'a ni festons ni astragales, qui est alignée dans le rang comme un simple soldat ; cette maison vulgaire, dont une grille n'établit pas même la démarcation avec la rue, est, aux yeux des Berlinois, qui en connaissent l'auguste habitant, un vrai « Palais ; » le contenu donne son nom au contenant. Mais pour l'étranger, pour celui qui a vu les Tuileries, le *Hof* de Vienne, le Palais d'Hiver de Saint-Pétersbourg, le Quirinal et Saint-James, c'est un hôtel sans cachet, un immeuble de marchand retiré, qui ne frappe pas même le regard. Il faut flâner quelque temps sous *les Tilleuls* avant de soupçonner la redoutable Majesté qui a choisi ce carré de briques badigeonnées pour son domicile terrestre. Les sentinelles mélancoliques, plantées sur le perron comme deux paratonnerres, sont relevées toutes les deux heures; et, un peu avant midi, une solennelle procession de généraux casqués, enveloppés dans leur vaste manteau aux revers rouges, se rendent à la crèche de la monarchie prussienne, avec les grands sabres qui leur servent de houlette. Vers le soir, des équipages et des berlines échouent au pied de l'escalier, comme des mastodontes sur un rivage antédiluvien; puis, à la tombée de la nuit, entre chien et loup, une petite voiture couleur aile de corbeau, aux allures mystérieuses et fantastiques, traînée par un cheval agile comme une fouine, frôle les murs de la maison parcimonieusement éclairée, et disparaît à gauche sous une porte cochère qui se referme sur elle, avec la rapidité d'une trappe. Cette voiture-fantôme est celle du Méphistophélès de l'Empire, — M. le prince Otto de Bismarck-Schœnhausen.

Dès que les premiers rayons d'avril sèment leurs paillettes d'or sur les toits de la capitale, une fenêtre s'ouvre à l'angle du « Palais, » et un vieillard robuste, au front chauve, à la mine rubiconde, vient s'y encadrer. La tête est énorme et repose sur des épaules de colosse. Des yeux gris, aux filets jaunâtres, brillent sous une forêt de sourcils qui se froncent facilement. Sa moustache, qui se relie à des favoris touffus et blancs, retombe en flocons sur les lèvres et en voile la contraction ou le sourire, la joie ou la colère. Cette apparition olympienne, dont la divine essence se dissimule sous une capote de caporal, est l'empereur. On pourrait lui serrer la main ou lui tendre une lettre de la rue. Il assiste au spectacle de sa bonne ville qui s'éveille, car il aime à jouir de bonne heure de la vue de son peuple obéissant et fidèle, et il se lève tôt pour bénir les dieux qui accordent un jour de plus à sa gloire. Il est debout à l'aube ; et alors, chantent les poëtes du nouvel empire : « Le soleil du ciel salue le soleil de la terre. » En réalité il n'y a que des balayeurs qui passent et qui saluent, comme leur maître, celui dont le bras vigoureux a balayé de leur trône tant de rois et tant de princes.

De cette fenêtre, Guillaume Ier embrasse d'un coup d'œil le tableau de son empire et de sa puissance : là, à droite, c'est l'Arsenal qui élève sa façade triomphale ; à côté, c'est un corps de garde, et un peu plus loin l'Université, autre corps de garde où veillent ces soldats de l'esprit qui combattent à coups de plume et à coups d'idées. Puis c'est l'Opéra, séjour des danses et des ris, où la *Flûte enchantée* fait oublier les hurlements des batailles, où Mars se repose de ses fatigues dans les jardins embaumés de Vénus. En face de la fenêtre royale, Frédéric le Grand, sur son coursier de bronze, semble montrer le chemin de la victoire à ses successeurs ; autour du roi guerrier et philosophe, les généraux de 1813 et 1814 forment comme le rempart de l'ancienne monarchie, et on les dirait prêts à descendre de leur piédestal pour défendre la nouvelle. Cette fenêtre est historique. L'empereur Guillaume ne doit jamais l'ouvrir sans se rappeler combien est mobile et capricieuse la faveur populaire. En 1848, des bandes d'insurgés armés de piques et de fusils vociféraient sur la place : « Mort au roi ! Mort au prince royal ! » C'est à ce dernier que la populace en voulait surtout. Il dut se déguiser en cocher et fuir de Berlin pendant la nuit. A Hambourg il s'embarqua pour l'Angleterre, sous le pseudonyme de Muller, et ne revint dans cette maison où le même peuple l'acclame aujourd'hui, qu'après une longue année d'exil. A son retour, il put lire sur la façade de son palais ces mots mal effacés, tracés par la griffe sanglante de la Révolution : « *Propriété nationale.* » De cette fenêtre, le roi a entendu les fanfares célébrant son avénement ; il a vu en 1861 ce défilé grandiose des drapeaux de tous les régiments créés par la nouvelle loi militaire, vision de l'Allemagne nouvelle rentrant dans ses foyers, noire de poudre, chargée de butin, et poussant de sauvages vociférations de victoire. Il a assisté aussi en 1863, lors de l'inauguration du monument élevé à la mémoire de son père, au défilé de ces vétérans de 1813 et 1814 qui acclamaient déjà en lui le vainqueur futur du neveu de Napoléon. C'est de cette fenêtre du rez-de-chaussée que le roi de Prusse annonça lui-même à la foule la victoire de son fils près de Skalitz. C'est à cette fenêtre que l'empereur d'Allemagne se montra à la foule en délire, après la capitulation de Paris. C'est à cette fenêtre enfin que parut l'empereur, il y a quinze jours à peine, pour saluer le « Prince Carnaval, » faisant pour la première fois son entrée dans « la capitale de la crainte de Dieu et des bonnes mœurs. » Ce défilé de voitures remplies d'évêques, de jésuites, de curés, de moinillons et de nonnes en goguette, d'étudiants travestis en femmes, et buvant dans des vases destinés à un tout autre usage, cette mascarade ignoble, poussant des cris rauques et se livrant à des pantomimes obscènes, a déridé l'empereur. Ainsi la danse des bacchantes et des satyres avinés déridait Jupiter.

Guillaume Ier occupe le « palais » actuel depuis 1829, — époque de son mariage. Il l'a fait construire à ses frais, d'après les plans de Langhans, sur l'emplacement de l'ancien palais des Margraves suédois, résidence du commandant général de la province de Brandebourg. Déjà sur le plan primitif, il désigna lui-même, pour ses propres appartements, l'aile droite ayant vue sur les *Tilleuls*. Un escalier de fer met la pièce du fond, qui sert de bibliothèque, en communication avec les appartements de l'impératrice.

Entrons. Le palais est ouvert à tout venant quand Sa Majesté n'y est pas. Nous traversons le vestibule et l'on nous introduit dans un joli petit salon où se tient l'adjudant de service. Les portraits du Grand-Électeur et de Frédéric le Grand ont été placés au-dessus de la porte, par ordre de l'impératrice, comme pour bénir l'empereur à son retour en 1871, et l'accueillir d'un *Salve Imperator!* C'est du reste une coutume générale en Allemagne de décorer les portes de guirlandes pour fêter l'arrivée du maître au logis.

Ce salon d'attente est décoré de toiles médiocres dont les sujets sont empruntés à l'histoire militaire du Brandebourg et de la Prusse. On y voit le voyage du Grand-Électeur sur les glaces du Haff, les principaux épisodes de l'épopée héroï-comique de Frédéric le Grand, les scènes meurtrières de la révolution de 1848. Ici, c'est Guillaume Ier, alors prince royal, mitraillant les insurgés du Palatinat; là, c'est encore le futur empereur, commandant une charge contre les bandes révolutionnaires du pays de Bade. Il n'a pas ménagé, on le sait, « cette populace bonne, comme il disait alors, à être balayée par le canon. » Un écrivain allemand, M. Owerbeck, a tracé en ces termes la conduite fraternelle des Prussiens dans l'Allemagne du Sud. » Les soldats du Prince le Sabreur, écrit-il, avaient l'habitude de rosser les prisonniers à coups de crosse et de bâton; très-souvent aussi ils fouettaient les femmes, et, avant de quitter les maisons dans lesquelles ils étaient entrés, ils n'oubliaient jamais de briser les glaces, la vaisselle et les meubles, disant que « la canaille ne méritait pas d'autre traitement [1]. » Le

---

[1] M. Owerbeck cite d'autres traits : Le 15 juin, un dragon badois, un artilleur et un soldat du 4e régiment furent pris par les chevau-légers prussiens et attelés à un canon; on infligea au dragon et au

succès de cette campagne fut rapide. Nommé colonel général d'infanterie et gouverneur de la forteresse fédérale de Mayence, le prince royal chercha à regagner dans l'armée la popularité qu'il avait perdue dans le pays. C'est de cette époque que datent sa sollicitude et ses soins pour tout ce qui touche au militarisme et au progrès des sciences de la guerre. Le bruit de la poudre, le cliquetis des armes résonnèrent à ses oreilles comme une musique céleste. Sa cellule se transforma en arsenal ; il couchait sur un lit de camp, avec ses bottes, et ceint de son épée, comme un moine ascétique de son cilice. Quand il écrivait, il se coiffait de son casque et s'asseyait sur un petit canon qu'il avait fait transporter dans sa chambre. Un obus, placé devant lui comme la tête de mort dans la grotte de saint Jérôme, lui servait d'encrier, et le manche de sa plume figurait une lance d'uhlan. Aux parois, des gravures belliqueuses : des escadrons à demi cachés dans la poussière comme une légion d'anges exterminateurs dans les nues; des bombardements terribles, des assauts héroïques, des cités en flammes, toutes les sombres images de la désolation et de la ruine. Pour ce soldat mystique, la guerre devint un apostolat, et il vit dans ses visions et ses extases le monde nouveau dominé par une croix lumineuse, formée d'un fusil et d'un sabre.

Dans ce même petit salon sont rangés sur des rayons à hauteur d'homme les divers modèles de pièces d'acier de l'artillerie prussienne, et des statuettes de soldats allemands, français, russes et autrichiens. Les bustes des électeurs de Brandebourg et des rois de Prusse ornent les embrasures des fenêtres. C'est dans ce salon qu'on fait entrer les ministres, les généraux, les conseillers, toutes

fantassin tant de coups de pied que l'un et l'autre en moururent. Plusieurs soldats badois faillirent être étranglés par les cordes que les cavaliers prussiens leur passaient autour du cou pour les obliger courir aussi vite que leurs chevaux.

les personnes qui ont audience auprès de Sa Majesté.

Un couloir conduit du salon d'attente dans la salle des Drapeaux, où l'empereur reçoit les députations et les ambassadeurs. Au fond de la salle s'élève une espèce de pyramide destinée à recevoir les drapeaux des régiments de la garde en garnison à Berlin. C'est un ancien privilége de ces régiments de déposer leurs enseignes au palais du roi, tandis que les drapeaux des autres corps restent au quartier, et ceux de la landwehr à l'Arsenal. Quand la garde se rend à l'exercice, les porte-enseignes, conduits par le chasseur de service, viennent chercher leurs drapeaux, et souvent l'empereur, qui travaille dans la pièce voisine, quitte sa table pour s'entretenir familièrement avec les soldats. Dès que retentit la musique de la garde, attendant devant le palais l'arrivée des drapeaux, Sa Majesté court à la fenêtre, en boutonnant son uniforme et en passant en toute hâte autour de son cou l'Ordre pour le mérite. Nul ne pousse aussi loin que l'empereur l'amour de la discipline et le scrupule de la bonne tenue. On raconte que M. de Bismarck, attaché à l'ambassade de Francfort, gagna la faveur de Sa Majesté pour avoir un jour empêché le roi de paraître devant ses troupes avec un uniforme qu'il avait oublié de boutonner complétement.

On a mis dans cette salle des Drapeaux plusieurs toiles d'artistes berlinois et quelques bonnes copies de tableaux anciens. Depuis 1866, le panorama du champ de bataille de Kœnigsgrætz est resté déployé sur le sopha. Des deux côtés de la glace, entre les deux fenêtres, on remarque de très-beaux vases de porcelaine remplis d'œufs de Pâques, également en porcelaine, provenant de la manufacture impériale. Quelques-uns de ces œufs enguirlandés et enluminés, sur la coquille desquels s'épanouissent des fleurs ou des têtes de chérubins joufflus, sont des cadeaux de Pâques de l'empereur Alexandre.

De la salle des Drapeaux, on passe à celle des Rapports

et des conférences. Le premier objet qui vous frappe c'est le plan en relief du champ de bataille de Kœnigsgrætz, depuis Daub jusqu'aux fortifications de Kœnigsgrætz. On embrasse d'un seul coup d'œil cette vaste étendue, et l'on se rend exactement compte de la configuration du terrain et du mouvement exécuté par le roi dans cette journée mémorable. Autour de la table recouverte d'un tapis vert se réunit le conseil des ministres. Six chaises sont rangées de chaque côté; le siége de l'empereur, plus élevé, se trouve devant la cheminée, et lui permet de voir le champ de bataille de Kœnigsgrætz, dont je viens de parler, et à travers la fenêtre le monument de Frédéric le Grand et l'Arsenal. Sur la table, beaucoup de recueils de lois, de règlements militaires, et l'Almanach du gouvernement et de la cour; un portefeuille fermé à clef porte cette inscription : « *Rapports des conseillers secrets.* » C'est dans cette pièce que l'empereur, alors prince régent, tint, au nouveau ministère assemblé pour la première fois sous sa présidence, ce discours célèbre qu'on a appelé depuis « le programme de la monarchie prussienne; » c'est sur cette table que Sa Majesté a signé en 1864, 1866 et 1870, l'ordre de mobiliser l'armée.

On dépose dans cette salle les œuvres littéraires ou artistiques adressées directement à l'empereur. Il procède lui-même à l'ouverture des paquets; ses conseillers sont chargés de la réponse.

Le long de la paroi règne un large divan où sont entassés pêle-mêle des plans, des cartes, des livres; je remarque deux exemplaires de la grande édition de luxe du *Couronnement du roi à Kœnigsberg en* 1861. Le tableau à l'huile du mont Hohenzollern, sur lequel s'élève le château nouvellement restauré de la maison royale, décore le panneau de la cheminée. Un guéridon placé près de la fenêtre et chargé de ces petits cadeaux qui entretiennent aussi bien l'amitié des rois que celle des simples particuliers complète l'ameublement. Les presse-papier, les cachets, les écritoires en lapis-lazuli abondent et prouvent que cette pierre rare est très-commune à la cour de Russie.

Passons au cabinet de travail de l'empereur. Deux fenêtres seulement : la première donne sur les *Tilleuls*; c'est de cette fenêtre que Sa Majesté découvre cet horizon propice aux pensées belliqueuses ; c'est de cette fenêtre également que l'empereur fait signe d'entrer aux pauvres pétitionnaires qui se tiennent perchés pendant des heures sur la grille du monument de Frédéric le Grand, et qui élèvent leur placet dans les airs, comme le mouchoir d'un naufragé. La seconde fenêtre s'ouvre sur une vérandah en face de l'Opéra. Quand la vigne-vierge suspend ses gais festons aux colonnes de cette galerie, et quand on y aperçoit, étendu dans un fauteuil, fumant un long calumet et regardant les Grâces entrer au bercail de Terpsichore, cette Majesté au repos, placide comme le lion repu à la porte de la bergerie, on murmure involontairement les vers du poëte au calife :

> Une fée est cachée en tout ce que tu vois.
> Quand tu parles, calife, on dirait que ta voix
>   Descend d'un autre monde au nôtre ;
> Dieu lui-même t'admire, et de félicités
> Emplit la coupe d'or que tes jours enchantés,
>   Joyeux, se passent l'un à l'autre.

En entrant le matin dans son cabinet de travail, l'empereur s'approche d'abord de cette seconde fenêtre, où est suspendu un calendrier-éphéméride à son usage personnel : chaque feuillet porte en tête un verset de la Bible, un proverbe ou une pensée tirée des poëtes ou des philosophes allemands; puis au-dessous du quantième, en gros caractères, les événements marquants du règne, la publication de certaines ordonnances, les revues passées, les voyages entrepris, les visites reçues. Sa Majesté aime à ajouter des remarques au crayon sur ces pages, et souvent y résume sa journée en une ligne, en un mot. Ces notes manuscrites seront précieuses pour l'histoire de sa vie.

L'empereur reçoit ensuite la visite de son médecin, qui, selon la couleur de sa langue, lui permet de sortir ou l'oblige à garder ses appartements. Le cuisinier de Sa Majesté se présente aussitôt après, avec deux ou trois projets de menus que Guillaume Ier étudie avec autant de soin qu'un rapport de M. de Bismarck. Ce cuisinier n'est pas ce qu'un vain peuple pense; c'est un personnage considérable, c'est le véritable ministre de l'intérieur du puissant empire : car lorsque l'empereur a bien dîné, les soldats reçoivent des congés, les laquais des culottes neuves, et les évêques en prison une portion de lentilles. La France peut s'honorer d'avoir donné le jour à ce marmiton illustre, qui répond au nom d'Urbain Dubois. Il a enrichi la littérature culinaire d'un ouvrage, aujourd'hui à sa troisième édition, et que M. Dentu a édité sous le titre pittoresque de : *La Cuisine de tous les pays, études cosmopolites par Urbain Dubois, chef de cuisine de Leurs Majestés Royales de Prusse, auteur de la Cuisine classique.*

Après la guerre, Sa Majesté, en froid avec son cuisinier français, a voulu essayer de se repaître de cuisine allemande; mais son estomac s'est révolté contre cet excès de patriotisme, et un pont d'or a été jeté à M. Dubois pour l'engager à rejoindre ses fourneaux. L'empereur n'est pas gourmand : il aime la cuisine simple, mais bien faite, la « cuisine classique ; » et il aime avant tout la « cuisine économique. » L'ingénieux Dubois a trouvé le moyen de résoudre ce problème difficile de la qualité et du bon marché. La Prusse lui doit une statue [1].

---

[1] A côté de Dubois, il y a encore Bernard, un autre Français servant dans la batterie de cuisine impériale. On sait que Guillaume

Les dîners que donnait l'empereur, quand il n'était que prince royal, sont légendaires dans l'aristocratie berlinoise. On y mangeait du bœuf et de la purée; et les invités de bon appétit ne s'aventuraient jamais sans avoir copieusement dîné au préalable. Dans les soirées et les bals du prince et de la princesse royale, on passait une tasse de thé, un peu de marmelade, avec une miche de pain blanc[1]. Depuis l'ère des milliards, le thé est remplacé par de la tisane de champagne, et le pain rond par des biscuits de Reims, fabriqués à Berlin.

La table de travail de l'empereur est placée au jour, près de la fenêtre. Du pavillon de l'Université on peut voir Sa Majesté écrivant avec une grande plume d'aigle. Devant lui, sur une tablette, sont les portraits-miniatures et les photographies de ses enfants et petits-enfants, et divers souvenirs qu'il a recueillis lui-même sur les champs de bataille : des balles, des éclats d'obus, des cartouches métalliques. On remarque aussi la statuette du sergent-major qui arriva le premier sur la redoute de Düppel. Les bustes en marbre du roi Frédéric-Guillaume, de Frédéric le Grand, de l'impératrice Alexandra Feodorowna, sœur bien-aimée de l'empereur, de la princesse Charlotte de Prusse sont posés sur des piédestaux. Les portraits en pied de l'impératrice et de l'empereur Alexandre couvrent complétement la paroi. Dans les embrasures des fenêtres,

---

a envoyé ce cuisinier à Napoléon III, à Wilhemshohe. Bernard, jaloux du laurier de Dubois, a aussi publié un *Manuel du bon cuisinier*.

[1] « Il arrivait souvent, écrit un chroniqueur berlinois, M. Schmidt-Weissenfels, que les invités sortaient un instant pour aller manger quelque chose à côté, et ils revenaient ensuite au palais. Les dames mêmes se livraient à ce petit manége. Son Altesse s'en aperçut, et quand une dame se disposait à sortir, il la prenait par le bras et lui disait qu'il n'était pas encore temps de se retirer, attendu que la princesse était encore dans les salons. » Le pain blanc est encore une consommation de luxe dans toute la Prusse.

les médaillons de l'empereur Ferdinand et de l'empereur François-Joseph ; sur des socles en bois, les statuettes de l'empereur Nicolas, costumé en cosaque, et de l'empereur Alexandre II, en uniforme de hussard. Au milieu du cabinet, deux tables : sur la première sont déposés les rapports, les pétitions, les dépêches, les journaux, tout le matériel de travail de l'empereur ; sur la seconde table, Sa Majesté a rangé elle-même les cadeaux de Noël et d'anniversaire de naissance qui lui ont été offerts par les membres de sa famille[1]. Voici des albums fabriqués par le prince-héritier, qui a appris l'état de relieur, des sabres de bois, des poignards d'ébène sculptés par le prince Frédéric-Charles, qui a appris l'état de menuisier ; puis ce sont des bouquets de bluets, — la fleur favorite de l'em-

---

[1] Les partisans de la « lutte civilisatrice » ont tout mis en œuvre pour donner, cette année, un éclat inaccoutumé à la fête de l'empereur. Ils ont voulu faire de la journée du 22 mars 1875 une manifestation nationale et politique. Ils n'y ont réussi qu'à demi. En dépit du mot d'ordre, les drapeaux étaient clair-semés, l'illumination piteuse. Le ciel pactisait avec les ennemis de l'empire. Une petite pluie fine et glaciale est tombée l'après-midi, et le soir la neige saupoudrait les rues.

Les Berlinois, gens positifs, estiment du reste peu les festons et les astragales. Selon eux, la meilleure manière de célébrer l'anniversaire du souverain, c'est de boire le plus possible à sa santé.

La foule était cependant grande sous *les Tilleuls*, surtout devant le palais de l'empereur. Celui-ci s'est montré à plusieurs reprises à la fenêtre de son cabinet de travail.

Au lever du soleil, une retentissante fanfare annonçait, du haut de la terrasse du château royal, l'anniversaire de la naissance de Guillaume Ier. Il semblait que cette musique descendait des nues, comme celle des anges à la naissance du Sauveur.

A midi, les trombones et les fifres se transportaient sur le sommet d'un autre édifice, l'Hôtel-de-Ville. Les vieux hiboux cachés dans les combles du clocher fuyaient éperdus, et les Berlinois ne manquaient pas de comparer ces enfants des ténèbres aux noirs ultramontains dispersés par la voix de l'empereur.

pereur, — habilement imités par les filles du prince Frédéric-Charles. La broderie qui recouvre cet étui à cigares sort des mains de l'impératrice. Quant à ce petit guéridon dont trois grenadiers forment le socle, c'est un présent du prince de Schwarzbourg-Rudolstaldt; il est fait avec le bois du tilleul sous lequel tomba le prince Louis-Ferdinand de Prusse, blessé à Saalfied. Le prince, sommé de se rendre par des cavaliers français qui le poursuivaient, répondit en se défendant : « Un prince prussien ne se rend pas. » Et il tomba percé de coups sous ce tilleul historique.

Un bureau à cylindre attire encore la curiosité du visiteur; ce meuble remonte aux premiers temps de la jeunesse de l'empereur, c'est-à-dire à l'époque de la Sainte-Alliance et de la guerre de 1813. Le canapé est littéralement encombré de paperasses, de cartes de géographie, de dessins, de livres. Mais la bibliothèque habituelle de l'empereur n'occupe qu'une modeste étagère et se compose d'une Bible, d'un Recueil de psaumes, d'un Almanach du gouvernement et de la cour, d'une Histoire des régiments prussiens, des règlements et ordonnances militaires et des discours de M. de Bismarck.

Jusqu'à la dernière maladie de l'empereur, il n'y avait dans cette pièce qu'une seule chaise, celle sur laquelle il s'asseyait pour écrire. On y voit maintenant un fauteuil.

La bibliothèque du palais est contiguë au cabinet de travail. C'est une salle sombre et étroite, au fond de laquelle se trouve l'escalier de fer qui conduit aux appartements de l'impératrice. On remarque en entrant un appareil mécanique qui permet de déployer les grandes cartes de géographie et de les descendre à hauteur du regard. Le plan de Berlin et des environs, dressé spécialement pour les exercices et les manœuvres militaires, les cartes stratégiques de la Marche de Brandebourg, du royaume de Prusse, de l'Allemagne, de la France, de l'Autriche et de la Russie tapissent les parois. Les livres sont enfermés dans des armoires, sur lesquelles on lit : *Histoire de la guerre; Histoire de la maison royale*, etc. D'énormes portefeuilles regorgent de gravures, de lithographies, de photographies, de caricatures. Au bas d'une de celles-ci, prises au hasard, et portant la date néfaste de la Commune, je lis : *Demantez l'endrée driomphale de Sa Majesté Pendule dans sa ponne ville de Baris.* » Les caricatures sur Napoléon se comptent par centaines. Un croquis de M. Thiers à Versailles, pendant l'armistice, est frappant de ressemblance[1]. Cet autre portefeuille renferme tous les modèles d'uniformes des armées européennes. Dans cette armoire-là sont soigneusement classés et étiquetés les écrits de l'empereur, ses Mémoires adressés à son père sur la réorganisation de l'armée, ses rapports lus dans les commissions ou en conseil de guerre. Une armoire dissimulée derrière des rideaux verts porte le triangle maçonnique.

Mon guide me montre encore l'Adresse présentée à l'empereur Guillaume par les Allemands résidant à Saint-Pétersbourg : c'est un splendide volume relié en maroquin rouge, et portant l'aigle impérial allemand au-dessus des armes de la capitale russe. A la première page, des aquarelles représentent l'entrée de Guillaume Ier dans la ville des czars. Le prince héritier suit la voiture des deux empereurs, et un groupe de gens qui ouvrent la bouche, en signe d'enthousiasme, représente les Alle-

---

[1] Cette collection, ayant pris des proportions trop considérables, a été transportée à la bibliothèque; elle comprend non-seulement tous les journaux illustrés, mais encore tous les livres français, anglais, russes, allemands publiés sur la guerre. On y trouve jusqu'aux publications poétiques de M. Lemerre et une collection très-complète du *Charivari*, qui s'amusait alors à représenter Guillaume sous le poids des pendules.

mands. Plus loin, l'Allemagne et la Russie harnachées en guerre se tendent une main fraternelle. Des figures allégoriques personnifient les divers États de l'Allemagne marchant contre Paris, précédés de l'aigle au vol victorieux et aux serres menaçantes. Au premier plan, jonchant le sol, les armes brisées du césarisme napoléonien. L'Adresse, en lettres gothiques, est suivie d'une traduction latine et porte environ huit cents signatures.

Une petite porte conduit à la chambre à coucher de l'empereur, à côté de laquelle se trouve le cabinet de son aide de camp. Il ne m'a été permis d'entrevoir qu'une immense glace qui touche au plafond. Le roi y regarde son image d'empereur.

Les appartements que nous venons de traverser sont, du reste, le miroir fidèle de celui qui en fait sa demeure.

Son esprit militaire, ses belliqueuses préoccupations se reflètent dans chaque meuble, dans chaque tableau, dans chaque objet. C'est le boudoir de l'Arsenal qui est vis-à-vis. Les armes y sont charmantes comme des jouets, et l'on comprend que ces gentils soldats de plâtre, ces jolis canons qui roulent sur des roues argentées et vous regardent d'un œil si doux, habituent celui qui les a sous la main à envisager la guerre comme un aimable jeu. Guillaume Ier en est arrivé à prendre son épée comme un poëte prend sa lyre. Les dieux lui ont donné le génie des batailles comme ils donnent à d'autres le génie de la poésie et de la musique. Ce n'est pas un imitateur, c'est un artiste, un créateur, un maître. Avec l'aide de ces deux cyclopes qui s'appellent de Bismarck et de Moltke, il a forgé le siècle de fer, comme Louis XIV avait forgé le grand siècle. Les historiens ont dit que l'empereur Barberousse était la personnification de l'Allemagne grandiose; que son fils, Henri VI, qui écrivait au Pape : « Mon père vous a châtié avec des fouets ordinaires; moi je vous châtierai avec des fouets de fer, » est la personnification de l'Allemagne terrible ; en poussant la comparaison jusqu'aux temps modernes, l'empereur Guillaume n'est-il pas la personnification de l'Allemagne guerrière ? Jamais la nation n'a été plus formidablement armée ; jamais elle n'a pu mettre tant de bataillons et de batteries en ligne ; jamais elle n'a tant lancé de vaisseaux sur les mers, élevé tant de forteresses, construit tant de casernes, d'arsenaux et de remparts.

Si l'Allemagne est aujourd'hui la première puissance militaire du monde, c'est à son empereur qu'elle le doit. Il a vaincu les résistances de ses conseillers, il a dissous les Parlements, il est allé à son but avec la force et la précision du boulet ; et, lorsqu'il l'a atteint, le peuple, orgueilleux de son adresse et de sa force, l'a acclamé. Guillaume Ier a quelque chose du prophète et du pontife ; il se croit appelé à une mission céleste ici-bas, et il attelle la providence à ses canons, comme Philippe II attachait Dieu à ses bûchers.

Visitant, avant la guerre, l'ancienne salle du Concile, à Constance, il s'arrêta devant la fresque qui représente l'empereur Sigismond tenant la bride du cheval sur lequel le pape Martin fait son entrée triomphale, et il murmura d'un air rêveur : « Il m'a fallu recueillir l'héritage, mais jamais je ne tiendrai la bride au cheval du pape. »

En 1873, à la première période de la lutte religieuse dont l'Allemagne est le théâtre, l'empereur recevant à Ems M. Konze, bourgmestre catholique de cette ville, avec qui il est lié par une vieille amitié, lui dit : Ma mission est de venger les Hohenstauffen, assassinés par la papauté ! Et je le ferai, dussé-je y perdre ma couronne et ma vie. »

Son organisation vigoureuse lui permet un travail excessif. Les voyages, les fêtes, les revues, les fatigues du pouvoir et les fatigues du plaisir semblent retremper cette nature d'airain. A le voir aujourd'hui dans sa verte vieillesse, on dirait Hercule filant aux pieds de l'Omphale germanique, la *Borussia*, la « blonde gardeuse d'ours. »

Sa soif de popularité n'a pas de bornes. Il a, comme l'empereur de Chine, des historiographes qui le suivent partout et publient chacun de ses pas. Chaque fois qu'il trempe sa plume, qu'il ouvre sa fenêtre ou qu'il ôte ses bottes, l'Allemagne en est religieusement informée. Je n'ai jamais parcouru un journal de la capitale sans y lire cette phrase stéréotypée : « L'empereur a travaillé toute la matinée avec le chef de son cabinet militaire, le général de Wilmowski. »

Guillaume parle assez couramment le français, et a commis, dans notre langue, quelques mots connus que je dois cependant rappeler pour compléter sa curieuse physionomie. Reçu, lors de sa visite à l'Exposition de Paris, sur le perron de l'Hôtel-de-Ville, par le baron Haussmann et le conseil municipal, le roi répondit laconiquement au discours officiel :

— Je n'étais pas venu à Paris depuis 1815 ; je le trouve bien changé.

Une autre fois, parlant de l'ambassadeur d'Angleterre qui loge à Berlin dans le même hôtel que l'ambassadeur turc, il se mit à dire :

— Je ne comprends pas que l'Angleterre souffre que la Turquie lui mette le pied dessus.

Si Guillaume s'est livré quelquefois à des reparties douteuses, il en reçut un jour une bien dure. C'était en 1854 ; il détestait alors aussi cordialement la Russie qu'il semble l'aimer maintenant. Frédéric-Guillaume, son frère, esprit faible et malade, faillit s'allier à Nicolas contre les puissances coalisées :

— Si vous épousez la cause du czar, lui dit le prince

royal, plutôt que de tirer l'épée, je me retirerai en Angleterre.

— Cela vous sera facile, mon frère, répondit le roi, vous en connaissez le chemin.

Allusion cruelle, que Guillaume ne pardonna jamais à son frère, mort fou.

VIII.

L'IMPÉRATRICE.

Quand, des appartements de l'empereur on passe à ceux de l'impératrice, il semble qu'on entre dans une chapelle : partout des images pieuses, des toiles bibliques, des tableaux de sanctuaires et de cathédrales. On se dirait dans le palais d'une reine d'Espagne, et l'on cherche la lampe qui brûle devant la Vierge, confidente secrète des tristesses de la couronne. La dévotion de l'impératrice a mûri comme ces fruits tardifs, mais qui n'en sont pas moins beaux et savoureux. Lorsque cette élève enthousiaste de Gœthe s'échappa de la petite cour de Weimar et épousa le prince royal de Prusse, on ne parlait que de son amour pour les sciences, les lettres, la philosophie et les arts. Le libéralisme plaça en elle ses plus chères espérances. Elle était jeune, elle était spirituelle et belle, les poëtes la chantaient, le peuple l'adorait. Le prince subissait doucement son influence, et son intérieur avait des charmes qu'il n'a plus. « Le soir, dit un écrivain de l'époque, on se réunissait dans le salon de la princesse, autour de la lampe. Le prince dessinait tout en causant. Les dames tricotaient. » C'était le bonheur conjugal, le bonheur simple et bourgeois. De temps en temps apparaissait un poëte; et le vieux Tieck venait régulièrement narrer ses contes à dormir debout. On faisait aussi de la musique et l'on jouait des pièces de théâtre. Son Altesse avait l'habitude d'accompagner en faux bourdon la chanteuse qui était au piano. Une fois, dans ces soirées familières, une dame laissa échapper un petit bruit qui se révéla cependant à l'odorat du prince. Comme cette dame, bonne musicienne, se faisait prier pour aller au piano, Son Altesse s'écria avec son rire rabelaisien : « Excusez madame, elle a changé d'instrument. »

En prenant, comme il l'a dit lui-même à Kœnigsberg, « la couronne des mains du Seigneur, » cette gaieté s'en est allée où vont les neiges d'antan, et d'autres préoccupations, d'autres soucis sont venus. Les premiers jours de ce règne furent cependant salués comme une aurore. On croyait que Guillaume Ier transformerait cette cour de Prusse, si triste et si mortellement ennuyeuse ; on ne rêvait déjà plus que fêtes, bals, feux d'artifice et banquets ; on s'attendait à une renaissance brillante de la littérature et des arts ; et l'on voyait le roi-soleil du nord, trônant dans les splendeurs du Château-Vieux et se montrant à l'Europe éblouie, au centre d'une apothéose merveilleuse, entouré de hérauts d'armes sonnant sa gloire dans des clairons d'or. Cette féerie d'imaginations romantiques ne fut pas de longue durée. Les poëtes dramatiques allemands ne tardèrent pas à s'apercevoir les premiers, qu'en fait de théâtre, le roi n'aimait que le théâtre français, et que, s'il pouvait assister vingt fois de suite à la représentation du même ballet, il s'endormait à leurs pièces et n'attendait jamais la fin d'un opéra. A Berlin, le couple royal continua de demeurer confiné dans les murs étroits du palais du prince héritier ; et quand Leurs Majestés se rendaient à Bade, elles logeaient en garni, se promenaient à pied, et faisaient venir leur cuisine du restaurant. La redingote râpée, le vieux chapeau avec lequel le roi se promenait dans l'allée de Lichtenthal dissipèrent les dernières illusions. Mais l'Allemagne n'a rien perdu à cette première déception : le roi rêvait pour elle un autre éclat que celui des lettres et des arts.

L'impératrice lutta longtemps contre les goûts belliqueux de son époux. Elle aurait certainement empêché l'écrasement du Danemark, la lutte fratricide de 1866, si déjà Guillaume Ier n'eût été en puissance de chancelier. Aussi, depuis que la tempête des guerres souffle à Berlin, depuis que « la ville de l'intelligence » est la ville des canons, l'impératrice éprouve un invincible dégoût pour la capitale ; elle n'y réside plus que deux ou trois mois par année, et les journaux lui prêtaient dernièrement l'intention de se retirer dans son château de Coblence, au bord du Rhin.

C'est dans ce château, admirablement situé sur le grand fleuve, que se passa une scène peu connue, dont nous pouvons garantir l'authenticité :

Quelque temps avant que M. de Bismarck provoquât la France à la guerre par les fameuses dépêches que l'on sait, le roi vint trouver la reine à Coblence. Il se montra très-préoccupé pendant le dîner, toucha à peine aux mets, et invita la reine à l'accompagner dans le jardin. La nuit tombait. Semblables à des fleurs lumineuses flottant à la surface de l'eau, les étoiles scintillaient sur le Rhin. La terre s'endormait de ce doux et calme sommeil qui est comme le repos d'une conscience sans remords. Le roi demeura d'abord silencieux ; il levait de temps en temps la tête avec effort et semblait aspirer, avec un charme plein de tristesse, cette paix profonde qui l'environnait. Arrivé dans la partie sombre du jardin, il s'arrêta, et pressant le bras de la reine sous le sien, il murmura d'une voix étouffée : *Der krieg !* (la guerre !) Il expliqua alors à la reine, d'une manière brève et rapide, la situation de l'Allemagne dans le conflit de la candidature Hohenzollern, et conclut en répétant de nouveau, mais cette fois avec une sombre énergie : « Que voulez-vous ! c'est la guerre ! »

La reine fut atterrée. Elle entraîna le roi plus avant dans

l'allée obscure, et, tombant à ses genoux, elle le supplia de conjurer l'orage, de ne pas obéir aux suggestions de M. de Bismarck, d'épargner à sa patrie un fléau si affreux. Un instant, le roi parut ébranlé. Il laissa retomber sa tête sur sa poitrine, et la reine se leva pour l'embrasser. Mais tout à coup, comme si une inspiration infernale passait dans son cœur, il se rejeta en arrière, se secoua comme le lion qui se réveille, et répéta avec un accent de haine farouche : « *Das muss sein!* » Cela doit être! Et, sans attendre la reine, il remonta précipitamment au château, fit lui-même sa malle et repartit le lendemain.

Un mois après, la reine en pleurs rentrait à Berlin, encombré de soldats et de canons, et elle écrivait d'une main tremblante, sous la dictée du roi, ce fameux appel aux femmes allemandes :

La patrie espère que toutes les femmes feront leur devoir; il s'agit d'envoyer des secours vers le Rhin. *Signé :* La Reine.

Pendant tout le temps de la guerre, la conduite de la reine fut admirable de charité et de dévouement. Si tant de pauvres prisonniers français ne sont pas morts de froid sous les latitudes glacées du Nord, c'est à l'impératrice Augusta qu'ils le doivent. Elle rendit publiquement honneur aux vaincus; elle envoya à ceux-ci des couvertures, des bas chauds, des souliers; à ceux-là du vin, du tabac, des livres; elle s'ingénia à trouver tout ce qui pouvait soulager de si grandes infortunes et adoucir les heures cruelles de la captivité. Elle alla jusqu'à contracter personnellement des dettes pour répandre un peu plus de bien.

Les ressources de son budget ont toujours été très-limitées. On lui compte, chaque mois, ses maigres revenus, absolument comme on paye les dames de la cour. Le roi a ainsi trouvé moyen d'économiser, chaque année, sur les dépenses de sa femme, de quoi faire fondre un nouveau canon. Ceux qui allaient à Bade, au beau temps, rapportent que la reine, voulant donner un jour un souvenir à madame Viardot, lui remit sa propre broche, en ajoutant à demi-voix, d'un ton triste : « Vous voyez que je l'ai portée. »

Le cœur est excellent ; la bourse n'est malheureusement pas en rapport avec la grandeur du cœur ; mais la vieille aristocratie que patronne la reine lui vient en aide. Avec son concours, elle a fondé des orphelinats, des crèches, et deux maisons de refuge : une pour les hommes, l'autre pour les femmes.

L'impératrice est d'une simplicité charmante ; elle sort ordinairement à pied, avec une seule dame de compagnie ; et pendant que son impérial époux passe des revues ou chasse le sanglier, elle visite les établissements de charité, les hôpitaux, les caves et les greniers. Ceux qu'elle soulage ne la connaissent pas et ignorent quelle bonne fée a passé, comme un rayon de soleil, au milieu de leur solitude et de leur misère.

Une nature si généreuse et si bonne devait fatalement se heurter au caractère altier, froid et calculateur de M. de Bismarck. La reine a de tout temps été en conflit avec le chancelier, et plus d'une fois, dit-on, elle lui a tenu tête. M. de Bismarck, qui savoure la vengeance comme un plaisir des dieux, lui a donné le surnom de « muse de Weimar. » C'est surtout dans les questions religieuses que cet antagonisme se montre au grand jour. L'impératrice prend fait et cause pour les prêtres persécutés et emprisonnés. Dernièrement encore, en apprenant l'accident de voiture dont a failli être victime l'évêque de Breslau, Sa Majesté s'est empressée de lui écrire une lettre des plus touchantes et de lui demander de ses nouvelles. Cette opposition à M. de Bismarck l'a mise à la tête du parti dit « de la cour, » comme la princesse royale est à la tête du parti dit « des Anglais. » En cette qualité, l'impératrice a joué un rôle considérable dans l'affaire d'Arnim. La *Gazette de Voss* a publiquement annoncé que « la personne mystérieuse dont il était question dans une lettre de M. d'Arnim à M. de Bulow n'était autre que l'impératrice Augusta. » On prétend également que l'impératrice détient encore les papiers les plus importants qu'a détournés l'ex-ambassadeur à Paris, choisi, comme on sait, par le parti de la cour, pour renverser M. de Bismarck et lui succéder.

Quoi qu'il en soit de ces assertions difficiles à vérifier, elles ne soulèvent pas moins un coin du voile et montrent les ambitions diverses qui s'agitent autour du trône sans le consolider.

Les idées françaises ont toujours trouvé un accueil sympathique auprès de l'impératrice. Sa bibliothèque se compose presque uniquement d'ouvrages de notre littérature; elle a un lecteur français, elle n'a pas de lecteur allemand. C'est M. Gillard, ancien élève de l'École normale. Il a fait l'éducation de la princesse de Bade, fille de l'impératrice Augusta. Avant la guerre, Berlin possédait une excellente troupe d'acteurs français. La reine les invitait dans ses salons, où ils jouaient devant la cour les proverbes d'Alfred de Musset, les comédies de Scribe et de Gozlan. En 1873, elle offrit un prix de 2,000 thalers pour la meilleure étude en français, en allemand ou en anglais, sur la chirurgie technique pour le traitement des blessés militaires et sur le meilleur traité de la Convention de Genève. Je n'ai pas remarqué sans surprise, dans son salon, les dernières brochures de Mgr Dupanloup.

On raconte que toutes les fois que l'impératrice a une discussion avec l'empereur au sujet des évêques et des prêtres emprisonnés, elle se retire en répétant avec une tristesse prophétique : « Les empires passent; Dieu seul demeure. » Et à chaque condamnation nouvelle, ses lèvres murmurent machinalement ce vers pendant des jours entiers:

De la chute des rois sinistre avant-coureur !

IX.

LE PRINCE DE LA COURONNE.

Les palais de l'empereur et du prince héritier s'élèvent en face de l'Arsenal, dont ils sont comme la succursale. Le *Kronprinz*, « notre Fritz, » comme l'appellent les Prussiens, quitte la capitale aussitôt que les odeurs s'accentuent, et l'entrée de son palais, de même que celui de son impérial père, est alors tarifée dans les *Guides*. La protection d'un ministre ou l'exhibition d'un passe-port sont choses superflues ; la petite pièce de monnaie — l'insinuant silbergros — est le passe-partout magique, qui ouvre aussi bien les portes que les cœurs et les consciences. La recette pour tout voir à Berlin n'est pas compliquée : « Sonnez, et faites sonner. »

Je sonne, je tire ma bourse et j'entre, même avec les honneurs de la sentinelle qui se colle contre le mur.

— Il fait chaud, monsieur, me dit le portier d'un air jovial ; et me montrant des verres à bière et des cartes sur une table au fond du vestibule, il ajouta : « Nous sommes seuls, et pour nous désennuyer, nous buvions un petit coup. C'est le second valet de chambre qui a perdu la partie. Il est un peu bête ; ainsi, quand sa femme est morte l'an passé, il a télégraphié la triste nouvelle à son fils en apprentissage à Dresde, et il nous disait en pleurant dans son verre : « Ça tombe bien tout de même ; il y a justement un train de plaisir de Dresde à Berlin ! » — Mais, entrez ici, monsieur, il y a un bois de canapé qui vous intéressera, ça sort d'un vieux donjon de province ou peut-être d'un de ces riches monastères où ces coquins de moines buvaient du si bon vin. Je suis comme Son Altesse, moi ; je n'aime pas la prêtraille. On devrait détruire les curés comme on détruit les hannetons. — Eh bien, que dites-vous de ce bois ? »

Je l'examinais et le trouvais merveilleux ; figurez-vous deux grands lions sculptés, sortant de naître et s'élançant en rugissant hors d'un bloc de vieux chêne. L'artiste a fait œuvre de créateur : la matière harmonieusement formée frémit et palpite. En voyant ce couple on a l'idée de la vie jaillissant du sein des dieux et déchirant les ombres du néant. Ces deux lions, à l'attitude superbe, ont dû garder le trône d'un roi, — de quelque Théodoros germanique régnant sur ses peuplades barbares.

D'autres curiosités attirent les yeux dans cette antichambre ou plutôt ce salon d'attente. Des statuettes, des ivoires, d'anciens tableaux y résument les diverses époques de l'art allemand. Sur un guéridon, près de la cheminée, on remarque les albums de la guerre du Schleswig et de la campagne de 1866. C'est une collection du plus vif intérêt, et qui ferait la fortune d'un éditeur. Photographies prises sur le champ de bataille, avant et après le combat, levers de soleil, paysages nocturnes, croquis d'ambulances, scènes de ruine ou de pillage, profils de généraux et de soldats, plans d'attaque ou de retraite, cartes esquissées au crayon sur la selle d'un cheval ou un affût brisé, caricatures saisies dans les villes ennemies, chansons de guerre et improvisations de bivouac, — c'est la menue monnaie de l'histoire, c'est le bruit des clochettes dans la vaste et grandiose symphonie, c'est la guerre étudiée sous ses petits côtés épisodiques et pittoresques, ce sont les vignettes et les culs-de-lampe d'une Iliade illustrée.

Au milieu de la table un énorme registre ouvert. « Les

personnes, me dit mon guide, qui sollicitent une audience du prince viennent s'inscrire sur ce livre. » La feuille commencée portait le nom du chef du corps des pompiers de Saint-Pétersbourg. Un sourire effleura mes lèvres ; le portier, qui s'en aperçut, s'empressa d'ajouter : « Son Altesse voue un soin tout particulier aux pompiers ; il a déjà introduit d'importantes améliorations dans ce corps, et comme les nouvelles pompes de Saint-Pétersbourg passent pour les meilleures qui existent, Son Altesse se propose d'en commander de semblables pour la ville de Berlin. Vous verrez dans la salle de danse un modèle en miniature des pompes et des engins de sauvetage employés dans la capitale russe [1]. »

Nous montons à l'étage supérieur. L'escalier à deux rampes se croise devant un jet d'eau où une naïade frissonnante se cache à demi sous une draperie de lierre. Cet escalier doré et ciselé aboutit à un vaste palier bien éclairé, garni de fauteuils et de canapés, qu'ombragent des palmiers et des arbustes exotiques, en caisse. Les bustes en bronze des généraux des guerres de 1813 et de 1815 sont rangés comme dans une galerie historique. Les murs, peints en fond blanc rosé, sont ornementés des médaillons de Humboldt et d'autres savants berlinois.

Mon conducteur ouvre une porte et me dit : « Les appartements de la princesse. » Nous traversons un salon, froid et sévère comme un salon anglais, aux chaises et aux fauteuils recouverts de housses de percale, et nous entrons dans une pièce plus petite, à la fois boudoir et chambre à coucher, mais également rigide, malgré les

---

[1] L'organisation du corps des pompiers de Berlin devrait servir de modèle à toutes les municipalités. Dès qu'un incendie éclate, le télégraphe en avise le poste le plus voisin. Les chevaux tout attelés partent au galop ; le jour, les pompiers agitent une cloche ; le soir, ils portent des flambeaux, et toutes les voitures se rangent sur leur passage comme par enchantement.

guirlandes de roses en carton pâte, qui s'entrelacent au plafond. Les fleurs sont vieillottes et fanées ; les papillons amoureux ne s'y tromperaient pas. Les fenêtres s'ouvrent sur la place de l'Arsenal et la place de l'Université. Le paysage est austère, mais il est du goût de la princesse royale, fille aînée de la reine d'Angleterre, élevée dans les idées du puritanisme anglican, et aujourd'hui une des plus ferventes adeptes du rationalisme et de la libre-pensée. Strauss, le philosophe athée, entretenait une correspondance très-suivie avec la princesse royale. Quand l'auteur de la *Vie de Jésus* mourut, on suspendit au-dessus de son lit le portrait de Son Altesse, comme on suspend auprès du moribond chrétien l'image d'une patronne sainte. En m'approchant d'une petite étagère, où sont rangés quelques livres, mes yeux rencontrent les titres suivants : « D^r *Fr. Strauss, Ulrich von Hutten, Das Leben Jesus, das Leben Voltaire*, etc. »

Ce sont les paroissiens de la princesse. Le culte du souvenir embellit bien mieux cette chambre que ces traités de philosophie universitaire. Mon guide me montre, sous une vitrine, des éventails dont Son Altesse s'est servie pendant sa jeunesse ; des mousses rapportées des montagnes de l'Islande ; des coquillages recueillis sur les bords de l'île de Wight ; des colliers de corail ; des écrans en plumes de colibri ; des bonbonnières et d'autres cadeaux, provenant du prince son mari ou des familiers de la maison. Pas de tableaux ; une seule glace, fort simple, et c'est tout.

Passons aux appartements de « notre Fritz, » — à l'aile opposée. Nous voici dans son cabinet de travail. Rien de luxueux, rien de royal, pas même de princier. Il est tel baron de la finance ou de la littérature parisienne, dont les « ateliers » resplendissent à côté de celui-là, comme le soleil véritable en face d'un soleil de cuivre. Le bureau est en acajou. Les objets y sont rangés dans un ordre parfait, on les dirait prêts pour une revue. L'encrier de fer, qui a la forme d'un obus, est propre et luisant; les plumes sont au râtelier, comme des fusils lilliputiens; la cire, les cachets, les ciseaux, les coupe-papier, sont disposés sur quatre rangs comme des lignes de bataillons. Au milieu, la statuette de Frédéric le Grand, le « vieux Fritz, » avec son tricorne, sa cadenette et sa canne. Je m'attendais à trouver des fragments de biscaïens, des balles montées, et même quelques-unes de ces fameuses pierres de forteresses détenues, puis livrées par Jules Favre; aussi, grande a été ma surprise, en ne voyant qu'un fer à cheval en acier fondu, élégant presse-papier posé sur un journal. Cet emblème sportique vient d'Angleterre. Le prince est un *gentlemanridder* de première force.

Près de la fenêtre, un second bureau où Son Altesse écrit debout ou en se mettant à cheval sur une chaise mécanique. Les parois sont littéralement tapissées de paysages italiens et de portraits à l'aquarelle des principaux généraux qui ont pris part aux dernières guerres. L'encadrement est un modeste cartonnage. Un tableau à l'huile, genre Meissonnier, représente le feld-maréchal de Moltke dans son laboratoire de guerre, entouré de cartes et de plans de campagne. Sur le sopha qui complète l'ameublement de ce cabinet, j'ai aperçu une caisse qui n'a pas encore été ouverte, portant ces mots tracés au pinceau : « *Balagrung Paris* » (Siége de Paris).

Un couloir qu'encombre un bahut gothique surchargé de fragments de sculptures sur bois, de faïences et de verreries curieuses, conduit à la salle à manger. Meublée d'une façon toute patriarcale, avec ses chaises au dossier rembourré, un buffet de chêne où les pièces d'argenterie sont absentes, cette salle a l'air d'un réfectoire de couvent. L'espace, très-mesuré, n'est guère en harmonie avec les appétits de la famille et de la nation. On pense à l'Ogre, et l'on est chez le Petit-Poucet.

Dans le salon, qui est contigu, des escabeaux italiens incrustés d'ivoire et quelques bonnes toiles idylliques et champêtres. On se dirait chez un honnête fabricant de bonnets de coton, retiré des affaires. Pas même une épée et un casque chez le descendant d'un roi conquérant et belliqueux. La salle de danse, éclairée de hautes fenêtres, n'a aucun cachet particulier. Au fond s'élève un théâtre mobile où jouent les enfants de Son Altesse. Le portier qui m'accompagne me dit que ces représentations en famille sont charmantes et que la fille aînée du prince remplit les rôles de soubrette à ravir. On représente des vaudevilles, des comédies ; et parfois une chanteuse de l'Opéra vient terminer la représentation par une romance en vogue.

C'est dans cette salle que le prince royal a donné au mois de février dernier un grand bal costumé, — le premier de ce genre qu'on ait vu à Berlin. Tous les costumes étaient empruntés à la cour des Médicis. Le prince, habillé de velours rouge, portait la chaîne de l'ordre Brandebourgeois du *Cygne* ; la princesse royale avait adopté le costume de *La Bella* dans le tableau du Titien, au palais Pitti. L'empereur et l'impératrice, assis sous un baldaquin et entourés de caméristes et de pages portant les armes des Médicis, ont assisté au défilé. On a dansé la tarentelle au son des tambourins, et croqué des oranges à belles dents. Les parois étaient décorées de tapisseries, d'armes et de trophées italiens.

Les portraits du prince et de la princesse, décrochés de la paroi, sont posés provisoirement sur des chaises. Je reconnais à ces coups de pinceau veloutés la main fine et légère de Wintherhalter. Son Altesse Victoria est blonde comme une Allemande des bords du Rhin ; mais les yeux, le menton, le nez sont bien anglais. Le prince a la barbe pleine et presque rousse ; il est taillé en Hercule. La gravure et la photographie l'ont popularisé en uniforme de campagne, petite tenue, gourde en bandoulière et approchant des lèvres la pipe nationale au tuyau de corne et au foyer de porcelaine. L'expression de cette physionomie est douce au fond et ne trahit aucune pensée dont le repos des peuples puisse s'inquiéter. La reine Augusta a élevé son fils unique avec une sollicitude si tendre que ses maîtres militaires, même M. de Moltke, ne purent jamais contre-balancer l'influence maternelle. Son Altesse royale apprécie les lettres et les arts. Si elle ne s'oublie pas à des générosités de Mécène, elle ne dédaigne point de s'entretenir avec les philosophes et les poëtes. Sa table présente quelquefois une vague fantasmagorie de la table du grand Frédéric : on y voit des professeurs, des savants, des romanciers, des artistes, et l'on y discute comme dans une séance de l'académie des fumeurs. Le prince se tient au courant des publications nouvelles et lit les romans de M. Hector Malot. Souvent il lui arrive d'envoyer une invitation à l'auteur d'un livre qui l'a critiqué. « Quand le *Kronprintz* vient ici, me disait un gardien du musée de peinture, il demande un tabouret et reste assis des heures entières devant les toiles de Holbein. » La sollicitude platonique qu'il porte à la peinture, à la littérature et aux pompes à feu, il l'étend, mais d'une manière moins idéale, jusqu'à l'humble grain de blé qui germe dans le sillon et à l'asperge triomphante qui sort de terre comme une pointe de baïonnette. Son Altesse a envoyé à l'exposition agricole de Brême, qui a eu lieu en 1874, au mois de juillet, plusieurs échantillons de ses cultures. Ses navets ont eu l'honneur d'être couronnés avant lui. A cette occasion solennelle il a prononcé un discours dont voici un des passages les plus remarqués : « Qui voudrait nier, a-t-il dit, que la prospérité de l'agriculture profite à toutes les classes, que son épanouissement est indispensable au progrès de la civilisation, que dans les temps de trouble et de guerre, elle nous donne souvent la seule espérance dans un avenir meilleur? Je prie les exposants étrangers d'emporter dans leur pays la conviction que le désir de travailler au développement de la civilisation dans une paix stable n'est nulle part plus vif et plus sérieux que dans le nouvel empire allemand. »

Si le prince qui donne de telles assurances à la face de l'Europe avait dans les affaires politiques de l'Allemagne l'ascendant auquel il a droit, le chant des moissonneurs retentirait longtemps ininterrompu, et la Prusse forgerait des charrues au lieu de fondre des canons. Le duo de M. de Bismarck et de M. de Moltke a toujours étouffé le solo du prince de la couronne. De là des rivalités entre le fils de la reine Augusta et le terrible chancelier ; rivalités qui couvent sous la cendre, mais qui plus tard éclateront au grand jour.

Par ses idées religieuses et politiques, le prince se rattache à l'école dite libérale. Il a accepté la présidence du *Protestanten-Verein*, dont l'enseignement rationaliste aboutit à la négation de toute croyance. Son Altesse disait dernièrement à un pasteur orthodoxe : « Avouez franchement que notre Église a grandement besoin d'un petit courant d'air. » On considère son règne futur comme l'avénement de l'empire libéral et constitutionnel.

Les sympathies entre le prince Frédéric-Guillaume et le prince Frédéric-Charles, neveu de l'empereur, n'ont jamais été bien grandes ; leurs ressentiments personnels se sont toutefois atténués depuis leur célèbre jonction et leur rencontre inattendue sur le champ de bataille de Sadowa. Ces deux caractères, du reste, sont l'opposé l'un de l'autre. Le prince Frédéric-Charles aime le fracas des batailles et le grondement du tonnerre ; le prince Frédéric-Guillaume recherche les ciels bleus et étoilés, les grandes plaines pacifiques inondées de soleil, le bourdonnement des ruches et le babil des moulins. Tandis que son cousin passe des revues, il visite les écoles et s'amuse à poser son casque emplumé sur la tête des écoliers espiègles.

Les membres de la famille impériale ne passent pas pour avoir la repartie bien prompte. On cite un seul mot de Son Altesse, — et même ce mot est-il une phrase :

L'automne dernier, le prince alla faire une visite à l'un des principaux hospices de la capitale. Il soufflait un vent glacé, et le directeur, bon vieillard chauve comme un œuf, attendait, chapeau bas, monseigneur au milieu de la cour. Celui-ci, s'approchant rapidement, lui frappa sur l'épaule d'un air amical, et lui dit dans ce dialecte berlinois qu'il parle comme un enfant des faubourgs :

— Monsieur le directeur, remettez votre vieux couvercle, voilà deux cheveux qui pourraient s'enrhumer. (*Setzen sie doch den alten Deckel auf, sonst werden die paar Haare sich erkælten.*)

X.

LA MAISON DE BISMARCK.

La principale rue de Berlin n'est pas, pour le vrai Berlinois, la fameuse rue d'*Unter den Linden*, avec sa double rangée de tilleuls malingres, ses trottoirs exclusivement réservés à la milice de Mars et de Vénus, ses magasins qui ont des airs de boutiques, ses restaurants où la cuisine allemande poursuit une œuvre plus meurtrière que celle des fusils Mauser, et ses *conditorei* (confiseries) malpropres et dégoûtantes, qui tiennent lieu des cafés et des cabinets de lecture, aussi inconnus que la politesse et la probité, dans la « glorieuse capitale impériale. »

Pour le vieux Berlinois, la première rue de Berlin est la *Wilhem strasse*, la rue Guillaume, qui commence à la place de Paris et aboutit à la place de Belle-Alliance.

Sur ce parcours sont échelonnées les grandes usines politiques et administratives du nouvel empire : la chancellerie impériale, les palais du ministère de la justice, des travaux publics, etc. La rue a quelque chose de grave et de solennel; les chevaux y ralentissent d'eux-même le pas, et les Allemands, venus du septentrion et du midi, relevant la tête, se montrent fiers d'être Prussiens.

Mais c'est surtout en passant devant le n° 76 que les patriotes sentent leur cœur battre vivement pour l'unité germanique.

Ce chiffre n'a cependant rien de cabalistique; c'est tout simplement le numéro du palais du ministère des affaires étrangères, ou plutôt de la maison de M. de Bismarck. Cette lourde et massive construction à trois étages, sans apparence et sans autre ornement extérieur qu'un soldat montant la garde, n'a, en effet, du palais que le nom. Il faut être dûment averti pour s'arrêter et croire que celui qui l'habite tient en main les destinées de l'Allemagne et celles de l'Europe.

Le palais du fameux Strousberg, qui n'a pas exploité seulement les chemins de fer roumains, s'élève, dans le voisinage, à droite, imposant et superbe ; le parvenu de la finance semble jeter du haut de ses balcons richement sculptés un regard de commisération sur le parvenu de la politique, encore obligé de loger en garni dans une vieille masure de l'État.

A gauche, M. de Bismarck a pour voisin le descendant d'une des plus illustres familles catholiques de Prusse, le prince de Radziwill, chez l'intendant duquel la police a opéré des perquisitions immédiatement après l'attentat Kullmann. L'odeur de sacristie qui s'échappe de cet antique palais doit souvent donner la migraine au chancelier.

Aussi, ce printemps, en parlant de sa demeure, M. de Bismarck disait modestement à un ambassadeur étranger :

— Je suis comme Jésus sur le calvaire : entre deux larrons.

Un matin du mois de juin dernier, descendant *Wilhemstrasse*, j'aperçus la porte du n° 76 grande ouverte, comme à l'ordre d'un sésame mystérieux. Une tentation terrible s'empara de moi, je formai aussitôt le plan audacieux de m'introduire dans l'antre du lion. Il est vrai que je savais que M. de Bismarck avait dû partir dans la nuit pour Kissingen. La sentinelle s'était assoupie dans sa guérite et le portier du prince, qui se promène en tricorne et avec une canne de tambour-major, avait chastement tiré le rideau de sa loge.

Je pris mon courage et franchis hardiment ce seuil où

tant de ceux qui sont entrés ont laissé l'espérance. Au moment où j'allais monter l'escalier que gardent deux sphinx de pierre, symbole de la politique prussienne, il sembla qu'on me hélait du jardin. La perspective d'être arrêté comme un voleur ou comme un monsieur qui va déposer des torpilles pour faire une surprise au propriétaire, à sa rentrée au logis, ne me souriait nullement; je me dirigeai en toute hâte vers le jardin.

Ce jardin est plus qu'un jardin, c'est presque un parc. Le chancelier s'y promène quelquefois le soir, les mains derrière le dos, mais ce n'est pas pour rêver aux étoiles; car le lendemain il sort ordinairement en uniforme de cuirassier et va prononcer au Reichstag un de ces discours — retour du Sinaï.

L'homme que j'aperçus dans le jardin et qui ne m'avait point appelé était le jardinier. Ceux qui exercent cette profession innocente et parfumée sont de mœurs candides et point méchants; je m'avançai vers lui :

— Voilà un pauvre sycomore qui semble avoir aussi soif que vous, lui dis-je en me penchant vers l'arbuste, tout brûlé du soleil, auquel il donnait ses soins.

— Que voulez-vous? Ces arbres-là, ça ne vient pas ici. Des Allemands, établis en Amérique, l'ont envoyé au prince en 1872, le jour de sa fête. Drôle d'idée et drôle de bouquet! Aujourd'hui, ces mêmes Allemands lui envoient des huîtres, ce qui vaut mieux. Est-ce assez gentil, je vous le demande, de s'appeler M. de Bismarck? il ne se passe pas de semaine sans que le chancelier reçoive quelque cadeau. On dit que ça entretient l'amitié... Je le crois bien! Et puis, le prince a une manière à lui... quand il a envie de quelque chose... qu'il ne veut pas payer... Tenez, par exemple, le dernier jour de session du Reichstag, il rencontre les députés de Nordhausen, où l'on fabrique une eau-de-vie qui fait parler les morts... « Messieurs, enchanté de vous voir, leur dit-il avec son gros rire des dimanches... Vous allez bien et la petite famille aussi?... Et les affaires? Les distilleries de Nordhausen soutiennent-elles leur vieille réputation? J'ai bu autrefois de l'eau-de-vie qui sortait de leurs alambics... Elle avait un bouquet, une limpidité! — Excellence, s'empressèrent de répondre les députés, nous espérons être bientôt à même de vous prouver que nous marchons sur les traces glorieuses de nos ancêtres et que l'eau-de-vie de Nordhausen n'a pas autant dégénéré que le peuple français. » Deux jours après, un charmant petit barillet arrivait ici, avec une lettre d'envoi des principaux distillateurs de Nordhausen, suppliant le chancelier d'accepter cette faible marque de leur admiration et de leur sympathie. Et voilà comment le prince a de l'eau-de-vie qui ne lui coûte pas.

— C'est un grand homme! m'écriai-je en m'inclinant avec respect.

— Oui, c'est un grand homme! répéta le jardinier en se découvrant. Et ce qui le grandit encore davantage à mes yeux, c'est qu'il n'est pas fier. Il aime à s'entretenir avec les petites gens. Chaque fois qu'il vient au jardin, il me dit: « Eh bien, Franz, comment va le sycomore? » Il sait que je le soigne comme mon propre enfant, et que si le pauvre arbre dépérit, ce n'est pas ma faute. Tenez, c'est son Excellence qui a retourné la terre au commencement de cette plate-bande. « Franz, donne-moi ta pelle, » me dit-il un matin. Je lui passe la pelle, et il travaille comme un ouvrier, père de six enfants. L'automne passé, il a fait la même chose dans les environs de Berlin. Il s'approche d'un paysan qui fauche et lui demande sa faux; il ôte son habit, et en dix minutes il a tondu un grand morceau de pré. « On dirait que vous n'avez fait que ça toute votre vie, s'écria le paysan émerveillé. Quand le cœur vous en dira, ma faux est à votre disposition. » En cet instant un monsieur passa, reconnut le prince, et alla à lui, en le saluant par son nom. Le paysan faillit se trouver mal. Il a

14.

conservé pieusement pendant trois mois la faux tenue par le chancelier ; elle a été enfin achetée 300 thalers par le musée historique de Berlin. En voilà un qui a eu de la chance... Si le musée voulait des pelles...

— Nous allons faire, si vous le voulez, une affaire ensemble. Je ne demande rien à emporter, je ne demande qu'à voir...

— Tiens... mais ça me va...

— A voir les appartements du prince, contre bonne récompense.

Il réfléchit une seconde, mais je glissai dans sa main un billet de cinq thalers, et une minute après j'étais dans la place, sans échelles ni cordes, par un simple escalier de service.

Le premier objet qui frappa mes regards en entrant dans l'antichambre fut une caisse de bouteilles à destination de Kissingen.

— Cognac ! murmura mon guide en se pourléchant les lèvres comme sous le charme d'un récent et agréable souvenir.

On sait l'histoire qui courut les journaux en 1866. M. de Bismarck faisait ses préparatifs de départ, et le plus jeune de ses fils lui demanda d'un air attristé s'il serait longtemps absent. — « Je serai de retour dans une quinzaine, » répondit le chancelier. — « Oh ! papa, repartit l'enfant, je n'en crois rien, tu ne reviendras pas avant un mois, tu as dis à Fridrich d'emballer trente bouteilles de cognac. »

La première pièce, qui sert de salle à manger, est d'une extrême simplicité. On l'appelle la « salle chinoise », à cause de sa tapisserie en soie brochée, représentant des demoiselles des bords du Gange et des oiseaux fabuleux. Pas le moindre ornement, pas même un dressoir en bois de chêne. Le jardinier me dit, en me montrant un petit guéridon : « On met là-dessus chaque matin un petit poulet rôti et une bouteille de bordeaux, pour les visiteurs qui ont faim. C'est ce que madame appelle la table ouverte. »

La pièce attenante est la salle de billard, transformée aujourd'hui en musée des souvenirs. Le billard est recouvert de sa housse verte, et encombré de bibelots de toute sorte, de cadeaux de toute provenance, de diplômes de bourgeoisie d'honneur richement enluminés et encadrés. C'est un fouillis dont le désordre est loin d'être un effet de l'art. On dirait l'arrière-boutique d'un marchand de bric-à-brac. Trois objets valent seuls la peine d'être mentionnés : une réduction en bronze du célèbre monument de Frédéric le Grand ; le diplôme de la bourgeoisie de Hambourg, coulé en bronze dans un étui qui est lui-même tout un poëme ; et enfin une écritoire de 35 francs, en marbre noir, sur laquelle repose un lion mourant. C'est un présent que l'empereur fit au chancelier lors de sa maladie, l'hiver passé. « Il croyait que j'étais comme le lion, disait M. de Bismarck en montrant cette écritoire, avant son départ pour Kissingen. Dieu merci, je suis revenu à la santé, et Sa Majesté n'en est pas quitte encore des autres petits cadeaux qu'elle me doit. »

La troisième pièce, la plus curieuse, n'a que deux fenêtres, c'est le cabinet de travail du chancelier. Le bureau est fort simple, en acajou, garni de tiroirs. M. de Bismarck s'assied dans un fauteuil rembourré ; son secrétaire, qui se tient en face de lui, a une chaise de cuir. Que de diplomates se sont mis devant cette table comme devant un tapis franc, et ont perdu leur enjeu !

En face du bureau, au-dessus d'un bonheur-du-jour, le portrait de mademoiselle Jeanne de Bismarck, une superbe brune, à la chevelure opulente, aux grands yeux noirs, aux épaules un peu carrées, et que Mérimée, en parlant de madame de Bismarck, a peinte par le bas :

« Madame de Bismarck, écrivit-il de je ne sais plus

quelle ville de bains, a le plus long pied de l'empire, et mademoiselle sa fille marche dans ses traces. »

Esprit romanesque, elle s'éprit l'an dernier d'un jeune lieutenant qu'elle avait rencontré au bal, et qui, catholique de vieille roche, refusa la main de la jeune princesse, que lui offrait le chancelier lui-même.

Le cabinet de travail de M. de Bismarck n'a pas de bibliothèque. Il possède, par contre, une collection complète de pipes d'écume et de casquettes militaires à large raie rouge. J'ai aussi vu sur la cheminée un caisson de cigares de la Havane, à peine entamé. Entre la porte et le bonheur-du-jour, on remarque un choix de sabres et d'épées qui ferait honneur à un arsenal.

Des gants de peau de daim traînaient sur tous les meubles. Le sopha, qui occupe le fond du cabinet, est d'une largeur démesurée. M. de Bismarck a l'habitude de de s'y coucher pour lire les journaux après son dîner. A portée de la main, sur un petit guéridon, j'ai vu un journal russe (le chancelier parle très-bien cette langue) et une carte de géographie à demi déployée. J'eus l'indiscrétion d'y porter le regard et je reconnus la nouvelle carte d'Alsace-Lorraine, dressée par l'état-major allemand. Des croix à l'encre rouge indiquaient la place des nouveaux forts de Neuf-Brisach, de Thionville, de Strasbourg et de Metz. J'ai compté douze croix rouges autour de Strasbourg et six autour de Metz. On sait que 11,000 ouvriers sont employés en ce moment à Strasbourg, et 4,000 à Metz.

La chambre à coucher du prince est contiguë. Elle n'a qu'une fenêtre. Un paravent en soie bleue entoure un lit immense, véritable lit de famille.

Une petite table sert de lavabo. J'y ai remarqué une demi-douzaine de peignes et de brosses — beaucoup plus que de cheveux sur la tête du chancelier, qui n'en a que trois.

Nous rentrons dans le cabinet de travail pour passer au salon de madame de Bismarck. Ce salon est tout simplement un couloir orné de portraits de famille et meublé de canapés et de fauteuils en damas rouge. Les appartements de la princesse et de sa fille — deux modestes chambres ayant vue sur le jardin — donnent dans ce salon-couloir.

Dans la chambre de madame de Bismarck, un coffre-fort tient lieu de la traditionnelle armoire à glace. En montrant le sanctuaire conjugal à des musiciens saxons qui lui avaient donné une aubade et réclamé la faveur de visiter sa maison, le chancelier disait : « Vous le voyez, c'est ma femme qui tient la caisse; et je conseille à ceux d'entre vous qui sont mariés de laisser la bourse entre les mains de leur femme, c'est un moyen infaillible d'économie et d'épargne. »

La dernière pièce, la plus vaste, sert de salon de réception. L'ameublement est bourgeois, sans caractère, sans distinction. Pas un seul objet d'art, pas un tableau, rien qui parle à l'œil. Les étoffes sont fanées et montrent presque la corde. Plusieurs fois Guillaume IV a envoyé un tapissier à M. de Bismarck, mais celui-ci l'a mis à la porte. L'unique objet qui attire la curiosité, grâce à la lourde plaque de laiton qu'il porte, c'est la célèbre table sur laquelle la paix a été signée à Versailles. On en connaît l'histoire : comme M. D..., propriétaire de la maison où logeait M. de Bismarck, refusait de s'en dessaisir, le rusé chancelier en fit faire une toute pareille, et la substitua à la véritable, le jour de son départ.

En sortant du salon, mon guide me conduisit à droite et ouvrit une porte avec un grand air de majesté : « *Der Tanzaal!* » me dit-il, la salle de danse !

Cette salle de danse, dont les frises sont ornées de glaces, est une ancienne chapelle. Mais le chancelier a mis tant d'évêques en prison, qu'il ne doit avoir aucun scrupule de mettre des danseurs dans une église.

XI.

LA BOURSE.

Nous avons vu où sont nos drapeaux et nos canons; entrons aujourd'hui dans la caverne où sont enfouis nos milliards. La Bourse, comme l'Arsenal, résume l'histoire de la Prusse pendant ces vingt dernières années : dans cette terre ingrate et sablonneuse du Brandebourg, la prospérité matérielle ne peut être que le résultat de la prospérité militaire; et la Bourse, de même que l'Arsenal, est destinée aux dépouilles.

L'édifice s'élève derrière le musée, sur les bords empoisonnés de la Sprée; c'est encore une construction cyclopéenne, en style de château-fort, qui rappelle les *burgs* des chevaliers pillards le long du Rhin. Écumeurs de fleuve, écumeurs de rançon, c'est tout un; et il faut que la proie soit à l'abri derrière des murs solides. En voyant, par un clair soleil, cette façade toute rouge, on la dirait humide du sang transmué en or sur le champ des batailles. Ainsi, dans les vieilles légendes, l'enfant du meurtrier vient au monde avec une tache sanglante au front.

Au-dessus de la colonnade, un groupe du sculpteur Begas : la Borussia (la Prusse) prenant l'agriculture et le commerce sous sa protection. On dirait un Mercure d'opéra-bouffe donnant sa double bénédiction à Schinderhannes et à Ali-Baba. A l'entrée du vestibule, on a placé la statue colossale de l'empereur Guillaume, costumé, disent les *Guides*, en législateur. Mais ce n'est pas un rouleau de papier à la main qu'il faudrait à cette Majesté sévère c'est le fouet qui chasse les voleurs du temple.

La Bourse proprement dite se compose de deux vastes salles décorées de fresques, avec des galeries en arcades. Par un mécanisme ingénieux, les portes tournent continuellement sur elles-mêmes, et entraînent dans leur mouvement de rotation ceux qui ne vont pas assez vite. On se croirait emporté sur la roue de la fortune. Une buvette est installée dans chaque salle, et l'on voit les courtiers tenir leur carnet d'une main et un *sandwich* ou une saucisse de l'autre. Un coup de hausse est toujours suivi d'un coup de dent et d'un coup de vin; au commencement de l'ère des milliards, les bouchons de champagne tonnaient pendant toute la Bourse, comme une dernière fusillade contre la France. Ce qui frappe surtout l'étranger, ce sont ces rangées de stalles portant les noms des banquiers qui les occupent : Bleichrœder, Mendelssohn, Meyer-Cohn; l'édifice a un faux air de temple.

La Bourse s'ouvre à midi précis et se ferme à deux heures. Ce sont comme à Francfort, à Vienne, les mêmes cris confus, la même ménagerie attendant son repas, les mêmes hurlements et les mêmes contorsions. Mais nulle part l'effort n'est si grand pour happer au passage le morceau de banknote, nulle part la convoitise n'est si féroce, la soif de l'or si brûlante. La passion du gain s'est emparée de la capitale entière comme le diable d'une possédée. Si Asmodée, au lieu de découvrir le toit des maisons, s'amusait un jour à découvrir le crâne épais des Berlinois, il nous montrerait dans tous une combinaison financière, une pensée rapace et vénale. Les princes, les ministres, les hauts fonctionnaires rêvent de concessions, de marchés et d'entreprises où leur part sera grosse; les industriels, les marchands cherchent des falsifications savantes; les jeunes collégiens se livrent aux enchères des timbres-poste et aux combinaisons de la loterie. Tous, petits et grands, riches et pauvres, cherchent une proie et se lancent à la poursuite de la Chimère, dans la Forêt-Noire du gain et de la spéculation; depuis le diplomate qui sait à l'avance l'arrivée de la pluie ou du beau temps, jusqu'au *kellner* qui vous arrose de ses sauces quand les cours fléchissent, tous font voile vers le jardin des Hespérides, tous vont à la conquête de la toison d'or, ceux-ci sur les galères de l'État, ceux-là dans l'esquif léger des amours mercantiles; la plupart sur une planche ou sur l'épave d'un récent naufrage; tous enfin se hissent les uns sur les autres pour décrocher la lune et y passer comme à travers un cerceau de cirque, tous essayent de prendre les étoiles; — « les gentilles étoiles, comme dit le poëte, les jolies étoiles qui ressemblent aux ducats d'or. »

Combien errent de la sorte sur les marges du Code, et ont déjà disparu dans le gouffre! Il en tombe chaque jour. M. Wagener, malgré l'amitié puissante de M. de Bismarck, est tombé; sont tombés aussi le prince Putbus, Strousberg, Guistrop, et cent autres. M. Wagener, député, conseiller intime, revêtu des dignités les plus hautes, a été exécuté en plein Parlement par M. Lasker. L'affaire du *Grand-Central-Poméranien* a eu trop de retentissement pour qu'il soit nécessaire d'y revenir. Mais M. Wagener n'a pas perdu l'amitié de M. de Bismarck pour si peu; il est resté l'homme de confiance du chancelier; il est vrai que c'est M. Wagener qui a élaboré la loi d'expulsion contre les jésuites. N'a-t-on pas aussi accusé l'ex-ambassadeur allemand à Paris, M. d'Arnim, d'avoir fait insérer, dans un but de spéculations financières, la fameuse note relative à sa retraite?

Dans une brochure publiée par un ancien landrath, M. Diest-Haber, sous le titre caractéristique de *Plutocratie et Socialisme* (Geld macht und socialismus), on trouve des révélations édifiantes sur l'intégrité de quelques ministres et hauts fonctionnaires, morts dans la période de 1858 à 1864. M. Diest-Haber nous apprend que trois ministres se livraient à des manœuvres rien moins que délicates. Ils étaient associés à des banques, à des entreprises particulières ; ils faisaient au besoin suspendre les enquêtes de la justice contre des parents ou des amis soupçonnés de malversation. M. Diest-Haber n'avance pas un fait sans produire des pièces à l'appui. Deux journaux ont eu seuls le courage de reproduire quelques-unes de ces révélations accablantes ; la presse officieuse a « imité de Conrart le silence prudent. »

Le célèbre banquier Guistrop a été sauvé une première fois par ordre de l'empereur, qui lui a fait avancer trois millions par la Banque de Prusse. La statistique judiciaire indiquait, en 1871, dix-huit employés de l'État sous les verrous pour fraudes, détournements ou vols. En deux ans, ce chiffre a triplé, et que de fonctionnaires infidèles ont échappé à la justice en se déchargeant un coup de revolver dans la cervelle ! Déjà du temps de Vespasien, l'argent n'avait pas d'odeur ; mais il n'en eut jamais moins qu'en Prusse, où les âmes, dépouillées de tout sentiment religieux, sont essentiellement matérielles et vénales. Le président de la chambre des députés lui-même, M. Bennigsen, ancien homme d'État, Hanovrien rallié, n'a pas échappé aux allusions les plus transparentes. L'an dernier, la *Tribune* et la *Gazette du peuple* l'attaquaient très-vivement [1].

L'armée aussi a été atteinte. Au mois de décembre 1873, on arrêta un aide de camp d'un petit prince allemand. Cet aide de camp, qu'on avait oublié de doter après la campagne, avait voulu se doter lui-même. Il avait falsifié la signature de son maître, et pris quelque chose comme

---

[1] « De grands maux sont nés de la victoire, écrivait en 1872 le célèbre romancier Gustave Freytag ; l'honneur, la loyauté de la capitale souffrent cruellement. Tous sont pris de cette passion in-

300,000 thalers dans les caisses de l'État. Son Altesse, peu sérénissime ce jour-là, vint à Berlin réclamer ses beaux thalers, mais on l'invita à courir après.

L'exemple est parti de haut : la force primant partout le droit ; tant de trônes confisqués, de couronnes escamotées, sans souci de la justice ; tant de provinces formant la part du lion ; ce bouleversement complet des principes de morale les plus vulgaires ; ces traités déchirés comme de faux billets ; cette politique de ruse et de grands chemins devait fatalement trouver des imitateurs chez un peuple enclin par nature à la rapine.

Ces cinq milliards, tombant dans le casque de M. de Bismarck comme une dernière ponte de la Poule aux œufs d'or sous le fer meurtrier, ont fait perdre la tramontane à toutes les têtes allemandes. On crut à Berlin au retour des temps mythologiques, on s'imagina que la Sprée, nouveau Pactole, allait rouler des paillettes d'or, et que chacun n'aurait qu'à se baisser pour s'enrichir. Cette hallucination dura une année. On créa mille entreprises ; des sociétés sortirent de terre comme des champignons après la pluie ; on mit tout en actions, boucheries, brasseries, épiceries, rues, canaux, routes ; les maisons se vendaient à la Bourse, et, en deux heures, changeaient cinq ou six fois de propriétaire. En huit mois, le prix des immeubles fut doublé. Une maison à cinq étages se vendait un million. Les logements étaient cotés comme des valeurs de spéculation. Cinquante, soixante personnes se disputaient quelquefois une mansarde. On comptait en 1872 cinquante-cinq à soixante-cinq habitants par maison (les maisons de Berlin n'ont d'ordinaire que trois ou quatre

sensée du gain, de cette soif de l'or ; tous en souffrent : princes, généraux, hommes de la cour, hauts fonctionnaires ; tous jouent un jeu effréné, tous captent la confiance des petits capitalistes, tous abusent de leur position pour arriver à une rapide fortune. C'est un incendie. Les âmes s'affaissent. A la vue de cette corruption, il est permis de douter de l'avenir. »

étages), c'est-à-dire dix personnes par chambre. Les maçons amassaient des fortunes, travaillaient dix heures, sablaient le champagne dans des verres à bière, et se rendaient du chantier au restaurant en voiture. Un simple porteur de plâtre ou de briques gagnait cinq thalers par jour, 18 fr. 75 c. Des petits commis de banque, sans place et sans souliers aujourd'hui, paradaient en gants blancs aux premières loges des théâtres, et se payaient le luxe d'une danseuse italienne. L'argent était en rut, il sortait de toutes ses cachettes ; il se précipitait au-devant de l'or français pour se féconder à son contact, et produire une merveilleuse descendance de 50, 60 et 80 0/0. Au bruit lointain des wagons bondés d'or, portant l'estampille de la Banque de France, le sol frémissait et s'entr'ouvrait comme dans une féerie, et il en sortait des brasseries semblables à des palais ; des restaurants plus grandioses que des cathédrales ; des jardins enchantés où le parfum des fleurs et les sons de la musique se confondaient, l'hiver, dans l'atmosphère tiède et voluptueuse de vastes serres, et, l'été, au bord de cascades et de jets d'eau rafraîchissants.

Il fallait des lieux de divertissement et de plaisir à ce peuple qui criait comme Rome après la conquête des provinces : *Panem et circenses !* On construisit la *Kaisergallerie* avec ses dorures excentriques ; on créa le grand établissement, — l'unique au monde, — de la *Flora*, près de Charlottembourg, avec des salles à manger pour deux mille personnes, et une salle de bal s'ouvrant sur une serre peuplée de palmiers, d'arbres odorants et de bosquets de roses. Les sociétés d'actionnaires se disputaient à coups de millions les châteaux féodaux des environs de Berlin, pour les transformer en brasseries d'été, avec théâtre en plein vent, lacs et petits bateaux, montagnes artificielles, laiterie suisse, jeux de toute sorte. Mais cette vision des *Mille et une nuits* n'a pas duré une année. Les temples des plaisirs et des grâces sont en ce moment en faillite, et les huissiers ont saisi le carquois de Cupidon.

L'Allemagne entière, « cette nation de penseurs, » comme l'appellent ses philosopes, s'est laissé prendre à ce mirage trompeur. Les habiles se sont servis des milliards comme de miroirs aux alouettes. Cinq, dix affaires se montaient en une seule journée ; dès que les actions étaient souscrites, les administrateurs disparaissaient, et la caisse montrait son double fond. On échappait au contrôle en intéressant les gardiens de la loi. Enfin, on en vint à se demander s'il était prudent d'aller à la Bourse sans prendre un revolver dans sa poche. Des rixes éclataient à tout instant. On se colletait comme des garçons brasseurs. « Jamais, disait la *Tribune* du 1er août 1872, la liquidation n'a été aussi calme que cette fois-ci. Pas un soufflet n'a été échangé en pleine Bourse. Le syndicat n'a pas eu à intervenir pour cause d'injures. Le tableau noir qui, à la fin de chaque mois, contient le nom d'au moins un délinquant condamné à l'expulsion, est resté vide. »

Le chantage était à son épanouissement. Les gens honorables qui avaient le malheur de franchir le seuil de la Bourse recevaient le lendemain des lettres anonymes dans lesquelles on les menaçait de révéler certaines histoires de jeunesse ou des affaires concernant leur famille. Les chevaliers d'industrie avaient aussi recours aux annonces, renfermant des allusions que la victime pouvait seule comprendre. Parfois le but de ces lettres était simplement d'inquiéter un ennemi ou d'écarter un concurrent.

Au mois de mars 1872, on comptait à Berlin 688 sociétés par actions et en commandite ; à la fin de 1872, il y en avait à peu près 850. Les sociétés de construction figurent sur ce chiffre dans la proportion de 1 à 10. La guerre avait arrêté toutes les sources de prospérité de l'Allemagne. Quand coula le fleuve des milliards, il y eut, comme après la crue du Nil, un véritable printemps industriel ; mais la floraison trop hâtive n'a pas porté de fruits ; plantes et arbustes ont séché sur pied. Jetez un coup d'œil sur la cote de la Bourse. Qu'y voyez-vous à la colonne du dividende ? Des zéros qui ouvrent une bouche affamée.

« Les titres de plus de deux cents entreprises, écrivait en janvier dernier le *Volkszeitung*, ne sont plus côtés que nominalement. La classe moyenne, celle qui forme le noyau de l'industrie honnête et laborieuse, s'est particulièrement laissé duper par les spéculations d'aventure. Dure leçon, qui peut cependant avoir de bons résultats. L'expérience montrera à tous que le travail seul augmente la fortune particulière et nationale, et que les milliards attrapés dans un coup de filet ne sont propres qu'à produire l'oisiveté, à encourager le vol, à créer des besoins factices entraînant à la ruine. » La *Gazette de Voss*, poussant le même cri d'alarme, dit que l'année 1875 commence mal pour la situation économique du pays et que « l'Allemagne semble engagée dans une voie qui la conduit à la débâcle et à la ruine générale. »

Le gouverneur de la Banque prussienne constatait, dans un rapport publié le 1er janvier 1873, que les lanceurs d'affaires ont extorqué en deux ans plusieurs millions de thalers au public crédule. Si la France a payé chèrement sa défaite, l'Allemagne paye aujourd'hui cruellement sa gloire. La paix lui coûte plus que la guerre. M le député Schorlemer-Ast disait dernièrement au Reichstag, lors de la discussion de la loi sur le landsturm : « Les charges financières de l'empire deviennent, par ce système d'armement à outrance, écrasantes pour tout le monde ; les milliards que nous avons reçus sont déjà convertis en forteresses, en vaisseaux, en fusils Mauser et en canons ; le budget militaire est augmenté cette année de 49 millions de marcs : ce budget est le tonneau des Danaïdes : nous y jetons toutes nos ressources, toutes nos réserves, toutes nos économies, et jamais nous ne parviendrons à le remplir. Et c'est ainsi que le pays s'appauvrit. Montecuculli a posé les principes de la guerre : de l'argent, encore de l'argent, toujours de l'argent. C'est ce que l'on nous demande, au risque d'épuiser en peu de temps toutes nos forces vitales. »

L'empire, c'est le déficit. On a réussi jusqu'ici à équilibrer le budget au moyen des reliquats de l'indemnité de guerre et des contributions matriculaires des États incorporés. Mais la rançon se mange, et il est difficile et dangereux d'augmenter les impositions des petits États. M. de Bismarck, qui ne saurait faire payer trop cher le bonheur d'appartenir « au puissant empire », y songe cependant. Il est question de doubler les droits sur la bière et de frapper le tabac d'un impôt. Mais le jour où l'Allemand du Sud devra modérer sa soif, et où il ne verra plus la Prusse à travers les bleuâtres fumées de sa pipe, Berlin perdra tout prestige à ses yeux. Cette situation anormale est pleine de danger. Les contributions matriculaires pour 1875 ont été portées à 93 millions de marcs, dépassant de 26 millions la somme de l'année précédente. Le gouvernement éminemment moral de Guillaume Ier demande encore des ressources à la loterie. Celle-ci produit cinq à six millions de bénéfices nets. « Ces loteries, disait un jour un pasteur au roi, sont d'un bien mauvais exemple. — Vous vous trompez, répondit Guillaume, elles sont instituées pour punir déjà sur cette terre la cupidité de mon peuple. Le gros lot ne sort jamais. »

Le moment de créer de nouveaux impôts n'est cependant guère propice. Le commerce languit, l'industrie traverse une crise dont il est impossible de prévoir la fin. Les plaintes s'élèvent de toutes parts.

En 1872, l'importation a été de 1,087,400,000 thalers,

tandis que l'exportation n'a été que 773,500,000 thalers ; en 1873, nouvelle diminution : l'importation a été de 1 milliard 251 millions de thalers et l'exportation de 767,200,000 thalers. En deux ans seulement, l'Allemagne a payé à l'industrie et au commerce étrangers 797,300,000 thalers, soit 2 milliards 990 millions de francs. On réduit partout le salaire de l'ouvrier. L'industrie des canons est elle-même en souffrance. M. Krupp, « le roi du fer, » a annoncé à son peuple de forgerons qu'il abaissait la paye de 10 0/0, et que le premier qui regimberait serait expulsé de ses États. La plupart des grandes industries qui se sont fondées à Berlin depuis la guerre font leurs préparatifs de départ : elles retournent en province, où la vie est moins chère et où l'ouvrier a moins d'occasions de dépense. L'abaissement de la main-d'œuvre, voilà le seul moyen de salut. M. Camphausen, ministre des finances, a longuement étudié la question dans son dernier exposé financier, où il regrettait d'une façon si touchante l'exportation de ces « belles pièces d'or » du nouvel empire, prenant toutes le chemin des poches de la France et de l'Angleterre. « Il faut absolument, a dit M. Camphausen, que l'Allemagne produise à meilleur marché, si elle ne veut plus être tributaire de l'étranger ; il faut que nous devenions plus économes et plus laborieux ; mais avant tout, il importe de régler la question des salaires. Nous demanderons plus de travail à l'ouvrier, et nous le payerons moins. »

Quel beau thème pour les déclamations socialistes ! Comme ces paroles qui viennent d'être prononcées au Reichstag seront exploitées avec succès dans les réunions publiques de cet hiver ! Les grèves n'étant possibles que lorsque les demandes dépassent les offres, Berlin assistera sans doute de nouveau, comme en 1872, à une immense émigration ouvrière.

Les sociétés allemandes de navigation s'en féliciteront.

car elles aussi traversent une crise des plus dures. Le *Lloyd* a vu s'établir une ligne concurrente, et a dû abaisser le prix de passage de Hambourg et Brême en Amérique, à 30 thalers. Ses actions, à 169 thalers en 1872, sont descendues aujourd'hui à 60 thalers. Les actions du *Lloyd* de la Baltique ont été plus fortement atteintes ; elles sont à 17 thalers. Les paquebots qui s'en vont d'Allemagne ne trouvent pas de fret, tandis que ceux qui arrivent sont bondés de marchandises.

En sortant de la nouvelle Bourse j'ai voulu voir où était l'ancienne. Je me suis perdu dans un dédale de petites rues sombres et étroites, et j'ai fini par découvrir, blottis derrière le « Dôme, » les restes d'un modeste édifice, vieille et laide chrysalide de pierre d'où est sortie, déployant ses ailes de vampire au soleil des milliards, la Bourse actuelle. Dans cette pauvre rue maintenant déserte, le banquier Piebsch, ami intime du ministre Rolher, habitait un appartement qu'un cordonnier ne voudrait pas aujourd'hui. A travers les vitres d'un rez-de-chaussée, on apercevait vaguement le vieux Mendelssohn, fondateur de la maison, penché sur son grand-livre, grave et recueilli comme un patriarche lisant l'ancien Testament. Le nom de M. Bleichrœder, actuellement le premier banquier de Berlin, était presque inconnu. Les jeux de Bourse étaient dans l'enfance de l'art. On ignorait la signification de ces accouplements étranges : *Minerva-Verein, Pluto-Bergwerkgesellschaft. Borussia-Bergwerkgesellschaft, Fortuna-Action-Baugesellschaft*, etc., etc. On ne connaissait pas non plus ces sociétés pour l'achat de terrains qui n'existent pas, pour le percement des rues déjà percées, pour l'exploitation de mines de bitume dans les sables du Brandebourg. Ah ! c'était un heureux temps ; les vieillards vous en parlent avec une émotion attendrissante en frappant sur leur gousset vide. Berlin était alors une ville sans prétention, aimée de la jeunesse universitaire, qui y vivait à meilleur compte qu'à Iéna et à Tubingue. Peu de soldats dans les rues, mais beaucoup de figures gaies et réjouies, sur lesquelles se lisait le contentement du cœur et non les fluctuations de la Bourse. Le peuple s'en allait la chanson aux lèvres ; le communisme, le socialisme, étaient de l'hébreu pour les masses, et la haine et la convoitise ne brillaient point dans le regard du prolétaire. Il n'était pas réduit à se blottir au fond des caves, comme un animal avec sa nichée ; père de famille, il n'était pas de la chair à canon, et ses filles de la chair à plaisir.

Après la pluie d'or, Danaé est restée jeune et belle, et son corps éblouissant trône encore sur les draperies du Titien ; après la pluie des milliards, Dorothée s'est relevée épuisée et vieillie, et plus pauvre que lorsqu'elle allait, en robe de toile et en gros sabots, cueillir les glands sous les chênes où Hermann lui donnait rendez-vous.

XII.

L'UNIVERSITÉ.

L'Université de Berlin est apparue la dernière dans le monde scientifique allemand. Elle est de création moderne, comme le Musée et l'Opéra. Frédéric-Guillaume, son fondateur, vit qu'on en pourrait tirer des soldats, et il en décréta la construction comme on décrète celle d'une caserne. Inaugurée en 1810, au milieu des abaissements et des détresses de la patrie, elle exerça aussitôt une immense influence morale et politique. Les baïonnettes françaises n'intimidèrent pas les hommes qui s'étaient donné pour mission de sauver l'Allemagne, en faisant appel à la jeunesse. La chaire des professeurs se changea en tribune. Le philosophe Fichte paraphrasa dans ses *Discours à la nation allemande* les chants de Kœrner : « Le Dieu juste est avec nous ; hurrah ! frères, sus à l'ennemi ! Hurrah ! affranchissons le Rhin, notre père. Hurrah ! vengeons notre mère, l'Allemagne ! » Tous ces philosophes, ces savants, réveillaient la jeunesse, la poussaient à l'action, soufflaient l'enthousiasme dans les cœurs, prêchaient la croisade de la délivrance. Ils formèrent dans le temple de la science ces volontaires déterminés qui, se plaçant au premier rang des batailles, entraînaient les vieux soldats par leur exemple. Il y a quelque chose de grandiose et de sublime dans cet élan de la jeunesse allemande en 1813. La parole de quelques professeurs créa une armée plus disciplinée et plus résolue que celle qui venait des champs de manœuvre.

L'Université de Berlin a conservé son caractère d'enseignement national et guerrier. On y prépare les conquêtes morales qui précèdent ou qui suivent les conquêtes matérielles. Les leçons d'histoires, de philosophie, proclament la supériorité de l'Allemagne, entretiennent dans les cœurs une patriotique émotion, font vibrer les grandes cordes. On intéresse avant tout la jeunesse à la chose publique, on l'instruit de ses devoirs envers l'État. Dans ce sanctuaire d'étude et de science, l'État est placé sur l'autel, et on apprend, sinon à l'adorer, du moins à le respecter. C'est une image sainte ; et le culte de l'État fait ouvertement concurrence au culte de Dieu. Groupés au pied de l'idole, parmi les grands prêtres les plus illustres, on voit M. Mommsen, M. Virchow, M. Buchner, M. Gneist, M. Dubois-Reymond, le savant helléniste Curtius, le fameux égyptologue Lepsius, l'historien Duncker, le professeur de physique Helmholtz.

M. Mommsen s'est fait depuis la guerre le grand falsificateur de l'histoire au profit de la propagande prussienne. Il est l'ancien collaborateur de Napoléon III. Il figurait, avec beaucoup d'autres de ses compatriotes, sur la liste civile, pour un traitement de 10,000 francs. Dans la crainte, sans doute, que les petits papiers des Tuileries ne vinssent à être publiés, il prit, en 1870, l'initiative d'une pétition demandant au roi Guillaume, assiégeant Paris, « le bombardement immédiat et sans pitié de la capitale de la corruption universelle, de la Babylone moderne. » La paix se fit. Paris était resté debout, Paris avait encore de l'argent dans ses caisses. M. Mommsen n'y tint plus : jaloux de ceux qui étaient revenus avec des dotations ou des pendules, il voulut avoir sa part de rançon : il n'avait pas demandé pour le roi de Prusse, à la face du monde, le bombardement de Paris. M. Mommsen prit donc sa plus belle plume, et écrivit à un savant français, que nous pourrions nommer, pour lui demander si l'Académie des inscriptions ne pourrait pas lui continuer son traitement de dix mille francs. Comme la réponse se faisait attendre, M. Mommsen publia un long article, sous le titre : *Après la guerre*, dans lequel il exhortait les savants allemands et étrangers à la concorde et à l'oubli des haines internationales. « Il faut pardonner aux Français, s'écriait-il, ils ne savaient pas ce qu'ils faisaient, *c'est un peuple de crétins !* »

Mais M. X... ne répondant toujours pas, M. Mommsen lâcha alors une nouvelle bordée contre la France, dans une brochure destinée à « prouver » que « l'Alsace et la Lorraine sont des pays complétement allemands. »

M. Mommsen, comme M. de Moltke, est d'origine danoise. Il est maigre, bilieux ; son débit est désagréable et sec : il ne parle pas, il mord.

M. Virchow, qu'on appelle le « savant aux trichines, » parce qu'il a naguère jeté l'alarme dans la charcuterie allemande, occupe la chaire de physiologie. Si M. Virchow, dont on a traduit quelques ouvrages en français, nie l'existence de Dieu, il nie aussi celle du diable. Il semble même qu'il a des griefs personnels contre l'enfer : car, pour en bien démontrer l'absurdité, il donne sur ce sujet brûlant des conférences « à l'usage des deux sexes. » « Il faut être un pasteur de Mecklembourg, disait-il dernièrement, pour croire encore au prince des ténèbres. » M. Virchow en veut également à Louise Lateau, la stigmatisée. Au congrès des physiologistes tenu en 1874, à Breslau, il a traité de folle cette voyante. Les catholiques ont organisé une souscription pour payer le voyage du professeur jusqu'à Bois-d'Haine ; mais M. Virchow a refusé de se déranger. Ses doctrines le rattachent au parti démocratique. Les « perruques » s'opposèrent longtemps à sa réception à l'Académie de Berlin. Avant d'avoir été touché par les effets de la grâce et de revenir sur le chemin de Damas, il disait aux révolutionnaires de 1848 : « Je connais une famille dont le grand-père a eu un ramollissement du cerveau ; le fils a un endurcissement du cerveau ; le petit-fils n'a pas de cerveau. » Guillaume Ier a prouvé depuis lors qu'il en avait cependant un peu, car il a tout oublié, — et M. Virchow aussi.

A côté du démocrate apprivoisé s'agite la personnalité banale de M. Louis Buchner, auteur d'un livre connu en français sous le titre de : *Force et Matière*. M. Buchner s'est accroché aux basques de Vogt, Moleschott, Darwin, et en grimpant sur les épaules de ses devanciers, il a donné la meilleure preuve de son système, d'après lequel l'homme remonte au singe. M. Buchner, qui vise également à la popularité, et cherche à dissiper les épais brouillards de l'ignorance, fait des conférences spécialement réservées aux hommes, où l'on entre comme dans les cabinets secrets des musées d'anatomie.

M. Rodolphe Gneist, professeur de droit, auteur de l'*Histoire de la Constitution anglaise*, après avoir été, en 1864, l'adversaire acharné du gouvernement prussien, a trouvé le soleil de Sadowa si beau qu'il est subitement tombé à genoux. Avant cette conversion miraculeuse, M. Gniest regrettait le moulin de Sans-Souci, rappelant le bon temps où Berlin avait des juges ; il accusait la magistrature prussienne de servilisme et de vénalité. Aujourd'hui, M. Gneist est député, et il vote avec enthousiasme les fonds secrets destinés aux « reptiles, » c'est-à-dire aux journaux qui défendent la politique du chancelier. M. Gneist est, de plus, conseiller municipal : il est à la tête du parti des « Vieux » ou des *brahmines*, et dernièrement, dans la grande salle de l'hôtel de ville, il s'est attiré de la part du chef du parti des « Jeunes » ou de la *Montagne*, les épithètes d' « homme fossile » et de « mastodonte. » Les Jeunes de la Montagne sont des communards en herbe.

M. Dubois-Reymond s'est fait une spécialité de la haine de l'Allemagne contre la France. C'est lui qui, depuis dix ans, a dirigé la meute et préside aujourd'hui à la curée. Il insultait la France dans son triomphe; il piétine sur son cadavre. Ses anathèmes ont fait ses succès. Il a une grande insolence d'expressions. Sa parole est une fronde. Il voudrait, comme Néron, que le peuple français n'eût qu'une tête, pour qu'il soit plus facile à M. de Bismarck de l'abattre. Ses auditeurs eux-mêmes l'ont surnommé le « mangeur de Français, » *der Franzosen Fresser*.

Si M. Dubois-Reymond ne fait souvent aucune différence entre un Français et un Peau-Rouge, il reconnaît cependant à la langue de Racine et de Voltaire des qualités que n'a point la langue de Gœthe et de Schiller. Il a prononcé l'an dernier un discours fort éloquent pour réclamer la création d'une Académie de langue allemande, chargée comme l'Académie française de fixer les règles du style, de veiller à la pureté des expressions, et d'écarter tous ces mots étrangers qui sont des scories. « L'honneur rendu au mérite littéraire par l'admission à l'Académie, disait-il, excitera une noble émulation parmi les écrivains, et, peu à peu, à l'indifférence coupable pour la forme, au dédain barbare que nous avons pour quiconque se donne la peine de bien écrire, succéderait la recherche de la perfection et le sentiment de la dignité de notre langue. »

L'Académie rêvée par M. Dubois-Reymond reste encore à fonder; en attendant, ses conseils sur l'épuration de la langue ont été suivis avec une patriotique ardeur. Tous les mots français qui servent en allemand aux commandements militaires et à la désignation des choses de guerre, comme: *March, Kanon, Redoute, Artillerie, Fusili, Etape*, ont été remplacés dans les publications récentes par le vrai terme allemand. M. Stephan, directeur des postes, a également banni de son administration tous les mots étrangers. Il est maintenant défendu de mettre sur les enveloppes de lettres : *Post restante*, il faut écrire : *La-*

gernde Post; on ne dit plus *recommandirt*, mais *eingeschrieben*.

On ne se figure pas la quantité d'expressions françaises qui ont cours en Allemagne. Le premier étage d'une maison s'appelle : *das bel-étage;* le rez-de-chaussé, *das parterre* ; un cadeau en argent, *die douceur ;* un magasin de comestibles, *Delicatessen-Handlung ;* un honnête homme, *ein solider Mann ;* on dit aussi *das is fatal* pour : il est fâcheux, etc. [1]. C'est aux colons français que l'Allemagne doit ces singuliers accouplements. Moabit, au nord-est de Berlin, est un village fondé par des proscrits de l'édit de Nantes. Au commencement de ce siècle, ils formaient encore le cinquième de la population berlinoise. Ils ont conservé dans la capitale leur église, leurs écoles et leur collége, et parlent un français invraisemblable, émaillé de germanismes et de locutions du dix-septième siècle. La plupart portent des noms surannés, comme l'Œillet-de-Mars, l'Arronge, l'Allinge, l'Heureux.

M. Dubois-Reymond est lui-même le descendant d'une ancienne famille française, fixée d'abord dans la principauté prussienne de Neuchâtel. M. Michelet, professeur à l'Université, qui célébrait l'an dernier le cinquantième anniversaire de son doctorat, est aussi d'origine française. C'est le dernier représentant de l'hégélianisme en Allemagne. Ancillon, qui fut professeur à l'Académie de Berlin, était le fils d'un pasteur de Metz ; il devint premier conseiller de l'instruction publique, premier conseiller des affaires étrangères, et exerça une influence prépondérante dans le cabinet. M. de Savigny fut professeur de droit ; il remplit de 1842 à 1848 les fonctions de ministre de la justice. Le poëte Chamisso, le romancier Fouqué, le baron

---

[1] Déjà dans les *Niebelungen* on trouve *aventiure, cheminate, chovertiure* (couverture), *mord* (mort), etc. Les Hohenstauffen avaient appelé à leur cour des poëtes provençaux, et les Minnesængers avaient appris d'eux la langue d'oc.

de Reumont, Clément Brentano, le chef de l'école romantique, le comte Brassier de Saint-Simon, le comte Renard, le premier des sportsmen allemands, et quantité d'autres célébrités littéraires et politiques, sont de souche française. Mais, fils ingrats d'une mère ingrate, ils ne se souviennent du doux ciel de France que pour le maudire. Ils ont contre nous la haine du néophyte et du sectaire. Lorsque Guillaume Ier rentra à Berlin avec la pourpre et la couronne de Barberousse, la colonie franco-allemande voulut lui voter une adresse spéciale d'obéissance et de fidélité. Les journaux prussiens firent comprendre à nos anciens compatriotes que cet excès de zèle était superflu.

Ce n'est pas dans une capitale comme Berlin, où l'étudiant est perdu comme un grain de sable dans la mer, qu'il faut venir étudier la république académique, s'initier à ses mœurs encore si originales et si curieuses, et consulter les pages de son histoire. Les étudiants berlinois n'ont jamais chanté en heurtant leurs verres ce refrain que les échos de Leipzig, d'Iéna, de Tubingue, de Heidelberg et de Munich sont habitués à répéter : « Trinquez! Vive le prince régnant! Hurrah hoch! Il a promis de sauvegarder le vieux droit; et nous promettons de l'aimer loyalement. *L'étudiant est libre!* Hurrah hoch! »

Chaque année les étudiants de Berlin célèbrent leur *Kriegs-Commers* [1] en souvenir de leurs compagnons morts pendant la dernière guerre. M. de Moltke n'a jamais manqué jusqu'ici d'assister à ces réunions belliqueuses où la jeunesse allemande s'épuise en toasts à l'empereur, au

---

[1] On appelle de ce nom les *gueuletons* académiques qui ont lieu dans certaines brasseries, à huis clos, à toutes les occasions solennelles. On boit de la bière à en rester ivre pendant trois jours, on fume comme des volcans, on mange de la viande fumée, on chante des chansons plus licencieuses que patriotiques, et dans les discours on ne manque pas de pourfendre « l'ennemi héréditaire. » Voilà, en trois mots, un *commers* d'étudiants.

prince royal, à M. de Bismarck. L'année dernière le feld-maréchal, rompant ses habitudes de silence, répondit à l'étudiant qui avait bu à sa santé : « Je vous remercie, messieurs, du vivat que vous avez fait entendre en mon honneur et de la part que vous voulez bien m'attribuer dans le succès des armes allemandes. Il est facile d'entreprendre une campagne quand on peut espérer la victoire. Cette victoire, l'Allemagne la doit à sa brave armée, à sa jeunesse patriote et dévouée dont je vois ici les représentants, à cette jeunesse qui a montré un courage viril dans des combats sanglants, qui a trempé sa force dans les luttes ardentes. Vous avez, messieurs, une longue carrière devant vous; la patrie compte sur votre appui, soit qu'elle ait encore à soutenir des combats, soit qu'elle doive jouir des biens acquis et les consolider par un travail pacifique. Je bois à la jeunesse allemande : elle est l'espoir, la confiance et l'orgueil du pays. »

Jadis, l'université de Berlin était célèbre. La vie était facile, les logements nombreux et à bon marché. Les étudiants affluaient. Mais depuis que la « capitale de l'intelligence » s'est changée en capitale de la guerre et des milliards, les fils des Muses s'en sont allés vers les montagnes vertes de la Thuringe et sous les grands bois du Palatinat ; là, les sources de la science jaillissent encore fraîches et pures, le titre de *studiosus* est un titre d'honneur, et l'étudiant est non-seulement libre, il est roi [1].

---

[1] L'Université de Berlin compte 178 professeurs dont le traitement varie entre 1,500 et 10,000 francs. Le programme des études comprend 335 cours, dont 44 de philosophie, de philologie ou de littérature, 83 de sciences, 37 de théologie, 61 de droit et 110 cours de médecine. Le nombre des étudiants est d'un millier environ, il était de quinze cents avant la guerre.

XIII.

LES ÉCOLES.

Nous sommes malheureusement habitués en France à nous payer de mots. Une phrase sonore et bien tournée est sûre de son chemin ; elle passe à l'état d'axiome, et chacun se sert de cette pièce fausse comme d'une monnaie courante. Ainsi, il a suffi qu'un doctrinaire nous dise un jour : « Nos véritables vainqueurs sont les maîtres d'école prussiens, » pour que nous ayons tous approuvé en chœur, avec autant de discernement que le gendarme de Nadaud. Nous avons même été plus loin : nous avons déclamé contre notre système d'éducation, et nous en sommes venus à nous persuader qu'un régime scolaire à la prussienne est seul capable de régénérer la nation.

Ceux qui pensent ainsi ont pour excuse, il est vrai, de n'avoir jamais franchi le seuil d'une école des bords de la Sprée. Un Allemand, M. Karl Vogt, touché de tant d'ignorance, a cependant cherché à nous éclairer, et voici le tableau de l'instruction publique en Prusse qu'il traçait l'an dernier :

« Quoi! on prétend que c'est le maître d'école qui a remporté la victoire de Sadowa, et le professeur celle de Sedan! Mais quand on va au fond des choses, on voit bientôt que les établissements d'instruction de la Prusse sont bien loin d'approcher, je ne dirai pas de ceux de la Saxe et du Wurtemberg, mais de ceux de Bade et de ceux de la Hesse. Tous ces pays sont supérieurs à « l'État de l'intelligence » par leurs écoles primaires, leurs gymnases, leurs écoles réelles, leurs établissements techniques et leurs universités. *La Prusse est, de toute l'Allemagne, le pays qui compte le plus d'habitants incapables de lire et d'écrire.* Les séminaires prussiens (protestants) sont des modèles d'écoles d'abrutissement, grâce à leur mélange de discipline piétiste et militaire. Le sac de voyage que le jeune Prussien reçoit pour sa course à travers la vie est à peu près vide, comparé à celui du jeune Saxon. En fait d'universités, Leipzig a dépassé de beaucoup Berlin ; Munich ne le cède en rien à la ville impériale, et Gœttingue, autrefois rivale de Munich, est atteinte d'une phthisie incurable depuis qu'elle est sous le casque prussien. »

Cette peinture peu flatteuse prouve une fois de plus qu'on n'est jamais mieux trahi que par les siens. Toutefois, elle a le mérite d'être fidèle. Ce qui tient l'école prussienne dans une infériorité notable vis-à-vis des autres écoles allemandes, c'est le manque, la disette d'instituteurs. Le ministre redouble en vain d'efforts, la jeunesse se détourne également du professorat et du sacerdoce. Qu'en résulte-t-il ? On est obligé de fabriquer des instituteurs à la vapeur, comme on fabrique chez nous les bacheliers ; on leur donne un vernis qui ne tarde pas à s'écailler. On envoie enseigner la jeunesse ceux qui sortent à peine de l'adolescence.

Avec leurs piles de livres, leur étalage de systèmes, les Allemands nous ont toujours jeté de la poudre aux yeux. En les voyant accumuler traités sur traités, nous en avons conclu qu'ils sont les premiers éducateurs du monde, car ils ont au moins autant écrit sur l'art d'élever les enfants que sur l'art de tuer les hommes.

L'instituteur allemand est peut-être plus érudit que l'instituteur français ; il sait plus de textes, il connaît plus de sources, mais la moyenne de ses élèves n'est pas supérieure à celle de nos écoles. Le jeune Allemand est toutefois plus studieux que le jeune Français, et cela se comprend : il saisit moins vite. Il est acharné au travail : aucune difficulté ne lasse sa patience. Aussi, on rencontre des écoliers sans le plus léger duvet et qui ont déjà l'apparence d'hommes mûrs. Sur dix, il y en a huit qui portent des lunettes. A douze ans, ils ont réglé le plan de leur vie, et il est rare qu'ils ne le remplissent pas exactement. Ils se disent : « A dix-huit ans j'aurai fini mes études de gymnase, j'entrerai à l'Université, où je resterai trois ans ; j'en sortirai avec le titre de docteur en médecine ou de docteur en droit, je m'établirai ; à vingt-cinq ans, je serai marié, et à quarante, grand-père. » Ce peuple a une qualité essentielle : il calcule tout à l'avance, il prévoit.

Les enfants sont de petits hommes ; ils n'ont rien de notre gaieté enfantine, bruyante, tapageuse ; on les dirait déjà accablés sous le poids des soucis de l'avenir. Ils raisonnent comme au théâtre et sont tout préparés pour le monde. Cela tient sans doute à la liberté dont ils jouissent. En Allemagne, les internats sont inconnus. Les parents qui envoient leurs enfants au chef-lieu les mettent en pension dans une famille ou en garni dans une maison de confiance. Les autorités scolaires ne s'en inquiètent pas. Chez nous, il faut des formalités, il faut un correspondant ; ici, rien de tout cela. Les jeunes gens font de la sorte de bonne heure l'apprentissage de la vie, et je dois convenir qu'ils abusent rarement de la confiance qu'on leur témoigne. Ils sont sages ; ils ne s'accordent de plaisir que le soir, en allant à la brasserie, et le dimanche, en allant à la promenade. Ce n'est pas de la vertu ; ces habitudes calmes sont dans la nature apathique et lourde de l'Allemand.

Si cette race avait le tempérament plus fougueux, plus

remuant, l'enseignement, tel qu'il se donne dans les écoles primaires prussiennes, serait impossible. Les instituteurs de village, par exemple, montrent aux élèves, au commencement de la leçon, le portrait de l'empereur, et leur demandent : « Qui est-ce ? »

Ils doivent répondre en s'inclinant :
— C'est Sa Majesté l'empereur !
— Que lui devons-nous ? reprend l'instituteur d'un ton grave et convaincu.
— Nous lui devons obéissance, fidélité et respect ; nous lui devons tout ce que nous avons et tout ce que nous possédons.

Au bout de quinze jours de cet exercice, que ferait le Français « né malin ? »

Jusqu'ici, le clergé gênait quelque peu le gouvernement dans l'application de son nouveau catéchisme ; c'est pour l'obliger à se retirer de l'école que le Reichstag a voté, l'an passé, la loi sur l'inspection scolaire.

L'État régnant désormais seul en maître peut former, au gré de César, des esclaves ou des soldats.

Tout converge, dans l'enseignement, vers ce but unique : la soumission aveugle, absolue au pouvoir. On ne parle presque jamais de Dieu, de crainte qu'il ne porte ombrage à l'empereur. En étudiant de près ce système d'éducation, on arrive à se demander si le patriotisme des Allemands n'est pas un produit factice, résultant d'une exaltation d'imagination soigneusement entretenue dès l'enfance.

L'enfant sait à peine bégayer, qu'on lui apprend déjà à prononcer les noms des vainqueurs de l'étranger ; et il n'a pas encore sali sa première culotte, qu'il est déjà coiffé d'un képi militaire. Demande-t-il un jouet ? on lui achète un sabre ou une trompette. Les chants patriotiques terminent la classe, comme autrefois la prière ; la nation allemande est saluée dans ces strophes comme la nation sainte, chargée de remplir une mission providentielle sur la terre. L'enseignement de la géographie contribue à affermir et à développer ces sentiments : les maîtres, en promenant leur baguette sur la carte, enclavent dans l'empire germanique tous les pays « où l'idiome teuton résonne. »

La falsification de l'histoire marche de pair avec la falsification de la géographie ; on n'y désigne la France que sous le nom de « l'ennemie héréditaire ; » les agressions ne sont jamais venues que de sa part, et son nom évoque toujours le spectre de la revanche.

Je n'ai pas encore eu occasion de visiter une école de campagne, mais il doit s'y passer des choses curieuses, si l'on en croit les journaux de Berlin ; ils annonçaient dernièrement que M. Falk, ministre de l'instruction publique, avait ordonné de faire pendant l'hiver de la « botanique nationale, » et de commencer ce printemps la « botanique biblique, » d'après l'Histoire Sainte. Les journaux berlinois ajoutaient avec raison que c'était mettre la charrue devant les bœufs, et qu'il eût été infiniment plus logique d'étudier la flore allemande, quand on la trouve antour de soi, à sa portée, brillant dans toute sa grâce et sa fraîcheur.

Depuis que la surveillance des écoles est passée aux mains des fonctionnaires de l'État, les maîtres ont également reçu un certain nombre d'exemplaires d'un *Recueil de chants*, pour les distribuer aux enfants des premières et secondes classes. Parmi ces chants du nouvel empire, il y en a que je n'ose pas citer ici. Plusieurs couplets se terminent par des refrains de ce genre : « Vivent les femmes, les chants et le vin ! » Le numéro 16 renferme cette strophe : « Couronnez de fleurs mon gobelet bien-aimé et videz-le, vous ne trouverez pas dans toute l'Europe pareil vin, messieurs les buveurs ! Louez, louez les vignes du Rhin. La vie ne saurait être plus belle dans le ciel que sur ces bords : partout la joie, le chant et le vin ! »

Qu'on ne s'étonne plus après cela des progrès du matérialisme chez ce peuple que nous avons connu autrefois si idéaliste et si poétique. C'est par des chants semblables qu'on éveille les appétits de la brute et qu'on prépare la jeune génération à aller « vivre comme des dieux en France, » selon une expression devenue proverbiale en Allemagne, depuis la dernière guerre.

Cette esquisse serait par trop incomplète si je négligeais de vous conduire dans un *Kindergarten*, un jardin d'enfants. Il y en a trente-cinq à Berlin, dont sept fondés par la *Société des dames berlinoises*, huit par la *Société pour l'éducation des familles*, quatre par des sociétés d'arrondissement, et seize qui sont des entreprises privées.

Nous n'avons que l'embarras du choix ; allons, si vous le voulez bien, dans un quartier populaire, quelque chose comme notre Belleville, *Sophienstrasse*[1], n° 15. Il est nécessaire de prendre une voiture, car nous ne nous retrouverions pas dans ces labyrinthes de rues qui forment les faubourgs de Berlin.

Des Linden, nous filons à gauche ; nous passons devant la synagogue, le seul édifice religieux digne de ce nom dans la capitale impériale : ses dômes bulbeux et recouverts de lames d'or font un singulier effet sous ce ciel terni et voilé. Nous traversons la Sprée sur un mauvais pont de bois, et nous nous enfonçons dans une longue rue à l'aspect sordide, mal pavée, pleine de puanteur. Des troupeaux d'enfants à demi nus pataugent dans l'eau croupissante du ruisseau. Aux fenêtres, des hardes qui sèchent au soleil. A travers les soupiraux des caves, des figures de femmes pâles et souffreteuses, travaillant à de durs ouvrages ; les lits sont pressés les uns contre les autres ; il y a à peine place pour une table et une chaise. Nous

---

[1] Rue Sophie.

lisons sur plusieurs portes cet avis tracé à la craie, d'une main inhabile : « *Lits à louer.* » Il est d'usage que les familles pauvres, dans le but d'alléger leur loyer, introduisent un étranger au milieu d'elles, pour la nuit seulement ; on le fait coucher dans la chambre de famille, la seule du logis ; habitude immorale qui conduit presque toujours à la promiscuité.

A l'entrée d'autres caves, nous lisons : *Kaffé,* — *Bier* et *Billards français!* Des hommes vêtus d'un pantalon et d'une chemise sont attablés dans ces trous et boivent ensemble, au même verre, une bière blanche, aigre comme du cidre gâté.

La file des maisons se prolonge à l'infini et le même spectacle se renouvelle sur la longueur d'un kilomètre. Enfin, la voiture s'arrête, nous sommes arrivés en face d'une grande maison jaune dont la cour est occupée par une brasserie. A droite un écriteau : *Kindergarten.* Nous frappons.

Une jeune dame nous ouvre et nous introduit sans cérémonie. La classe est commencée ; elle dure de neuf heures à midi, et de une heure à quatre heures.

Les petites filles et les petits garçons sont assis pêle-mêle, en demi-cercle, devant des tables basses, dans des poses à ravir un peintre. Ils ont bonne mine et sont propres ; mais ni dans leurs mouvements, ni dans leurs regards, ils n'ont la vivacité et l'espièglerie françaises.

— C'est la sous-maîtresse qui me remplace aujourd'hui, nous dit notre introductrice : je souffre un peu de la gorge ; veuillez m'excuser de ne pas vous faire moi-même les honneurs de l'école.

Nous vîmes une jeune fille de manières distinguées, modeste et douce, de dix-huit à vingt ans, qui se tenait au milieu de la salle avec un bouquet à la main.

— Qu'est-ce que je tiens? demanda-t-elle à son auditoire de têtes blondes.

— Un bouquet! crièrent les enfants en chœur.

La sous-maîtresse choisit ensuite une fleur, et, la promenant devant les petits écoliers, elle leur dit :

— Connaissez-vous cette fleur ?

— C'est une marguerite !... c'est un œillet !... une tulipe ! répondirent trente bouches naïves et empressées.

— Ce n'est rien de tout cela..... Réponds, Jean.

— C'est une mauve.

— Bien, c'est une mauve. Regardez-la bien, car il faudra la reconnaître... Maintenant, répétez tous le nom de la fleur.

— C'est une mauve! dirent d'une seule voix les quarante élèves.

Le bouquet tout entier y passa ; puis, comme les exercices ne durent jamais plus de dix minutes, la sous-maîtresse entonna un chant.

C'était plaisir de voir ces frais enfants imiter avec une gravité comique le mouvement d'ailes des oiseaux ; ils agitaient leurs petits bras nus en répétant : « L'oiseau vole — vole dans les airs — en chantant ! » D'après la méthode Frœbel, le chant n'est pas seulement un exercice gymnastique : car après avoir imité l'oiseau, on imite le soldat qui se défend, le cheval qui galope, le cordonnier qui coud la semelle ; c'est encore un exercice de mémoire et un moyen de former le cœur. Certains de ces chants se composent en effet d'une maxime morale, d'une pensée religieuse qui pénètre dans l'âme de l'enfant et y germe comme une semence de vertu.

La classe se divisa ensuite en deux groupes : les plus grands d'un côté, les plus petits de l'autre. Aux premiers, on distribua un bâton de bois de la grosseur d'une allumette ; aux seconds, des bandes de papier de différentes couleurs qu'ils se mirent à tresser et à agencer de manière à former un dessin géométrique.

— Comment feriez-vous un drapeau avec votre bâton ? demanda la sous-maîtresse.

— En y ajoutant un morceau de soie avec l'aigle de l'Empire.

— Agitez le drapeau.

Quinze mains blanches se levèrent et agitèrent le petit bâton avec des gestes vainqueurs.

— De quoi se sert-on pour écrire ?

— On prend une plume, comme ceci, répondirent fillettes et garçons en maniant leur bâton comme une plume.

— A qui écrit-on ?

— A son papa et à sa maman.

— Quand leur écrit-on ?

— On leur écrit pour le jour de leur fête et l'anniversaire de leur naissance.

— Et quand sa maman est absente, que lui écrit-on ?

— De revenir bientôt et de vous rapporter quelque chose.

Les enfants prennent un vif intérêt à ces causeries qui développent leur intelligence sans leur coûter trop de peine. Elles servent également à corriger la prononciation si souvent défectueuse que les mères apprennent à leurs petites filles.

La sous-maîtresse distribua trois nouveaux bâtons à l'aide desquels ses élèves formèrent une maison composée du toit et des murs.

— Où est le toit ? demanda l'institutrice.

— Là.

— Qu'y manque-t-il ?

— La cheminée.

— A quoi sert la cheminée ?

— A laisser passer la fumée.

— Qui est-ce qui ramone la cheminée ? etc., etc.

Les questions et les réponses s'étendirent, dans le même ordre, du toit jusqu'à la cave.

C'est ce que Frœbel appelle « l'enseignement par l'aspect. » Il n'y a qu'à suivre la curiosité de l'enfant pour lui apprendre une foule de choses qu'il ignore ou sur lesquelles il a des idées fausses ou incomplètes ; on l'accoutume ainsi insensiblement au discernement et à la réflexion. La statistique des écoles prouve que ceux qui ont été soumis à cette méthode naturelle, puisqu'elle n'est que le développement de l'éducation maternelle, ont montré plus d'aptitude que les autres et ont trouvé plus de facilité à l'étude des règles, après l'étude raisonnée des choses.

L'heure du dîner était arrivée ; la maîtresse fit placer ses élèves en rond et leur remit à chacun le petit panier ou le petit sac apporté le matin, et dans lequel se trouvaient leurs provisions. Les enfants, sœurs et frères, voisins et voisines, s'envolèrent au jardin, dévorer à belles dents leur *butterbrot* (pain beurré), leurs cerises et leurs rondelles de saucisse.

L'après-midi se passe en plein air. Les garçons construisent des moulins, des ponts, ils élèvent des pyramides de pierres ou font du jardinage ; les petites filles courent, s'amusent ; les exercices varient à l'infini ; c'est un univers en miniature qu'un jardin d'enfants.

Je n'entrerai pas dans l'examen philosophique du système Frœbel ; ses résultats semblent satisfaisants, il vous importe peu d'en savoir davantage. Les *Kindergarten* prennent chaque jour une extension plus grande, non-seulement en Allemagne, mais dans ces deux pays pratiques qui s'appellent l'Amérique et l'Angleterre. En Suisse, aussi, les résultats obtenus ont engagé le gouvernement à s'intéresser à la création de ces écoles de l'enfance, d'un si précieux secours pour les familles pauvres. A Paris, on s'est également occupé de la question, et si les jardins d'enfants ne sont pas nombreux, il en existe cependant. Un de nos professeurs de Faculté qui a étudié la matière, M. Ch. Hippeau, dit avec raison, dans un de ses livres, que mettre au courant des procédés Frœbel nos instituteurs et nos institutrices, ce serait leur permettre « de donner aux enfants, sans fatigue et sans ennui, une instruction réelle et, ce qui vaut mieux, de les accoutumer à observer, à juger, à raisonner, non pas sur les mots ou les idées, mais sur tout ce qui les entoure, c'est-à-dire sur les merveilles de la création et la toute-puissance de leur divin auteur. »

En sortant du *Kindergarten*, l'enfant entre à l'école primaire. Si c'est un fils de pauvre ouvrier, il ira à l'*Armenschule*, à l'école des pauvres ; si c'est un fils d'ouvrier un peu aisé, il ira à la *Volkschule* (école populaire).

Les fils de bourgeois ont la *Burgerschule*, école bourgeoisiale ; quant aux bourgeois très-riches et aux nobles, on les envoie aux *Gymnases*. Il y a encore les *Realschulen* (écoles réelles), qui correspondent en quelque sorte à nos écoles d'enseignement secondaire spécial. Les gymnases ne sont pas autre chose que nos lycées, avec la chaire de philosophie de moins, attendu que la philosophie fait partie de l'enseignement universitaire.

L'enseignement qu'on reçoit dans ces divers établissements n'est ni meilleur ni pire que celui qu'on reçoit en France.

Faisons toutefois observer, et c'est important, que les Allemands s'appliquent de bonne heure à fortifier le corps : la gymnastique est plus en honneur dans leurs écoles que chez nous ; elle figure dans le programme des études ; il faut un certificat du médecin pour en être exempté. Les *Turnhalle* (salles de gymnastique) sont admirablement montées en engins de tout genre. On peut y apprendre l'escrime, le bâton, le saut, la lutte.

Jahn, le vulgarisateur de la gymnastique en Prusse, est mis au rang des héros de 1813. Les sociétés de gymnastique de l'Allemagne entière ont envoyé des députations à Berlin pour assister à l'inauguration de sa statue, il y a deux ans.

Lorsque Jahn, accompagné de ses élèves, passait sous la porte de Brandebourg, dépouillée de son char de la Victoire, il leur demandait :

— A quoi pensez-vous ?

S'ils s'avisaient de mal répondre, il leur appliquait un soufflet sur la joue en leur disant :

— Une autre fois, pensez que vous êtes des fils de vaincus, et que votre devoir, dès que vous serez hommes, sera d'aller chercher à Paris le char de la Victoire, enlevé de la porte de Brandebourg par le voleur Napoléon.

Le conseil de Jahn a été suivi, et les enfants de ceux qui ont ramené à Berlin le char de la Victoire ont marché sur les traces de leurs pères.

XIV.

LE GRAND-ÉTAT-MAJOR.

Une promenade à travers les établissements et les écoles militaires de la capitale impériale aurait son intérêt et son utilité ; mais cela nous conduirait trop loin, et si le travail n'existe pas en français, il a été fait en allemand sous le titre de : *Das militairische Berlin* (Berlin militaire), d'après des sources et documents officiels. Nous laisserons donc de côté l'Académie de la guerre (*Kriegs Académie*), l'École des cadets, les Écoles d'artillerie, de modelage, de télégraphie, de gymnastique, etc., pour concentrer notre attention sur le mécanisme de la machine principale, celle qui met tous les rouages en mouvement, le grand-état-major.

L'hôtel ou plutôt le « palais » du grand-état-major est situé sur la place du Roi, en face de la colonne de Triomphe. L'architecture en est massive ; elle convient à la destination de l'édifice. La brique rouge, perçant sous le badigeon, y fait çà et là des taches de sang. Le « palais » a été bâti avec l'or de la rançon. Le vieux feld-maréchal de Moltke est là, au centre de la vaste usine, qui prépare la guerre comme un produit chimique ; dans ces bureaux qui l'entourent, aboutissent tous les fils de l'armée ; il ne se fait pas un pas, il ne se brûle pas une cartouche sans son ordre, et il ne se coud pas un bouton de guêtre sur le continent sans qu'il en prenne soigneusement note.

Trois sections du grand-état-major sont chargées de l'étude spéciale des armées étrangères ; elles tiennent un compte exact et minutieux de leur armement, de leur effectif; elles savent le temps nécessaire à leur mobilisation et à leur concentration sur tous les points du territoire et de la frontière; elles enregistrent leurs canons, et il n'entre pas un obus dans les arsenaux qui ne soit immédiatement porté sur le grand-livre de cet office de renseignements. C'est un contrôle de toutes les heures. « Nous pourrions vous donner, me disait l'officier qui m'avait introduit dans le sanctuaire, à un homme près, le nombre de soldats que la France a en ce moment même sous les armes. »

Chaque section a son chef. La première section, sous les ordres du lieutenant-colonel von Hilgers, s'occupe spécialement de l'Autriche, de la Russie, de la Suède et de la Norwége, du Danemark, de la Turquie, de la Grèce et de l'Asie.

La seconde section, dont le colonel von Unger est le chef, s'est partagé la Prusse, l'Allemagne, l'Italie et la Suisse. La troisième section, sous les ordres du lieutenant-colonel Krauss, est chargée de la France, de l'Angleterre, de la Belgique, des Pays-Bas, de l'Espagne, du Portugal et de l'Amérique.

Il y a également, sous la direction du colonel von Brandenstein, une section qui se voue à l'étude des chemins de fer étrangers, au point de vue stratégique et du transport des troupes et du matériel de guerre. Cette section dresse aussi le tableau des étapes en pays ennemi, en se basant sur les ressources des localités. « Si, demain, nous entrions en guerre avec l'Espagne, ou si nous étions forcés d'envahir la Suisse ou la Belgique, me dit l'officier qui m'accompagnait, vous nous verriez marcher avec la même assurance, avec la même précision qu'en 1870. Nous savons combien il y a de logements dans chaque village de la Péninsule, de la Suisse et de la Belgique, et les contributions en argent et en vivres que nous pouvons en tirer. »

Des faits signalés plusieurs fois par les journaux suisses et belges me revinrent à la mémoire; l'an dernier encore ces journaux racontaient que les Allemands parcouraient les campagnes, en se renseignant sur le nombre de maisons et de pièces de bétail des hameaux et des villages qu'ils traversaient. Ils se faisaient également nommer les gens qui passaient pour les plus riches de la localité. Ces Allemands si curieux travaillaient-ils pour la section du grand-état-major? Il est permis de le supposer.

La section topographique se compose d'ingénieurs-géographes, de dessinateurs, de graveurs, etc. A la section de statistique et de géographie, on a joint un atelier de photographie, sous la direction du major Regely. Au début de la dernière guerre, la photographie a permis de mettre entre les mains de tous les officiers allemands des réductions de la carte de l'état-major français. C'est dans les bureaux de cette section qu'on conserve les plans de toutes les batailles livrées en Europe depuis les temps les plus reculés jusqu'à nos jours.

Une des sections les plus importantes est celle d'histoire militaire, dirigée par le colonel Wartensleben, sous la haute surveillance de M. de Moltke. Cette section a publié l'*Histoire de la guerre du Danemark;* l'*Histoire de la campagne de Bohême;* on sait qu'elle travaille depuis deux ans à sa grande histoire de la guerre de 1870-1871. On a bien voulu me permettre l'entrée du « laboratoire. » En traversant le vestibule j'ai reconnu avec un serrement de cœur cette riche bibliothèque de Metz, qui renferme des trésors sans prix. A droite, une porte de fer indique le caveau des archives : celles-ci remontent à l'électeur Jean Sigismond. Ordres, rapports, instructions, tout a été précieusement conservé : ces documents ne forment pas moins de vingt-cinq mille gros in-folio, classés par rayons et divisés en trois époques : la guerre de Sept ans, la guerre de Délivrance (1813), et la guerre de 1870-71. Les campagnes contre le Danemark et l'Autriche ont aussi fourni un nombre considérable de pièces et de documents.

Les bureaux dans lesquels s'élabore, péniblement, il est vrai, mais consciencieusement, le livre du grand-état-major sont encombrés de plans, de cartes, de rapports; les tables sont couvertes de journaux français, anglais, russes, américains et allemands. « Nous avons plus d'un million de documents à notre disposition, » me dit un des secrétaires, qui, armé d'un crayon rouge, encadrait certains passage de la défense de l'ex-maréchal Bazaine. Près des parois, des piles de dépêches, et, suspendues en pleine lumière, des cartes en relief sur lesquelles sont indiqués à l'encre noire et rouge les mouvements des armées.

Le chapitre sur la jonction du 9e et du 8e corps devant Metz a demandé la compulsion et l'étude de plus de 800 pièces. Et ce travail colossal se résume souvent en vingt lignes. M. de Moltke, qui revoit en dernier lieu la rédaction de ses collaborateurs, est impitoyable pour tout ce qui est inutile ou verbeux : il retranche, il sabre, il biffe vingt, trente pages d'un coup. Il a pris pour ses modèles les grands historiens grecs et latins.

En me montrant dans une longue salle quatre officiers qui travaillaient silencieusement, mon guide me fit remarquer quatre énormes volumes in-folio, ouverts sur la table.

— Ce sont, me dit-il, les documents de la capitulation de Metz et du procès Bazaine.

— Le livre de M. de Moltke portera-t-il un jugement sur l'ex-maréchal de l'Empire ?

— Non ; l'ouvrage se borne au récit pur et simple des faits : ce n'est pas une œuvre de critique, c'est un tableau ;

et l'impartialité rendra le livre durable. D'ailleurs, je vous l'avoue avec franchise, nous ne savons pas exactement ce que Bazaine a voulu.

Les officiers qui travaillent au livre de M. de Moltke sont au nombre de quatorze : quatre sont chargés de compulser le dossier des opérations devant Metz; deux de résumer les opérations dans le Nord; quatre s'occupent de la bataille de Sedan et du siége de Paris; les quatre derniers font la relation des marches de Werder et de Manteuffel et des combats autour des forteresses.

M. de Moltke a encore associé à son œuvre deux historiens, M. Mommsen et M. Gneist, prorecteur de l'Université de Berlin. On assure que c'est M. Gneist qui a écrit en entier la préface du « livre du feld-maréchal Moltke. »

L'*Histoire du siége des forteresses et des villes*, pendant la campagne de 1870-1871, forme un ouvrage à part. La relation de chaque siége important comprendra un volume spécial. Le *Siége de Strasbourg* a paru. Nous aurons dans quelques mois le *Siége de Metz* et le *Siége de Paris*. C'est l'œuvre collective du corps des ingénieurs d'état-major, et pour ainsi dire le complément du grand travail de M. de Moltke. Le volume relatif au siége de Paris contiendra, me dit-on, plus d'une révélation curieuse sur des faits encore ignorés.

XV.

M. DE MOLTKE.

Le feld-maréchal est dans ses terres. Nous obtenons sans peine qu'on nous montre ses appartements. L'escalier officiel est en marbre, si large qu'une armée pourrait y monter; mais M. de Moltke lui préfère le petit escalier en colimaçon qui donne sur la Moltkestrasse (rue Moltke). C'est de ce côté qu'il entre ou qu'il sort. Le portier nous fait traverser la salle à manger, meublée avec une simplicité patriarcale. Quatre chaises, pas une de plus. Nous pénétrons ensuite dans la salle de concert (*Musikzimmer*). Des divans recouverts de soie rouge circulent le long des parois. Le bruit des pas est étouffé par des tapis moelleux. Sur les portes à fond blanc se détachent les emblèmes de la musique. Les meubles sont dans ce style Pompadour vieillot encore en vogue en Allemagne. Un piano à queue, en bois blanc, qu'on dirait taillé dans un bloc d'agate, est grand ouvert, comme si la dame de la maison venait de le quitter. Mais, hélas! six ans ont passé depuis qu'elle n'est plus, cette jeune et charmante Mary Burt qui s'était enthousiasmée du vieil homme de guerre, comme Bettina, l'enfant de seize ans, s'était passionnée pour Gœthe, le sexagénaire.

Nous voici dans l'antre du lion : le cabinet de travail de M. de Moltke, pièce spacieuse qu'éclairent trois hautes fenêtres, a vue sur la place du Roi et la colonne de Triomphe. La place es couverte de sable, et la colonne, garnie de ses petits canons dorés, ressemble à un porte-cigares. La table, autour de laquelle se réunit l'état-major dans ses conférences, est surchargée de cartes, de livres, de brochures, de journaux. Un éclat d'obus portant cette inscription : *Kœnigsgrætz, 3 juli* 1866, sert de presse-papier au *Militar-Wochenblatt*. Les parois sont décorées de fresques bizarres dont quelques sujets sont empruntés aux derniers événements. Des guerriers teutons foulent d'un pied vainqueur des turcos et des zouaves; des hérauts d'armes embouchant la trompette célèbrent le triomphe de l'Allemagne aux quatre coins de l'univers. M. de Moltke est représenté dans ces peintures sous divers costumes militaires; il peut se rendre compte de la figure qu'il aurait faite au temps des premiers Germains, à la guerre de Trente ans et sous Frédéric II. Le peintre a personnifié en lui le génie militaire de la Prusse.

La chambre à coucher du feld-maréchal est contiguë ; elle est d'une sévérité monastique : un lit en fer et une petite table sur laquelle se trouve le portrait de madame de Moltke, c'est là tout l'inventaire.

Cette absence de comfort, — je ne dis pas de luxe, — trahit les principes de stricte économie qui ont toujours guidé M. de Moltke. On m'a conté à ce sujet une anecdote caractéristique. C'était après la capitulation de Paris. M. de Moltke arriva un matin à Colmar. Comptant y rester quelques jours, il se fit délivrer un billet de logement. L'insigne honneur d'héberger le feld-maréchal échoit à madame R... Mais comme elle ne se soucie pas d'avoir chez elle un des plus implacables ennemis de la France, elle l'envoie à l'hôtel.

M. de Moltke choisit un appartement au premier, avec salon, cabinet de travail et chambre à coucher. Il donne des dîners, et ses convives sablent le champagne.

Au bout du troisième jour, l'hôtelier crut devoir prévenir M. de Moltke que son billet de logement expirait dans la journée.

— C'est bien, répondit-il.

Le soir venu, il demandait une petite chambre au second étage, il dînait à 3 francs et ne buvait que du vin ordinaire.

M. de Moltke est Danois d'origine. Orphelin de bonne heure, sans fortune, il fut élevé aux frais de l'Etat, à l'École des cadets de Copenhague. D'un physique agréable, — un joli blond aux joues roses, — il fut admis au nombre des pages du roi de Danemark. Mais il avait peu de goût pour les frou-frou de la cour ; ses biographes nous disent que, jusqu'à son mariage, il détesta le beau sexe. Ce n'était pas encore le grand taciturne que nous connaissons aujourd'hui ; c'était cependant déjà un jeune homme sérieux, de mœurs puritaines, ennemi des clairs de lunes et des sérénades, tout assoiffé de science et penché sur les gros livres. Il savait par cœur Plutarque, César et Tacite. Si la vue d'une femme le laissait indifférent, la vue d'un canon faisait par contre étinceler ses prunelles, le contact d'une épée lui donnait de longs tressaillements. Les armes avaient pour lui un attrait irrésistible. Il demanda à changer sa livrée de page contre l'uniforme du soldat, et devint un beau lieutenant, à la mine éveillée, à la tournure martiale. « J'avais l'air d'une fille, s'écria-t-il ; enfin, je suis un homme. » L'ambition grandit à mesure que s'allongèrent les galons. L'armée danoise, inoffensive et pacifique, n'offrait pas d'avancement rapide. Moltke le comprit, et, se sentant aux pieds des bottes de sept lieues, il quitta Copenhague et vint à Berlin. De 1823 à 1826, il fréquenta l'Académie de la guerre. En 1828, il fut attaché à la section topographique du grand-état-major ; et sept ans plus tard, ayant déjà acquis une grande notoriété, il fut appelé à Constantinople pour réorganiser l'armée turque. Après la bataille de Nézib, M. de Moltke se sépara du sultan, qui n'avait pas suivi ses conseils et avait été battu.

Les lettres qu'il adressait d'Orient à sa sœur, mariée à un Anglais, M. Burt, fixé dans le Holstein, passent pour des chefs-d'œuvre de style. Les descriptions sont sobres mais saisissantes. On lisait ces lettres en famille, et miss Mary, la fille cadette de M. Burt, issue d'un premier mariage, se sentait tout émue à ces récits lointains ; elle relisait les lettres en secret, et ne rêva bientôt plus que de ce hardi officier qui traversait, comme un héros de roman, les déserts et les batailles au galop de son coursier. A son retour, en 1839, M. de Moltke alla passer quelque temps chez sa sœur, et miss Mary, âgée de seize ans, fit la conquête du grave guerrier. Ils partirent ensemble pour l'Italie. M. de Moltke avait été nommé aide de camp du prince Henri, qui résidait à Rome. Il resta deux ans dans les États du Saint-Siége et leva le plan de la capitale pontificale et de la campagne romaine. Quand il revint à Berlin, il fut promu au grade de lieutenant-colonel, et, peu de temps après, placé à la tête du grand-état-major.

J'ai vu M. de Moltke deux fois. Il est long, maigre, légèrement voûté. La lame a usé le fourreau. Sa taille ne se redresse que lorsqu'il est à cheval. On lui donnerait alors trente ans. Sa figure soigneusement rasée est sillonnée de mille petites rides qui se croisent et s'entre-croisent comme les hachures d'une gravure sur bois. Son profil numismatique rappelle vaguement celui de César. Le nez, fortement accusé, indique la volonté, la persévérance, le courage. Avec ces nez-là on va loin. Les lèvres sont minces et ont une expression de profonde mélancolie. Le menton est d'un modelé vigoureux. Les yeux, noirs et brillants, achèvent de donner à cette tête un peu sèche, qu'on dirait taillée dans une vieille racine de buis, un caractère particulier qui la distingue entre mille. Le cou, décharné comme celui d'un vautour, est emprisonné dans un col noir autour duquel s'enroule le cordon de la croix de fer. C'est la seule décoration que porte M. de Moltke, sur son uniforme à collet rouge et aux boutons d'argent. Il déteste les vêtements civils, qui lui donnent l'air d'un maître d'école endimanché. Il lui faut son uniforme, comme à la tortue sa carapace.

Chaque fois que M. de Moltke passe sous la porte de Brandebourg, les tambours battent aux champs et le corps de garde se met sous les armes. A ce bruit les croisées s'ouvrent, les passants accourent, et le vieux feld-maréchal descend les *Tilleuls* entre une double haie « d'ennemis de la France » qui l'acclament. On dit qu'il est tout surpris lui-même de sa popularité et n'attribue ses victoires qu'à la bonne discipline des soldats et à la capacité de leurs chefs.

Cet homme, habitué aux brutalités des champs de bataille, faillit succomber de chagrin à la mort de sa femme. Ses subordonnés vantent son caractère égal et doux. Une fois seulement il a voulu prouver que cette douceur n'est peut-être qu'un gant sur une main de fer : il donna un maître soufflet à un de ses valets de ferme qu'il surprit à l'écurie avec une pipe allumée.

De la race des grands travailleurs, M. de Moltke se lève de bon matin. Il passe neuf heures à sa table de travail, sans prendre autre chose qu'un verre de bordeaux et un biscuit. Il dîne à deux heures et soupe à huit heures, sauf les jours de session parlementaire. Aucun député n'est aussi régulier que lui aux séances du Reichstag. Il écoute avec une attention soutenue, mais se mêle rarement aux luttes oratoires. Ses collègues l'ont surnommé « le grand silencieux. » Cette voix qui semble faite pour dominer les champs de bataille est d'ailleurs sourde et cassée. Un penseur de cette trempe est rarement orateur. Sa parole est brève, simple, sans éclat. Ses phrases sont des aphorismes.

Le plan colorié du Parlement classe M. de Moltke parmi les vieux conservateurs. Ce parti n'étant plus que l'ombre de lui-même, le feld-maréchal semble aujourd'hui se promener sur les limites du camp national-libéral. Il hait du fond de son âme les démocrates socialistes, et il n'aime pas beaucoup plus les catholiques. En parlant des premiers, il répète souvent ce refrain d'une chanson de 1848 : *Gegen Democraten, helfen nur Soldaten* (on ne met les démagogues à la raison qu'à l'aide des canons).

Au mois de février 1874, M. de Moltke honora de sa présence le meeting de remercîment convoqué à l'hôtel de ville de Berlin, en l'honneur des protestants anglais qui avaient voté à Saint-James et à Exeter-Hall des résolutions favorables à la politique religieuse de l'empire allemand. M. de Moltke fut salué par des applaudissements enthousiastes, mais il ne parla pas.

M. de Moltke est moins un capitaine de génie qu'un admirable organisateur. Il est prudent comme le serpent, circonspect comme le cerf. Il a cette seconde vue qu'on appelle la prévoyance, et, comme les vieux limiers, il flaire le vent. Il a flairé la guerre d'Autriche trois ans avant Sadowa, et celle de France cinq ans avant Reichshoffen. Ses opérations sont des opérations mathématiques et raisonnées. Il ne traite pas la guerre comme un art, mais comme une industrie pour laquelle il a pris un brevet. Il se regarde comme le contre-maître de la maison Guillaume, Bismarck et C⁰. Les canons, les monitors sont les machines de l'usine, et les soldats les ouvriers. La conquête et la rançon, voilà les produits. Sous son habile direction, les bénéfices ont été considérables, et les actions des Hohenzollern ont décuplé de valeur.

On n'a jamais vu M. de Moltke frapper un coup d'audace, obéir à une inspiration subite. Ses plans sont dressés d'avance. Le plan de la dernière campagne, fait depuis 1866, a été suivi étape par étape. A la veille de Wœrth, M. de Moltke disait à un diplomate étranger, sur le ton d'un industriel assidu à son comptoir : « Tout marche chez nous comme sur un parquet ciré ; vous n'entendez pas de bruit et vous ne voyez presque rien. » Les militaires prussiens avouent eux-mêmes que le décret ordonnant la mobilisation de l'armée ne fut publié que lorsque la mobilisation était déjà un fait accompli.

« Il faut, répondit l'an dernier M. de Moltke à un officier italien qui lui parlait de ses étonnants succès, — il faut avant tout avoir pleine et entière confiance dans ses troupes ; et il n'est pas moins nécessaire que celles-ci croient en leur chef. Les fautes de l'ennemi sont aussi pour beaucoup dans nos rapides victoires. Nous étions sûrs que chacun de nos corps d'armée tiendrait vingt-quatre heures ; en vingt-quatre heures, on peut tout réparer, surtout avec des hommes disciplinés comme les nôtres. »

Dans les journées de poudre, le sang-froid de M. de Moltke a quelque chose d'olympien. A Kœnigsgrætz, on l'a vu s'avancer tranquillement jusqu'aux lignes de tirailleurs. On a dit, mais à tort, qu'à Gravelotte il avait chargé à la tête des hussards de Poméranie. M. de Moltke n'a jamais pris une part active à la lutte.

En voyant Paris après la reddition, on raconte qu'il se tourna vers le prince Frédéric-Charles et lui dit : « Sans un gouvernement fort, ce peuple est perdu. »

A la mort de Napoléon III, M. de Moltke reçut de Monaco le billet suivant : « Vous, un des grands moteurs de la force brutale, apprêtez-vous à paraître bientôt devant le grand maître de la force morale, au tribunal duquel l'empereur Napoléon vous a précédé.

Cette menace anonyme a été fort mal prise par le vieux guerrier, qui n'entend pas la plaisanterie. Elle a fourni un nouvel aliment à sa haine contre les races latines. Quelque temps plus tard, M. de Moltke se trouvait dans un salon, au milieu d'un cercle d'officiers ; il ne parlait pas et semblait plongé dans de profondes réflexions ; on lui demanda à quoi il songeait : « Je me demande, répondit-il, où ces pauvres Français prendraient la terrible (*schreklich*) somme d'argent que nous exigerions d'eux après une seconde défaite. » Le correspondant de Berlin de la *Gazette de France*, toujours si bien renseigné, relate ces paroles dans une de ses lettres, et ajoute : « Cette hautaine impertinence n'a rien de surprenant chez le feld-maréchal, qui ne parle de nous que sur un ton imprégné d'âpre rancune et d'amertume. Il paraît que des troupes françaises (c'étaient peut-être des soldats bavarois) dévalisèrent dans son enfance la modeste habitation de son père dans le Mecklembourg, et de là les ressentiments qu'il nous a voués. »

Après sa journée de travail, quand le soleil se couche, M. de Moltke, les mains derrière le dos, traverse d'un air pensif la place du Roi, passe à côté de la colonne de la Victoire, et va se promener seul dans les allées les plus désertes du Thiergarten. Quelles sont ses pensées à cette heure pleine de poésie mélancolique ? Les appels des fauvettes dans les buissons éveillent-ils en lui des souvenirs de tendresse, ou aperçoit-il à travers les couchers sanglants la vision de carnages futurs ?

Avant la guerre, M. de Moltke habitait une maison toute modeste, le numéro 66, dans la Behrenstrasse. Au mois de juillet 1870, on le voyait chaque soir se diriger lentement, en mettant ses gants blancs, vers le palais royal, où il allait conférer avec le souverain. Son immuable froideur lui donnait l'aspect d'une statue vivante ; rien de son âme ne se reflétait dans sa figure sculpturale, tandis que les préoccupations les plus vives se lisaient sur le masque mobile de M. de Bismarck.

Si l'illustre stratégiste n'a pas encore dressé, comme le prince-chancelier, un chien spécial pour courir sus aux reporters indiscrets, il a une manière de les recevoir qui ne le compromet pas et les guérit de revenir.

En 1870, il répondit invariablement à tous les correspondants de journaux américains, anglais et russes qui l'assaillirent avant son départ pour le Rhin : « Vous me demandez comment vont les affaires, mais pas mal : mes froments ont souffert des pluies ; quant à mes pommes de terre, elles n'ont jamais été aussi belles. »

De même que M. de Bismarck, le feld-maréchal possède en Silésie une vaste exploitation rurale. Le château et le village qui lui appartiennent se trouvent entre les villes de Schweidnitz et de Reichenbach.

La contrée est fertile et riante : des ruisseaux aux reflets argentés sillonnent de belles prairies où paissent des troupeaux de vaches et de chevaux ; çà et là des champs de blé ondulent comme de l'or en fusion ; les arbres fruitiers sont nombreux et pleins de vigueur ; et sous les bois de chênes qui arrondissent dans le lointain leur dôme sombre, on se croirait sur les confins de la Franche-Comté.

Une allée de tilleuls séculaires conduit au château. A l'entrée de la cour, deux gladiateurs se tiennent sur des socles de marbre, la lance en arrêt, le bouclier en avant ; au pied du perron, sur de larges dalles, deux canons français, que l'empereur Guillaume a envoyés à M. de Molke après la guerre, remplacent les chiens de garde.

Le château n'a pas la physionomie seigneuriale des châteaux du sud : c'est une grande construction, aux murs badigeonnés et aux contrevents verts, semblable à la demeure d'un paysan enrichi.

Fidèle à sa vieille habitude, le feld-maréchal est toujours le premier debout dans sa maison. Régulièrement, à cinq heures, il quitte le petit lit en fer qui compose à peu près tout l'ameublement de sa chambre à coucher. Il réchauffe, sur sa lampe à esprit-de-vin, son café préparé de la veille, et descend respirer l'air frais du matin.

A le voir se promener d'un air méditatif dans les allées du parc, vêtu d'une longue redingote et coiffé d'un chapeau mou, on le prendrait pour un ministre luthérien préparant son sermon du dimanche.

A sept heures, M. de Molke commence son inspection générale : il va à l'étable, à la grange, au moulin, à la scierie, à la distillerie ; il se dirige ensuite vers sa pépinière et son jardin, dont les choux ont été plus d'une fois, comme ses soldats sur les champs de bataille, décorés, dans les expositions horticoles. En passant, le feld-maréchal redresse les jeunes arbustes qui penchent, il ouvre son couteau pour couper une branche morte ou rebelle et s'entretient longuement avec son jardinier.

A dix heures, il monte à son cabinet de travail, au second étage; sur sa table l'attend un frugal déjeuner : un bol de bouillon ou un verre de vin et une tartine de beurre. Tout en mangeant, il parcourt d'un œil rapide les journaux qui viennent d'arriver, il dépouille son courrier, puis se met à la besogne.

Il consacre ordinairement les heures du matin aux travaux de rédaction; c'est alors que sa plume trace ces plans de guerre si savamment combinés et qui s'en vont, à Babelsberg, passer sous les yeux de l'empereur, ou à Varzin, sous ceux de M. de Bismarck.

Il est cependant un jour pendant lequel M. de Moltke ne travaille pas : c'est le dimanche. Sincèrement religieux, ce vieux coureur de champs de bataille se rend au temple à la tête de ses ouvriers et occupe le reste de sa journée à des lectures édifiantes.

A midi, le feld-maréchal se retire dans sa chambre à coucher, où il sommeille jusqu'au dîner qui a lieu à deux deux heures.

En sortant de table il fume un cigare, et remonte à son

cabinet expédier sa correspondance. Quand il y a des hôtes au château, ils vont l'attendre sous les ombrages du parc, où il vient les rejoindre. On se promène à pied; parfois on se rend en voiture chez les voisins, et l'on ne rentre que le soir, à huit heures, pour prendre le thé.

M. de Moltke se couche régulièrement à dix heures. L'été, par les belles soirées, il se livre à une petite promenade solitaire qu'il emploie à préparer le travail du lendemain.

Souvent aussi, ses pas le conduisent, à la tombée de la nuit, vers le mausolée qu'il a fait élever à la mémoire de sa femme, morte en 1868, la nuit de Noël. C'est un monument en marbre, couronnant un monticule, à l'extrémité du parc, et que cache un noir rideau de cyprès; sous le Christ qui orne la pierre tumulaire on lit cette seule inscription :

L'amour est l'accomplissement de la loi.

Il a tracé de sa propre main le plan de ce tombeau, dont il porte toujours la clef sur lui. En arrivant dans ses terres de Creiseau, son premier soin est d'y aller prier, avant même d'avoir franchi le seuil du château.

Madame de Moltke était une femme très-intelligente et très-aimable. Suspendue au bras de son mari qui avait l'air d'être son père, elle riait et badinait comme une folle enfant, et le vieil homme de guerre se déridait devant tant de grâce et de jeunesse. Les deux époux s'adoraient : les colombes de Vénus nichaient dans le casque de Mars.

XVI.

LE PARLEMENT.

Les députés de l'empire siègent dans la salle provisoire d'une ancienne manufacture de porcelaine, qui devrait leur rappeler plus souvent la fragilité des choses de ce monde. On a prélevé sur les milliards français la somme nécessaire à la construction d'un édifice digne des destinées du nouvel empire, mais on n'est pas tombé d'accord sur le choix de son emplacement. M. de Bismarck voudrait le parlement à l'ombre de la colonne de la Victoire. Les députés redoutent ce voisinage belliqueux. La question en est là.

Comme j'entrais dans la vieille baraque de la *Leipsigerstrasse*, le *castelan* (portier), qui fumait sa pipe sur le seuil, s'approcha de moi et me dit : « Monsieur, le plan colorié de la salle avec le nom de tous les députés ? — *Ia wohl,* » répondis-je.

A mon accent, il reconnut un étranger, et se mit aussitôt à tousser comme pour attirer l'attention de quelqu'un. Une petite main blanche écarta le rideau de la loge, la porte s'ouvrit et une jeune fille apparut.

— Un plan, hum, hum ! fit le *castelan,* un plan à monsieur, et des photographies, ajouta-t-il d'une voix rapide et à peine intelligible.

Je suivis la blonde Germaine dans la loge, décorée comme un sanctuaire des bustes de plâtre de l'empereur, de M. de Bismarck et de M. de Moltke.

Après m'avoir remis un plan de la salle des séances, la jeune vestale ouvrit un carton de photographies.

— Voici, me dit-elle, le dernier portrait de M. de Bismark. Le chancelier se repose et prend le frais, assis, avec son chien, dans le jardin du docteur Diruf, à Kissingen. Vous voyez ces deux tricornes derrière la haie... Ce sont les jésuites qui épient M. de Bismarck et attendent le moment de lâcher Kullmann... Ça lui a fait tout de même bien du mal la secousse de ce coup de pistolet. Il est depuis lors tout enfiévré, inquiet, soupçonneux et ne vient même plus ici sans un revolver dans sa poche. Chaque fois que ma mère l'aide à ôter son pardessus, elle tremble que le revolver ne parte tout seul.

— Combien M. de Bismarck, son chien et les deux jésuites?

— Quatre silbergros.

— Les voilà[1].

— Celui-ci, continue-t-elle en mettant sous mes yeux le portrait d'une espèce de nègre, aux grosses lèvres, à la chevelure crépue, c'est le « petit Bismarck, » M. le député Lasker. — Ça, c'est M. Mallinckrodt; il est mort l'an dernier : c'était un jésuite; mais quand il parlait, on n'entendait pas voler une mouche. — Tenez, M. Windshorst, le neveu du fameux Windshorst, chef des ultramontains; lui est libéral. La *Tribune* annonçait hier que ses électeurs lui avaient envoyé un panier de vins fins parce qu'il avait chaudement pris la défense de l'empire contre Rome.

A peu près tous les députés défilèrent ainsi sous mes

---

[1] On voit aux vitrines des magasins, sous les *Linden*, une autre photographie, représentant M. de Bismarck dans son cabinet de travail. Le Jupiter de la politique allemande tient sa grosse tête dans sa main, comme autrefois les empereurs germaniques tenaient la boule du monde. Un dogue mal léché, emblème du peuple prussien, est couché à ses pieds.

yeux comme dans une lanterne magique. En montant aux tribunes, j'allais voir des figures de connaissance.

La salle du Reichstag n'a rien de particulier. Les siéges se déploient comme un large éventail dont les sept branches sont occupées par les sept fractions politiques de l'empire : les nationaux-libéraux ou les marionnettes de M. de Bismarck ; les progressistes, peu nombreux, réclamant l'organisation démocratique de l'État ; les conservateurs, ni chair ni poisson, flottants, indécis, entre deux eaux ; les socialistes ; les catholiques, les Alsaciens et les Polonais, et les « Sauvages » (*Wilden*), c'est-à-dire les députés qui n'appartiennent à aucun parti, les neutres ou les Suisses du Parlement[1].

Les stalles des membres du conseil fédéral viennent se souder au bureau du président et à la tribune des orateurs, placée en avant, et formant comme le manche de l'éventail.

Les joutes parlementaires sont un spectacle très-recherché des Berlinois. On voit des fiancés conduire leur fiancée aux tribunes et leur faire tout le dénombrement de la salle. Ils assistent des demi-journées aux discussions les plus monotones. Il arrive cependant qu'ils oublient la gravité du lieu, s'enlacent tendrement la taille comme

---

[1] Les députés au Reichstag sont élus par le suffrage universel, mais quelques restrictions apportées à ce système ne donnent pas plus d'un électeur par cinq habitants. L'empire d'Allemagne, avec ses 41,010,150 habitants, n'a pas plus de 8,260,000 votants. Aux élections de janvier 1874, il y a eu 5,259,155 électeurs qui ont pris part au vote. Mais, en déduisant les voix perdues, les 397 députés élus n'ont obtenu en réalité que 3,594,792 voix; 1,616,440 voix ont été données au parti national-libéral, et 1,764,272 voix au parti du centre ou catholique. Les 104 députés catholiques ont réuni 100,000 voix de plus que les 155 députés nationaux-libéraux. La persécution a ravivé partout la foi, et les 90 0/0 des électeurs catholiques ont fait de leur vote une protestation. Les 49 députés progressistes ont réuni 479,151 voix ; les 22 députés conservateurs, 375,117 ; les 14 Polonais, 199,273 ; les 9 socialistes, 339,798 ; les 6 députés anti-allemands d'Alsace et du Schleswig ont obtenu 78,519 voix ; les 4 particula-

s'ils se promenaient au clair de la lune, dans les allées discrètes du *Thiergarten*.

Il y a grande foule aujourd'hui. On peut à peine se remuer. Des gens qui sont là depuis le matin entament sans gêne le dîner qu'ils ont apporté dans leur mouchoir. La tribune de la cour, ordinairement déserte, regorge d'uniformes et d'habits noirs. Deux dames, dont les toilettes ne sont guère en rapport avec les principes pudibonds du piétisme royal, se pavanent comme des perruches au milieu de ce cercle empressé et brillant.

A la tribune des journalistes, tout le monde est à son poste. Les nez à bec d'épervier et les toisons bouclées proclament la gloire d'Israël. La plupart des journalistes berlinois et des correspondants de journaux appartiennent au peuple circoncis. Au milieu de ce troupeau servile, deux sentinelles perdues, deux journalistes français, qui font bravement leur devoir : M. J. Gardet et M. de Coutouly. M. Gardet, avec qui j'ai passé les heures les plus agréables et les plus utiles de mon séjour à Berlin, est peut-être le seul Français qui possède à fond les hommes et les choses de l'empire allemand. C'est à lui que je dois quantité de renseignements curieux et communication de pièces dont j'ai fait largement mon profit. M. Gardet est corres-

---

ristes hanovriens, 127,402, et le seul député du *volkspartei* (parti du peuple) ou démocrate, 23,903 voix.

Le Reichstag compte parmi ses membres 100 propriétaires, 21 juges, 37 avocats, 3 procureurs, 24 négociants, 8 directeurs d'établissements financiers, 22 prêtres catholiques, y compris 2 évêques, 1 feld-maréchal, 3 généraux, 2 colonels, 1 capitaine de cavalerie et 1 capitaine de corvette, 4 princes, 7 ministres, 12 chambellans, 22 hauts fonctionnaires, 7 *landrath* (préfets), 2 assesseurs de régence, 2 bourgmestres, 17 professeurs universitaires, 12 conseillers municipaux, 15 écrivains, dont 6 journalistes, 3 libraires, 3 docteurs en médecine, 2 professeurs de lycée, 1 archiviste, 1 ingénieur civil, 5 brasseurs ou maîtres d'hôtel, 1 peintre, 1 tourneur, 1 menuisier et 1 fabricant de cigares. Il y a 55 députés sans profession connue.

pondant de plusieurs journaux ; il a publié dans le *Correspondant* des travaux remarquables sur la politique allemande. C'est un journaliste vif, alerte, plein d'humour et de saillie, doublé d'un observateur profond. La presse française peut s'honorer d'être représentée à Berlin, dans le camp ennemi, par un homme de ce talent et de ce caractère.

M. de Coutouly, correspondant du *Temps*, est également une sympathique et loyale figure. Écrivain de race, toujours spirituel et élégant, pour lui

La gloire n'attend pas le nombre des années.

Ses lettres ont beaucoup de succès en Allemagne, et j'ai entendu vanter leur sincérité et leur tact. On me dit que M. de Coutouly travaille à une *Histoire de la littérature allemande contemporaine*. Il y aura là des trésors de révélations.

Il a fallu le fardeau des ans et la flamme d'un tardif hyménée pour obliger M. Simson, le président légendaire du Reichstag, à céder son fauteuil à M. de Forkenbeck.

M. de Forkenbeck, ancien notaire, ancien bourgmestre, de la secte des vieux catholiques, a, comme son prédécesseur, la physionomie parfaite de l'emploi. Il est épanoui, bienveillant ; il agite sa sonnette avec une certaine coquetterie : on dirait qu'il joue de l'éventail.

Il a déjà occupé le siége présidentiel en 1866. Très-versé dans les questions militaires, il conduit avec tactique les débats du Reichstag.

Il est onze heures ; la séance doit s'ouvrir à onze heures et un quart. M. de Forkenbeck est déjà à son poste, où il se prélasse avec bonheur. La cloche a sonné une première fois ; les bancs commencent à se garnir. Le comte de Bethusy-Huc, dont la famille est originaire de France, entre avec le comte de Ballestrem et le duc de Ratibor. M. Bethusy-Huc est un des chefs du parti conservateur.

M. le comte de Ballestrem, ancien officier de cavalerie et un des vétérans de la dernière campagne, a combattu avec une remarquable vigueur la loi sur le landsturm : « Vous créez, a-t-il dit dans son discours, une seconde réserve ; vous prolongez de dix ans le service militaire ; où prendrez-vous les officiers pour commander cette nouvelle armée ? » A quoi M. Bethusy-Huc a répondu malignement : « Mais nous les prendrons parmi des hommes tels que vous ; vous deviendrez nos chefs et vous nous conduirez sûrement à la victoire. »

M. le duc de Ratibor est catholique, mais catholique épuré. Il est du diocèse schismatique de l'évêque Reinkens ; il ne reconnaît que M. de Bismarck pour pape. Le noble duc a la spécialité des adresses que les vieux catholiques envoient de temps en temps au roi pour l'assurer de leur fidélité et renier toute solidarité avec Rome. Ses sentiments d'hostilité envers l'Église n'ont pas empêché M. le duc de Ratibor d'assister fort dévotement aux cérémonies du culte romain, le jour de Noël. Un petit homme, au profil contrefait, extrêmement maigre, se faufile comme une fouine à travers quelques groupes et s'arrête pour causer avec un personnage de six pieds, à la barbe de prophète, blanche comme la neige. Dans le géant, je reconnais M. Schulze-Delitzch, le chef du mouvement coopératif, et dans le nain, M. Lasker.

M. Lasker est, après M. de Bismarck, l'homme le plus populaire de l'empire. Il est né à Breslau. Après avoir étudié à l'Université de cette ville, il se rendit à Berlin et prit part au mouvement insurrectionnel de 1848. Le régiment qu'il commandait fut dispersé par un jet de pompe. La douche d'eau froide calma les idées incendiaires de cette jeune cervelle. M. Lasker rentra chez lui comme un barbet qui sort du ruisseau, et se consola de sa mésaventure en parcourant la France, la Belgique, la Hollande et l'Angleterre. A son retour dans le pays des casques et des pompes, M. Lasker publia un ouvrage pour préconiser le système politique anglais. Le parti progressiste le salua comme une étoile de première grandeur et le fixa au ciel nuageux du Reichstag. Après Sadowa, M. Lasker demanda qu'on passât l'éponge sur le passé de M. de Bismarck. Son intime liaison avec le chancelier date de cette époque. Lentement, il exécuta son évolution : il sortit du purgatoire de la démocratie pour monter aux limbes du libéralisme. M. Lasker est aujourd'hui le plus brillant satellite de M. de Bismarck. Orateur à jet continu, il est chargé de disperser les ennemis de l'empire, comme jadis les pompes berlinoises avaient dispersé son propre bataillon. Le chancelier impérial se plaint même quelquefois que les flots d'éloquence de M. Lasker, en éteignant l'incendie, produisent une inondation. En toute hâte, M. de Bismarck élève alors des digues, pratique des barrages, fait grande montre de sa modération. Ce jeu est combiné d'avance. Semblables aux deux augures, M. de Bismarck et M. Lasker ne peuvent plus se regarder sans rire. C'est M. Lasker qui déclara, en 1872, que si jamais les socialistes allemands descendaient dans la rue, les bourgeois de Berlin les assommeraient à coups de trique. C'est lui aussi qui a dénoncé en plein parlement la corruption de certains hauts fonctionnaires. Levé chaque matin à cinq heures, travaillant dix heures par jour, il possède à fond toutes les questions qui se discutent, et ne descend dans l'arène qu'armé de pied en cap.

M. Louis Bamberger, le fameux banquier, qui est venu, comme le coucou, déposer ses œufs d'or dans la corbeille de la Bourse de Paris, s'entretient avec M. Camphausen, ministre des finances. M. Bamberger est docteur en droit, ce qui ne veut pas dire qu'il pratique la ligne droite. C'est par des chemins de traverse qu'il est arrivé au Parlement. En 1848, il était aussi un des hercules de l'insurrection et voulait nettoyer les étables d'Augias ; la Suisse fut le soupirail par où il s'échappa. Il alla promener ses loisirs de révolutionnaire en disponibilité à Londres, à Bruxelles; puis un beau jour il s'abattit sur Paris. En 1867, il fit amende honorable, jura qu'il n'était venu à Paris que pour dépouiller l'empire, et rentra à Mayence, sa ville natale, en tenant un cierge d'une main et une sacoche de l'autre. Il déposa son cierge devant l'image vénérée de M. de Bismarck et écrivit la vie de ce nouveau saint du calendrier politique allemand. Il n'en fallait pas tant pour assurer sa candidature aux élections de 1871. M. Bamberger est le Vogel de Falkenstein de la finance. On le désigne comme le successeur de M. Camphausen.

M. de Moltke se dirige à pas lents vers sa place, en échangeant force poignées de main. Quelques exaltés ne lui ont cependant pas pardonné d'avoir dit dans un de ses discours : « Nous avons gagné le respect, mais nous avons perdu la sympathie. » M. Delbrück, vrai type du bureaucrate prussien, chauve, mal bâti, les vêtements râpés, offre une prise au feld-maréchal, qui bourre ses narines comme un pistolet à deux coups.

La salle se remplit rapidement. Tout au fond, aux derniers bancs, s'agitent quelques figures patibulaires : ce sont les socialistes, la barbe longue, l'air débraillé. Le public braque aussitôt ses lorgnettes sur le cordonnier Vahlteich sur l'ouvrier « cigarier » Otto Reimer, et sur Liebknecht, le fougueux rédacteur du *Volkstatt*, de Leipzig. Most, Hasenclever et Bebel sont sous les verrous.

Most a été arrêté, l'été dernier, dans les provinces rhénanes, et conduit, menotté, entre deux gendarmes, à la maison de détention de Plœtzensee, où il a été classé dans la catégorie des colleurs d'enveloppes, comme Mgr l'archevêque Melcher a été inscrit sur le registre de la prison de Cologne sous la rubrique des rempailleurs de chaises. M. Liebknecht a plaidé chaudement, il y a un mois, en faveur de son collègue et ami. La motion qu'il a présentée tendait à l'élargissement, pendant la période législative, des députés incarcérés. « Quel est le crime qu'on nous reproche, à nous autres socialistes? s'est-il écrié. On nous accuse de haute trahison. Mais depuis que des princes par la grâce de Dieu sont jetés à bas de leur trône, depuis que la constitution fédérale du peuple allemand est déchirée, sait-on ce que c'est encore qu'un crime de haute trahison? Bebel a été condamné pour avoir rappelé que Guillaume Ier, dans sa proclamation du 27 juillet 1870, avait promis aux Allemands l'unité et la liberté, après la défaite de l'ennemi. L'unité! Ah! oui, nous l'avons — c'est celle de la caserne et de la prison. Quant à la vraie liberté, nous l'attendons et l'attendrons longtemps encore: c'est une vieille tactique des princes dans l'embarras que de faire des promesses qu'ils ne tiennent jamais. »

« Hasenclever, a ajouté Liebknecht, a été condamné pour offense envers la personne de M. de Bismarck. Bien que le prince se flatte lui-même d'être l'homme le plus haï de la terre, il punit fort sévèrement ceux qui partagent son opinion. »

On me montre, près des bancs du conseil fédéral, les quelques députés alsaciens-lorrains arrivés pour la session. Voici M. l'abbé Simonis, aumônier du couvent de Niederbroon: tête fine et intelligente. Lors de la discussion du budget de l'Alsace-Lorraine, M. Simonis est entré dans des détails aussi curieux qu'instructifs. « Une dette alsacienne-lorraine, a-t-il dit, nous conduira fatalement à de nouveaux impôts. Et nous en sommes déjà surchargés. Accroîtrez-vous les charges d'un pays dont vous ne connaissez la situation et les besoins que par les journaux et les brochures que vous lisez? Pour qu'un impôt soit juste, il faut qu'il soit accepté par ceux qui le payent. C'est aux Alsaciens seuls qu'appartient le droit de discuter leur budget. Commencez par réduire le nombre des employés et des fonctionnaires à qui vous faites des traitements princiers. Sous le régime français, les cinq sous-préfets figuraient au budget pour la somme de 75,000 francs ; sous le régime prussien, les présidences de Colmar, Strasbourg et Metz y figurent pour 700,000 francs ; les chevaux seuls de vos vingt directeurs de cercles coûtent autant que nous coûtaient jadis les cinq préfets français. Les prisonniers, qui coûtaient 63 francs par tête, coûtent maintenant 180 francs. Seize communes avaient des dettes en 1870 ; leur nombre est aujourd'hui de quatre-vingts. On veut imposer un théâtre allemand aux habitants de Metz, et on leur demande 40,000 francs pour leur faire ce cadeau qu'ils refusent ! Voilà ce que M. Herzog, commissaire du gouvernement, a oublié de vous dire. Je suis, toutefois, pénétré de reconnaissance pour M. Herzog, qui a parlé de *francs* au lieu de *thalers*, ce qui prouve que je n'étais pas dans mon tort quand j'ai prétendu, la semaine dernière, que les francs sont la véritable monnaie de l'Alsace-Lorraine. »

M. Winterer, curé de Mulhouse, est assis derrière le siége vacant de Mgr Rœss. C'est un orateur d'une large envergure. Son souffle patriotique le porte très-haut. Il a prononcé au Reichstag des discours qui appartiennent à l'histoire. Il s'est fait surtout le défenseur des écoles alsaciennes. « Il est inouï, s'écriait-il l'an dernier, que le système scolaire d'un peuple ait été renversé aussi brutalement qu'en Alsace-Lorraine. La dictature s'est complètement emparée de l'école. Elle a enlevé l'école à la famille, à la commune, à l'église. La dictature a mis la main sur toutes les écoles sans exception, depuis la salle d'asile jusqu'aux écoles d'adultes. Les maîtres alsaciens sont partis, et une nuée de maîtres étrangers, recrutés en Allemagne et en Suisse, se sont abattus sur l'Alsace. Pas un ne pouvait présenter un témoignage de capacité ni un témoignage de moralité ! Des valets d'écurie, des coupeurs de bois, des employés de chemins de fer, prennent le titre d'instituteurs et viennent enseigner dans nos écoles ! J'ai vu des garçons de 15 ans à la tête de certaines écoles, des femmes dirigeant des écoles d'adultes. Un de ces maîtres a été condamné par le tribunal pour attentat aux mœurs ; un autre s'est enfui en laissant des dettes criardes. On impose des maîtres d'école protestants à des communes catholiques. Un prêtre apostat a même été nommé professeur d'histoire dans une école de jeunes filles, et il a épousé civilement une de ses élèves,

« La langue française est partout bannie ; l'enseignement est un enseignement païen, car la religion est le point de mire des railleries les plus grossières. A Mulhouse, une petite fille catholique fréquentant une école mixte fut invitée, par son maître, à lire à haute voix l'histoire de l'hérétique Jean Huss et à entendre les remarques les plus injurieuses pour sa religion. La pauvre petite pleurait à chaudes larmes. Voilà, messieurs, les faits qui se produisent sous un semblable régime. Et comment ose-t-on encore parler de la liberté des communes ? Combien d'écoles, qui depuis vingt ans répandaient la lumière autour d'elles, ont été fermées ! Les droits de un million et demi d'Alsaciens-Lorrains ont été foulés aux pieds par des hommes qui n'ont d'autre souci que de se jeter à plat ventre devant M. de Bismarck. Au temps de la grande Révolution, nos droits étaient plus respectés. »

On se rappelle la réponse brutale que fit M. de Bismarck. En descendant de la tribune, le chancelier, tout bouillant de colère, dit au député Duncker : « Si nous avions dans la commission d'Alsace-Lorraine des hommes comme M. Winterer, avant un an ce serait la guerre avec la France. »

L'horloge sonne le quart. Un dernier flot de députés s'engouffre dans la salle, et M. de Forkenbeck, d'une voix ample et majestueuse, prononce les mots sacramentels :
« La séance est ouverte. »

Pendant qu'on lit l'ordre du jour, jetons les yeux sur les bancs de l'opposition ; l'armée des « ennemis de l'empire » est au grand complet, ses généraux sont à leur poste de combat. On remarque à leur mine sérieuse que la séance sera chaude. La bataille est commencée depuis plusieurs jours, et elle ne sera pas terminée aujourd'hui. M. Reichensperger, le premier orateur inscrit, est en conciliabule avec M. Windthorst. M. le baron de Schorlemer-Alst s'entretient avec M. Gerlach, vieillard à la tête vénérable, encadrée de cheveux blancs. M. Gerlach est protestant ; l'an passé, encore président de la cour d'appel de Magdebourg, il a pris sa retraite pour n'avoir pas à sévir contre le clergé catholique. M. Schorlemer-Alst est un ancien officier de cavalerie. Cela se voit du reste à ses gestes : il sabre à gauche, il sabre à droite ; ses discours sont des charges à fond de train contre M. de Bismarck. Il compare les députés nationaux-libéraux aux serviteurs de Tibère. Lors de la discussion des lois de mai, il prononça cette phrase restée célèbre : « Quand on crucifie Jésus, on est sûr que Judas Iscariote est tout près, agitant sa bourse pleine. » Allusion à la corruption du monde gouvernemental, au trafic des ministres et des fonctionnaires, à la caisse des fonds secrets.

Au moment où M. Reichensperger pose le pied sur l'escalier de la tribune, un léger murmure s'élève dans la salle, tous les regards se dirigent vers l'entrée du fond, dont M. de Bismarck vient de soulever la portière. Il s'avance raide et hautain comme un géant. On lui donnerait six pieds. La nature l'a taillé dans un bloc à l'épreuve des tempêtes. Pour ce colosse, la vague en courroux n'est qu'une caresse. Son large front, dénudé comme une falaise, semble défier les orages. Son sourcil est un arc toujours armé. De la flèche acérée de son regard il transperce l'ennemi qui s'avance trop près. Il faut voir ce sourcil toutpuissant, *cuncta supercilio moventis*. L'œil est un œil de tigre. Les narines sont larges, ouvertes pour flairer de loin l'ennemi ou la proie. La lèvre, hérissée de soies rouges, est formidable.

Tandis que M. de Bismarck s'assied au banc du conseil fédéral, M. Reichensperger formule, d'une voix pénible et lourde, des observations sur la statistique électorale. « C'est le baromètre de l'opinion publique, dit-il. La statistique des derniers votes est déplorable. Aux élections municipales de Berlin, 14 0/0 seulement de la population a voté. Sur 40,411 électeurs inscrits, 4,850 ont retiré leurs cartes. Grâce à l'indifférence des conservateurs, le radicalisme a eu le dessus. »

M. de Bismarck nettoie ses ongles.

— A la question ! à la question ! crient plusieurs voix.

Mais M. Reichensperger, impassible comme l'homme juste, continue sans se laisser émouvoir. L'hilarité s'empare de la salle, et le président invite l'orateur à commencer ou à conclure. M. Reichensperger demande alors qu'on ne se serve plus des mots de « cléricaux et ultramontains », dans les statistiques officielles, pour désigner les députés catholiques.

« C'est une façon déloyale, dit-il, de désigner de bons et fidèles sujets allemands comme des ennemis de l'empire, parce qu'ils votent pour des députés catholiques. » Là-dessus, M. Reichensperger regagne sa place sans provoquer d'applaudissements. C'est un très-savant jurisconsulte, un homme logique et froid ; ce n'est pas un orateur.

M. Joerg, député bavarois, succède à M. Reichensperger.

M. Joerg ne monte pas à la tribune, il l'enjambe. C'est un gros homme carré, aux grosses mains, à la grosse voix, un vrai paysan du Danube. Il commence d'un ton sourd, mais peu à peu il s'anime, il piaffe comme une mule entêtée, et finit par lâcher son coup de pied. M. Joerg veut des explications sur la commission diplomatique qui représente les États confédérés près la chancellerie impériale, dans la direction des affaires étrangères. Quelle est l'importance de cette commission dont le public n'entend jamais parler ? On dit qu'elle ne s'est réunie qu'une seule fois, pour une affaire concernant le Japon. Il y avait cependant des raisons assez graves pour qu'elle fût convoquée. N'y a-t-il pas eu un échange de notes entre Berlin et Versailles, au sujet des mandements des évêques français ? Toute la diplomatie fut atteinte par le « jet d'eau froide » que M. de Bismarck dirigea sur Versailles.

« L'expression « jet d'eau froide », dit M. Joerg, n'est pas de moi ; elle est du chancelier. En même temps que les Français recevaient cette douche, on prévenait les cabinets européens que, si « *l'Allemagne ne voyait pas la possibilité de vivre en paix avec ses voisins de l'Ouest, elle n'attendrait pas que leur armement fût complet, mais choisirait le moment favorable pour prendre l'initiative.* »

M. de Bismarck lève la tête, puis continue de nettoyer ses ongles.

M. Joerg reprend : « La même semaine où un jeune fou (*Cris à gauche :* Il n'était pas fou !) commettait à Kissengen un attentat qui mettait tous les penseurs allemands dans le délire (*Au centre :* Très-vrai !), dans cette semaine-là, l'idée d'une intervention en Espagne est tombée du ciel. Je dis *intervention*, car, d'après tout ce que j'ai lu dans la presse officieuse de Berlin, il s'agissait d'une intervention formelle. Plus tard, les feuilles officieuses ont mis de l'eau dans leur vin et se sont contentées de parler de « reconnaissance diplomatique » de la dictature révolutionnaire d'un homme dont le nom ne sortira pas de ma bouche. (*Murmures à droite ; au centre :* Très-bien !) C'est à l'occasion de ce fait, — intervention ou reconnaissance, appelez-le comme vous voudrez, — que j'ai étudié l'article 8, chapitre III, de la constitution impériale. Qu'a fait la commission diplomatique ? Son devoir eût été de peser les motifs de cette intervention, de réclamer les pièces du procès du capitaine Schmidt, de se mettre en travers des projets belliqueux de M. de Bismarck ; mais non, il faut combattre l'ultramontanisme partout où on le rencontre. Les carlistes sont ultramontains, donc nous devons les combattre.

« La commission diplomatique aurait dû aussi se renseigner d'une manière exacte sur la pensée des autres puissances, particulièrement de la Russie.(*Hilarité.*)Vous riez, je ne sais pas pourquoi. Il n'est personne qui ne sache aujourd'hui que le centre de gravité politique de l'Europe est à Saint-Pétersbourg. (*Murmures et dénégations.*) Les derniers événements ont eu pour conséquence de consolider la suprématie politique de la Russie. (Oh ! oh ! — *Hilarité.*) Laissez-moi finir, vous pourrez rire tout à l'heure. On ne pourra plus désormais tirer un coup de canon en Europe sans la permission de la Russie. Si la commission diplomatique avait fonctionné régulièrement, le chancelier aurait évité le désaveu de la Russie et n'aurait pas fait *fiasco*. Le gouvernement personnel est toujours dangereux ; et plus le génie d'un homme est grand, plus ses fautes et ses erreurs sont profondes et irréparables. »

M. Joerg estime qu'il est temps que l'Allemagne entre dans la voie d'une politique pacifique, et que la meilleure soupape de sûreté pour le pays est le fonctionnement de la commission diplomatique dans tous les cas graves. Cette commission est composée des représentants de la Prusse, de la Bavière, du Wurtemberg et des autres petits États intéressés à la politique extérieure de l'Allemagne. Comme sous la pression d'un ressort, M. de Bismarck se lève, et sans demander la parole, sans quitter sa place, il se tourne vers l'hémicycle ; il va parler, les nationaux-libéraux le saluent en battant des mains.

Je dirige ma lorgnette sur lui, mais je sens aussitôt une

main qui s'abat sur mon épaule et me rejette en arrière : « Il est défendu de lorgner le chancelier, » me dit une voix de rogomme. J'allais expliquer que les canons de mes jumelles n'étaient pas chargés, mais mon voisin me souffla à l'oreille : « *Polizei* « (un agent de police). Les arrestations de Français trop bavards m'avaient rendu prudent : je remis ma langue et ma lorgnette en poche.

M. de Bismarck est là d'ailleurs, attirant toute mon attention. Son éloquence, qu'il martelle comme le fer sur l'enclume, laisse échapper des gerbes d'étincelles. D'abord sa langue est embarrassée ; il trouve difficilement le mot. Mais peu à peu il s'échauffe, le volcan s'allume, il vomit des blocs de pierre. Cependant cet homme n'est pas un orateur comme nous l'entendons. Ce n'est pas l'aigle qui plane d'une aile victorieuse ; ce n'est pas le lion qui rugit en secouant sa crinière et en frappant le sol de sa queue. Il n'y a pas d'inspiration dans cette poitrine coulée en bronze ; il n'y a que de la volonté : une volonté qui soulève les montagnes. Le sanglier traqué dans sa bauge et exécutant une sortie pour éventrer les chiens, voilà M. de Bismarck orateur.

Tout est brutal en lui, l'attitude, le geste, l'expression. On croit voir un postillon allemand chaussé des bottes de Louis XIV et armé du fouet avec lequel le monarque absolu entrait dans le Parlement. Il reste maître de sa colère, et mêle la menace et l'invective aux cajoleries et aux calembours.

M. de Bismarck tombe sur les ultramontains qu'il accuse de tout le mal et rend solidaires de l'attentat de Kissingen. Ses sorties violentes, ses gestes menaçants soulèvent une de ces tempêtes comme il les aime. Les protestations et les sifflets du centre se mêlent aux applaudissements de la droite et de la gauche. C'est une scène indescriptible. Partagés en deux camps, les députés se provoquent et s'insultent. Le président agite en vain sa sonnette.

Dominant la mêlée, suant à grosses gouttes, les yeux fulgurants, M. de Bismarck laisse tomber de ses lèvres un sourire superbe d'impertinence et de dédain. Comme on sent bien que toutes ces têtes ne sont pour lui que des jouets, des billes qu'il entre-choque et qu'il pourrait briser !

L'apparition de M. Windthorst à la tribune ramène enfin le calme. M. Windthorst n'a été longtemps que le clair de lune de M. Mallinckrodt. Aujourd'hui que cet astre plein de splendeur est plongé dans l'ombre de la mort, M. Windthorst brille au premier rang. La voix de M. Mallinckrodt était une des plus éloquentes qui aient retenti en Allemagne. C'était l'orateur sans peur et sans reproche, combattant en chevalier des croisades, pour la gloire de son drapeau et de son Dieu. Ses adversaires l'écoutaient toujours avec respect et admiration. Ses reparties étaient fines, ingénieuses, ailées. Celles de M. Windthorst sont un peu plus rudes. Il y avait du marquis de Boissy dans M. Mallinckrodt; il y a du Danton dans M. Windthorst.

« Votre loi sur l'éducation du clergé, disait un jour celui-ci à M. de Bismarck, est une tentative d'empoisonnement de l'Église. »

L'année dernière, la police arrêta dans le Hanovre plusieurs anciens sujets du roi Georges, qui avaient mis devant leur porte du sable jaune et blanc rappelant les couleurs du souverain dépossédé. En constatant que le cercle des incarcérations allait chaque jour s'élargissant, M. Windthorst ajouta : « Le moment viendra où ceux qui n'auront pas été en prison ne seront plus admis dans les salons comme il faut. »

M. de Bismarck, parlant de l'enseignement du clergé en Alsace et ailleurs, disait, il y a quelques mois : « Ces gens-là ont tout intérêt, je ne dirai pas à abêtir le peuple, mais à empêcher qu'il ne devienne trop éclairé. » Sur quoi M. Windthorst répliqua malicieusement : « Nous qui avons été élevés sous ce régime, sommes-nous donc des gens si bêtes ? »

Rien de moins imposant que M. Windthorst, ancien ministre du roi Georges. Il est petit, il cligne des yeux ; il est vêtu comme un sacristain. Mais aussitôt qu'il ouvre la bouche, la transformation s'opère, la phrase sort nette et vibrante, l'éloquence coule tumultueuse comme un torrent des Alpes, car elle prend sa source aux plus hauts sommets de l'esprit et du cœur.

M. Windthorst reproche à M. de Bismarck de n'avoir pas répondu aux questions de M. Joerg. « Vous vous êtes fâché, voilà tout. — Quant au reste, continue M. Windthorst, je ne veux pas l'approfondir, mais ce que nous en savons justifie assez l'interpellation de M. Joerg. Notre devoir n'est pas, à nous, de tenir les basques de l'habit du maître, mais de combattre pour le droit et la vérité. La méthode du « jet d'eau froide » et la méthode suivie dans les affaires d'Espagne n'est pas autre chose qu'une *intervention*, — une intervention morale, sans doute, mais qui aurait pu amener une *intervention matérielle*. Je sais bien que cette politique est basée sur une idée, et que cette idée c'est la destruction de tous les liens qui rattachent l'Europe au Saint-Siége. Je crois donc que les gouvernements représentés à la commission diplomatique feront sagement d'avoir l'œil ouvert, *car j'ai la conviction profonde que nous marchons, sur ce terrain, à une guerre inévitable.* »

— Avec qui ? avec qui ? Tels sont les cris qui partent de tous côtés.

M. Windthorst, calme comme Jupiter qui vient de lancer une de ses foudres au milieu du troupeau des humains, réplique simplement : « M. le député Joerg l'a suffisamment indiqué. Il est du devoir des députés, dans l'intérêt de leurs mandataires, d'interroger le gouvernement sur la politique extérieure, quand cette politique peut, à tout instant, *jeter le pays dans une nouvelle guerre*. Car le pays a un intérêt puissant au maintien de la paix. (*Approbation.*) Les remarques que nous faisons, nous les faisons en vue de la paix. Nous avons maintenant une manière de nous mêler des affaires des autres qui a été jugée sévèrement par la presse autrichienne, et qui, *un jour, amènera une coalition contre nous.* (*Mouvement.*) C'est cette coalition que je voudrais éviter. Je souhaite la paix à ma patrie. C'est pourquoi je ne me lasserai jamais de répéter de toutes mes forces : *Cette politique de casse-cou nous conduit à la guerre !* »

Passant à l'affaire Kullmann, M. Windthorst repousse avec indignation la solidarité que M. de Bismarck a établie entre le criminel et le parti catholique. « L'acte de Kullmann est honteux, mais la conduite de la presse officieuse a été plus honteuse encore. (*Applaudissements au centre.*) On n'a, d'ailleurs, jamais vu l'accusateur interrogeant le premier l'accusé. A Kissingen, Kullmann a été soumis immédiatement à l'inquisition de celui qu'il voulait tuer; et j'ai toujours entendu dire que les criminels cherchent des excuses. M. Mallinckrodt et moi, nous avons reçu plus d'une fois, — et même de Saint-Pétersbourg, — des menaces de mort. Avons-nous accusé tout un parti ? Quand les luttes religieuses en sont arrivées à cette période aiguë, il ne faut pas s'étonner s'il y a des malheureux qui se lèvent pour frapper. »

L'incident est clos au milieu du vacarme d'un club révolutionnaire où un jésuite déguisé se serait faufilé pour usurper la parole. On passe heureusement à la discussion calmante du budget du ministère des affaires étrangères, qui est adopté. Il y a là cependant certains chapitres qui sont, depuis quatre ans, attaqués par le centre et les progressistes. Il s'agit des fonds secrets, autrement appelés « les fonds des reptiles. » Le parti national-libéral n'a jamais eu le courage de prononcer un mot de blâme ou une parole d'indignation contre cette traite de la pensée, cette exploitation de l'opinion publique au profit des intérêts de l'État.

Les députés de ce parti qui prétend représenter l'Allemagne nouvelle ont sacrifié, on le sait, leur indépendance à leur haine religieuse. Ces hommes-mannequins ont voté le septennat militaire, ils ont voté la loi sur le landsturm, obéissant au signe que M. de Bismarck leur faisait du fond de son lit. Demain, si le maître le voulait, ils voteraient la guerre avec enthousiasme. Ce sont les âmes damnées du chancelier; ils récitent chaque matin cette oraison, en venant s'asseoir sur les bancs du Parlement :

« Notre père Bismarck, qui êtes à Varzin, que votre
« nom soit sanctifié, que votre esprit nous arrive dans
« cette séance et que votre sainte volonté soit faite dans
« la Chambre des députés comme au Parlement. Donnez-
« nous aujourd'hui vos instructions quotidiennes et par-
« donnez-nous nos discours, comme nous les pardonnons
« à la Chambre des députés; et ne nous laissez pas suc-
« comber à la tentation de modifier vos projets de loi ou
« d'y résister. Mais délivrez-nous de la pensée de tout
« progrès véritable. Ainsi soit-il. »

18.

XVII.

LA PRESSE.

Depuis que Berlin tient boutique de gloire, les journaux se vendent sur la voie publique. Mais nos kiosques sont encore inconnus, et le plus mince papetier croirait déchoir en suspendant un journal à sa vitrine. Chez les petits épiciers seulement, on voit le *Kladderadatsch* ou l'*Ulk*, exposé entre un hareng saur et une boîte de cirage. Le journal attire l'œil, mais c'est toujours au hareng que le Berlinois se laisse prendre.

A l'heure où se ferment les bureaux et les ateliers, des hommes et des femmes en haillons viennent s'installer à l'entrée de la Kaiser-Gallerie et devant les restaurants en vogue. Les hommes portent devant eux, suspendue à une bretelle, une espèce de table, et les femmes un simple panier : ce sont les marchands et les marchandes de journaux. Ils guettent le chaland comme des chiens affamés guettent un os. Dès qu'ils en flairent un, tous se précipitent et se disputent, à coups de poing, l'honneur de lui vendre la *Gazette nationale* ou la *Germania*.

Je n'ai jamais payé trois fois de suite un journal le même prix. Si les demandes dépassent les offres, la marchandise monte de deux, trois et quatre silbergros. Les jours de calme plat, il y a baisse.

La liberté de la presse que l'Angleterre possède depuis la révolution de 1688, et la France depuis 1789, n'existe en Allemagne que depuis 1848. En 1846, il n'y avait encore, en Prusse, qu'un journal pour 34,000 habitants. Aujourd'hui, on compte, dans le nouvel Empire, 1,608 publications périodiques. Berlin figure, dans ce chiffre, pour 265 journaux et revues, dont 31 journaux politiques, 37 de droit et de jurisprudence, 23 journaux religieux, 19 de médecine, 15 de chimie et de mathématiques, 12 journaux amusants, 6 militaires, 4 de musique et 3 de littérature. L'industrie est représentée par 29 journaux, la philologie et la pédagogie par 23 journaux et recueils; le commerce par 17 journaux; l'agriculture par 14; l'architecture et les chemins de fer par 11 journaux. L'histoire et la géographie sont traitées dans 6 recueils périodiques spéciaux. La boucherie a aussi son moniteur : c'est la *Gazette générale de la Boucherie allemande.* Il y a aussi la *Nouvelle Gazette des Coiffeurs allemands* et la *Gazette allemande générale du Mariage*[1], dirigée par un plagiaire de M. de Foy, « unique et seul fondateur », comme nul ne l'ignore, « de la profession matrimoniale. » Ce journal est orné de vignettes. La première représente un père de famille en robe de chambre, assis dans un fauteuil, et lisant à ses « demoiselles » les offres et demandes de la *Gazette du Mariage.* La seconde vignette nous montre un jeune officier, soutien de la patrie et espoir d'une riche héritière, apportant dans le cabinet du directeur du journal un pli cacheté. Un joyeux repas de noce, où l'on retrouve l'officier à côté d'une épouse timide et rougissante, fait le sujet de la troisième vignette. Les gens de la noce, debout autour d'une table copieusement servie, portent la santé des époux en levant leur verre débordant de champagne. Cela vous donne l'eau à la bouche. Au-dessous de ces tendres gravures, des pièces de vers érotiques. On chante les hasards heureux de l'escarpolette et

---

[1] Depuis l'introduction du mariage civil, il n'y a plus que 16 0/0 des couples qui demandent la bénédiction nuptiale à leur pasteur, et 12 0/0 des enfants qui reçoivent le baptême.

les rencontres dans les petits chemins solitaires du Thiergarten. Après la poésie, la prose. La *Gazette du mariage* publie les ordonnances et les lois de nature à intéresser les conjoints, des comptes rendus judiciaires et de livres de médecine, etc. Le feuilleton que j'ai sous les yeux a pour titre : *De quelques femmes d'une conquête difficile*. L'auteur de ce travail, M. Gustave Liebert, commence par Hélène et Brunhild. Sa tâche deviendra moins facile à mesure qu'il se rapprochera de l'ère des milliards.

En 1874, on a revisé la loi sur la presse. Le timbre a été aboli. La saisie préalable a toutefois été maintenue. Et la police en use, que c'est un vrai plaisir d'être journaliste ! Un député conservateur disait, en 1851, aux progressistes qui réclamaient la liberté de la presse : « Oui, vous l'aurez, — avec une potence à la porte de chaque bureau de rédaction ! » La potence, aujourd'hui, c'est le gendarme. Le gendarme orne, à l'état permanent, le seuil des journaux de l'opposition, et attrape les délinquants au passage avec un bon nœud coulant. La *Germania* a été serrée au col dix-sept fois. Son directeur est condamné à une sorte de pendaison perpétuelle. Son gérant a passé sous le lasso et a pris la fuite au pays où fleurit la liberté, l'Amérique. M. Cremer, secrétaire de rédaction, a échappé jusqu'ici à la strangulation du gendarme, mais il n'a pas échappé aux amendes. Il en a même été comblé avec profusion. Une fois, accusé d'offense envers l'empereur, M. Cremer parla ainsi à ses juges : « Si vous me condamnez, vous ressemblerez à ces Persans qui récompensèrent d'abord un sujet qui avait empêché le roi de tomber dans un précipice, mais qui le condamnèrent ensuite à mort pour avoir touché à la personne royale. » On trouva la défense ingénieuse, et M. Cremer fut absous. Une fois n'est pas coutume.

M. de Bismarck est d'une irritabilité excessive à l'endroit des journalistes qui osent trouver des taches à son soleil. Les procès de presse sont tombés comme grêle après l'attentat de Kissingen. La *Gazette de Thorn* en a eu six pour sa part; le *Volkstaat*, organe des socialistes, en a eu dix. Le directeur du *Courrier de Posen*, M. Zychlinski, a été condamné à un mois de prison pour avoir publié une bouffonnerie intitulée : *Rencontre de Bismarck avec le diable*. M. Suing, directeur du journal catholique le *Mercure de Westphalie*, est enfermé, depuis six mois, dans la forteresse de Wesel. M. Winkler, rédacteur en chef du même journal, a été arrêté en pleine audience et emmené par un gendarme. Vingt-quatre heures après, on l'a réveillé dans sa prison, pour lui lire le mandat d'arrêt. Puis on l'a invité à se dépouiller de tous ses vêtements, « sans aucune exception, » en présence de trois ou quatre personnes. Le *Mercure de Westphalie*, auquel j'emprunte ces détails, dit qu'on a fouillé jusque dans les talons des bottes du prisonnier. Enfin, le mois dernier, on a mis à l'ombre le rédacteur en chef de la *Gazette de Fulda*.

Les gérants responsable sont devenus si rares sous ce régime du bon plaisir, qu'on lit souvent, à la quatrième page des journaux, des annonces de ce genre : « On cherche un coupeur de bois ou un portetaix comme gérant responsable d'un journal politique. »

Le 1ᵉʳ juillet 1873, un portefaix, portant le n° 107, et nommé Fraas, comparut devant le juge d'instruction pour délit de presse. Il se défendit assez bien ; voici sa péroraison : « Dès que le journal ne me plaira plus, soyez persuadés, messieurs, que je lui retirerai ma confiance et ma signature. »

Les portefaix ont, après tout, bien le droit de se faire journalistes, quand il y a tant de journalistes qui se font portefaix. Ceux qui se tiennent à la disposition du particulier qui les loue à l'heure, au mois ou à l'année, forment même le gros de la bande. Ces portefaix de la pensée, ces commissionnaires du pouvoir sont enrégimentés comme des soldats. Ils ont leur état-major, leurs chefs, leur cavalerie, leur artillerie de siége et de campagne, leurs espions, leurs vivandières et leurs hôpitaux; ils auront sans doute un jour leur hôtel des invalides. Leur quartier général est dans la maison même de M. de Bismarck, au « palais » du ministère des affaires étrangères. Ce quartier général s'appelle le « bureau de l'esprit public. » On pourrait aussi l'appeler le sérail de la presse : car celle-ci, gardée par les eunuques, est l'esclave d'un grand-vizir farouche.

Le « bureau de la presse » a été créé en l'an de grâce 1849 pour préparer les secrètes visées de la Prusse. A cette époque, l'armée de mendiants et de cuistres que le docteur Ryno Quehl avait réunie sous son commandement faisait le coup de plume contre les ennemis de la monarchie pour 15 à 20 thalers par mois. Ce métier de condottière s'est amélioré depuis ; il y en a qui gagnent en peu de mois la ceinture dorée.

En 1851, la maison de Hohenzollern s'étant solidement rétablie, après avoir frisé la faillite, le docteur Ryno Quehl saisit cette occasion pour recommander sa marchandise par des circulaires confidentielles adressées aux directeurs de journaux de toute l'Allemagne. Il leur proposait de leur fournir gratuitement des nouvelles et des informations de première main. « Je suis, disait-il, en relations fréquentes avec les hommes du ministère. »

Beaucoup de journaux burent à la coupe, sans se douter que le breuvage était une préparation faite avec les alambics du ministère. Le liquide avait belle couleur et n'était pas trop amer au goût. Les abonnés s'habituèrent à cette absinthe bleue, dont les effets funestes ne se manifestèrent réellement qu'en 1866 et en 1870.

Pour combattre dans son propre camp l'opposition particulariste, le bureau « de l'esprit public » fonda une succursale à Francfort. Il fut également question d'installer un bureau de la presse à l'hôtel de l'ambassade prussienne à Londres. On envoya un agent secret aux États-Unis, avec la mission d'accaparer tous les journaux allemands du nouveau monde. En ce temps-là, M. le docteur Ryno Quehl ne disposait que d'une somme de cent mille thalers environ. En 1866, la fortune du roi de Hanovre et de l'électeur de Hesse fut saisie, et les revenus affectés au service de la presse bien pensante. M. le docteur Ryno Quehl se retira dans un fromage de Poméranie, et deux hommes prirent sa place : M. Aegidi, conseiller de légation, et M. Hahn. Le premier, souple comme un chat, habile à faire patte de velours, connaissant toutes les ficelles des pantins qu'il avait autour de lui, se mit dans les meubles du bureau relevant directement du ministère des affaires étrangères. Le second eut en partage le bureau dépendant du ministère de l'intérieur. C'est dans les mains de ces deux hommes qu'aboutissent les fils secrets qui rattachent la presse au gouvernement.

Chaque matin les journalistes à gages se présentent dans l'un ou l'autre bureau pour recevoir le mot d'ordre et le grain d'encens qui doit fumer dans les gazettes en l'honneur du chancelier.

M. Aegidi et M. Hahn sont les grands teinturiers politiques de l'Empire. Toutes les nouvelles qui leur parviennent, du levant ou du couchant, il les passent au bleu de Prusse, et fussent-elles jaune indien ou rouge foncé, quand elles ressortent de leur cuvette, elles sont d'un bleu éblouissant.

C'est ainsi qu'on falsifie la vérité, qu'on fausse le coup d'œil du public, qu'on altère son jugement et qu'on crée autour de lui une atmosphère factice, favorable à l'éclosion des projets et des desseins du chancelier.

Le bureau de la presse agit sur l'opinion publique absolument comme la maison Rothschild peut agir sur la

Bourse. MM. Hahn et Aegidi font à volonté descendre ou monter telle ou telle opinion. Aujourd'hui les actions de la Suisse sont en hausse et celles de la Belgique en baisse. On écrase les cours chaque fois que les actions de la France se relèvent.

Par d'habiles manœuvres, on change les courants politiques de l'Allemagne et de l'Europe. Ce bureau est la caverne d'Éole. Les scribes qui soufflent les vents chauds et les vents froids y viennent remplir leurs vessies, que le peuple prend pour des lanternes.

Dernièrement, un député faisait observer à M. de Bismarck que les journalistes attachés au bureau de la presse étaient tous des gens suspects et à la réputation endommagée.

— Je le sais, répondit le chancelier ; ce sont des gardeurs de pourceaux (*sauhirten*).

C'est lui aussi qui leur a donné, pour leur montrer combien il méprise leur vil métier, le surnom de « reptiles, » sous lequel on les désigne maintenant.

Les reptiles ! Comme ils sont bien nommés ! Ils rampent dans la forêt de Bondy du journalisme allemand. Ils vous guettent et vous mordent sans que vous les aperceviez ; ils se glissent sans bruit dans les rédactions les mieux closes, bavent leur venin dans les écritoires, et se retirent par des trous détournés. « Le caractère du reptile, disait il y a quelques mois en pleine Chambre M. le baron de Schorlemer-Alst, c'est qu'il ne se révèle pas tout de suite. Un directeur de journal qui engage un rédacteur réchauffe la plupart du temps un reptile dans son sein. »

« Il serait temps, a ajouté l'honorable député, que nous guérissions de cette lèpre morale qui nous déshonore aux yeux de l'étranger. On a fait dernièrement une loi contre les punaises de la vigne. Oui, messieurs, nous avons fait une loi contre le phylloxera ; mais il est d'utilité publique d'en faire une aussi contre les reptiles de la presse : car les dommages que ceux-ci causent à l'esprit public, en empoisonnant le cœur et l'âme de la nation, sont beaucoup plus considérables. La délation, le chantage, le mensonge sont élevés à la hauteur d'une institution de l'État ; ils sont officiellement organisés, et, ce qu'il y a de plus triste, c'est que le peuple est obligé de payer ces dénonciations et ces mensonges. Les catholiques payent pour être battus ! On a reproché aux journaux du Sud leur langage violent ; mais ce langage n'a cependant jamais dépassé celui de la presse *reptilienne*. Je n'en excepte pas même la *Correspondance provinciale ;* les excès de style, les expressions furibondes de cette feuille, qui est l'organe du gouvernement, sont indignes, et sa tenue n'est pas celle d'un journal officiel. La rédaction de la *Gazette générale de l'Allemagne du Nord* offre la ménagerie de reptiles la plus complète de l'Empire. Il faut les entendre siffler ! Et, admirable sollicitude du gouvernement, les journaux où travaillent les « reptiles » jouissent d'une impunité entière : ils peuvent tout dire, tout faire ; ils ne sont jamais poursuivis, jamais ils n'ont été traduits devant un tribunal..., tandis que les feuilles de l'opposition sont ruinées par les condamnations et les amendes.

Les « reptiles » se divisent en trois classes : les semi-officieux, les officieux et les super-officieux. Les Abeilards littéraires parvenus au haut grade de « super-officieux » vivent grandement à Berlin, sont choyés à la Bourse et ne cachent point le signe de leur mutilation. Les correspondances « super-officieuses » de la *Gazette de Cologne* se reconnaissent à ce signe ± ; celles de la *Gazette de Magdebourg* portent un point d'interrogation en guise de plumet, et celles de la *Gazette d'Augsbourg* sont précédées d'un ∼∼∼, qui figure assez bien un animal malpropre et rampant.

Le bureau de la presse fournit directement et gratuitement des correspondances et des télégrammes aux journaux de province trop pauvres ou trop peu importants pour avoir un correspondant attitré à Berlin. MM. Aegidi et Hahn pourvoient également les directeurs de ces journaux de permis de circulation sur les chemins de fer, afin qu'ils puissent, chaque semaine s'ils le jugent à propos, venir prendre langue au bureau de « l'esprit public » et respirer l'air réconfortant de la capitale.

En 1873, le Dr Robolkski, un des saint Michel de l'hydre ultramontaine, imagina d'imprimer à Berlin un journal « super-officieux », dont le titre restait en blanc, ainsi que la page d'annonces. Cette feuille était expédiée en ballots dans les petits chefs-lieux de province où il y avait une imprimerie, mais pas de journal. Là, on baptisait la feuille, on l'ornait d'annonces locales, puis on l'envoyait à l'abonné qui ne se doutait de rien. Le stratagème a cependant présenté quelques inconvénients ; on y a renoncé.

La *Correspondance provinciale* (hebdomadaire) est maintenant le seul journal entièrement rédigé au bureau de la presse. Il paraît en français sous le nom de *Correspondance de Berlin*, en italien sous le nom de *Correspondance germano-italienne*, et en anglais sous celui de *North Germany correspondance*[1]. L'édition française de la *Correspondance de Berlin* a été confiée depuis sa création (1866) à un Français, M. Aubert, ancien rédacteur des *Débats* et de l'*Europe* de Francfort. M. Aubert, après les événements de 1870, s'est fait naturaliser Prussien. Les articles de polémique, haineux et acerbes, qui paraissent de temps en temps dans la « feuille jaune » (c'est la couleur de la *Correspondance de Berlin*) sont de ce transfuge, qui est allé piteusement s'emmancher au porte-plume de M. de Bismarck. M. Aubert a pour secrétaire de rédaction un homme de talent, M. Van Muyden, qui a publié la traduction française des discours de M. de Bismarck.

[1] La *Correspondance alsacienne*, paraissant à Strasbourg, est également de fabrique gouvernementale.

Napoléon Ier disait que « quatre gazettes hostiles faisaient plus de mal que cent mille hommes en plate campagne. » M. de Bismarck partage complétement cette manière de voir. Les journaux de province qui ont refusé de se vendre au gouvernement ont vu immédiatement un autre journal surgir de terre et leur faire une redoutable concurrence. A Munich, M. de Bismarck a payé 24,000 thalers les services de la *Suddeustche Presse*[1].

Le bureau de la presse tient une plume dont le manche est à Berlin et la pointe partout. Cette pointe perce dans les principaux journaux de Vienne et de la Hongrie : la *Nouvelle Presse libre*, le *Lloyd hongrois*, le *Journal de Pesth*, le *Nouveau journal de Pesth*, etc. En 1870, M. de Bismarck envoya à Pesth le docteur Paul Waldstein, pour « défendre les intérêts allemands. » Il y eut même un Hongrois, le comte Behlen, qui publia aux frais de la Prusse un « *Mémorial diplomatique* » paraissant simultanément à Vienne et à Pesth. En Russie, les journaux allemands sont plus nombreux que les journaux russes. La *Gazette de Saint-Pétersbourg*, propriété prussienne, a une édition en langue allemande. Outre la *Gazette*, il y a encore trois journaux allemands dans la ville des czars. Les feuilles allemandes qui paraissent dans les autres villes, Riga, Revel, Varsovie, etc., dépassent le chiffre de trente. Toutes ont des relations plus ou moins avouées avec M. Aegidi. Et en Amérique ! En 1797, il n'existait qu'une seule feuille allemande aux États-Unis, l'*Aigle*. L'année dernière, on en comptait 462. La plupart sont imprimées en anglais et en allemand. Il y a jusqu'au Canada qui est infesté de six feuilles prussiennes.

En Australie, la politique de M. de Bismarck est soutenue par cinq journaux ; en Chine, par un journal qui se

---

[1] *Die Deutschen Zeitschriften*, von H. Wuttke. La *Suddeutsche Presse* se distribuait gratuitement aux aubergistes, aux brasseurs, aux maîtres d'école, etc.

publie à Hong-Kong; en Afrique, par la *Gazette allemande*, paraissant à la ville du Cap.

Quelle immense toile d'araignée enveloppant le monde, que cette presse dont le point central est à Berlin! Et qu'on s'étonne de l'influence exercée sur l'opinion publique, particulièrement en Allemagne, avec une pareille organisation !

En 1866, le peuple prussien ne voulait certes point la guerre. Que fit le bureau de la presse pour agiter les esprits et mettre le feu aux étoupes dont il avait préalablement bourré les cervelles? Il répandit le bruit que « l'Autriche convoitait les provinces de la Silésie prussienne. » On parla des armements de l'Autriche en termes à peu près identiques à ceux employés aujourd'hui pour signaler « les armements » de la France. Le 24 mai, les organes du gouvernement autrichien plaisantaient encore sur « les fantômes qui hantaient l'imagination » des journalistes berlinois. Mais M. de Bismarck donna un nouveau signal, et les officieux, redoublant de tapage, annoncèrent que la Saxe « se disposait à marcher sur Berlin. » L'explosion attendue eut lieu. M. de Bismarck saisit le moment « psychologique » pour déclarer la guerre.

Cependant l'armée prussienne témoignait peu d'enthousiasme pour se battre contre d'anciens frères d'armes. Il fallait remédier à cette mollesse, réveiller le patriotisme engourdi. Quand les troupes dirigées sur la Bohême arrivèrent à Dresde, le bureau de l'esprit public envoya un ballot de numéros de la *Gazette de Breslau*, contenant une proclamation du général Benedeck, pleine de menaces et d'invectives contre l'armée prussienne[1]. L'indignation fut extrême. Pour ne point laisser refroidir cette noble colère, les chefs de compagnie lurent la proclamation à leurs soldats.

[1] On peut lire cette curieuse pièce dans l'*Almanach historique* de Schulthess, de 1866, page 205.

Cette proclamation était fausse. Elle avait été rédigée au bureau de la presse.

Quelque chose d'à peu près analogue se passa en 1870. Le télégramme d'Ems, en date du 13 juillet, transmis aux journaux allemands, était ainsi conçu : « Le roi a nettement refusé de recevoir l'ambassadeur de France, et lui a fait répondre par un de ses adjudants qu'il n'avait plus rien à lui communiquer. » Les feuilles prussiennes accompagnèrent cette dépêche d'une gravure insolente, dans laquelle on voyait Guillaume IV tournant brusquement le bas du dos à M. Benedetti. La vérité est que le roi avait au contraire assuré l'ambassadeur de France qu'il l'appellerait à l'arrivée des dépêches.

La presse soudoyée avait pour mission de rendre tout arrangement impossible.

La guerre éclata. Dans le sud, on mettait peu d'entrain. Un coup d'éperon était urgent[1]. Aussitôt après l'affaire de Saarbruck, la presse officieuse publia des détails horribles « sur l'incendie et le pillage » de cette ville par les

---

[1] On était si peu sûr des armées du Sud, qu'un officier supérieur disait à Berlin, le 14 juillet 1870 : « Nous mettrons au premier rang les contingents du Sud, et s'ils ne font pas leur devoir..... » Un geste significatif compléta sa pensée. Si la France avait occupé l'Allemagne du Sud cinq jours après la déclaration de guerre, elle aurait matériellement paralysé l'alliance avec le Nord. « Supposons qu'un corps de vingt mille hommes, passant également le Rhin, se fût jeté sur le Wurtemberg, eût occupé Stuttgard, l'effet moral aurait été immense sur les Allemands du Sud, dit M. de Wickede dans son *Histoire de la guerre*, publiée par la *Gazette de Cologne* ; les Wurtembergeois redoutaient précisément la *furia francese*, et ils ne s'enhardirent que lorsqu'ils virent les Français en proie à l'incertitude, à l'hésitation. Si la France avait immédiatement envahi et détruit les voies ferrées de Bade, du Palatinat, qui devinrent les bases des opérations stratégiques allemandes, il n'y aurait eu ni Wœrth, ni Gravelotte, ni Sedan. La guerre eût pris une autre tournure. Mais la Providence avait frappé Napoléon et ses généraux d'un véritable aveuglement. »

turcos et les zouaves, « ces bêtes sauvages enlevées aux déserts de l'Afrique. » Quelques obus avaient à peine écorné le toit de la gare. Les hommes du sud tremblèrent pour leur foyer, pour la vie de leur femme et de leurs enfants. La peur, bien plus que l'amour de la patrie, les jeta dans les bras de la Prusse, qui s'avançait pour les défendre.

Depuis la guerre de 1870, la presse officieuse a suivi un programme nettement tracé : d'un côté, ameuter l'opinion publique contre le catholicisme et le pape ; de l'autre, maintenir au même degré de calorique la haine contre le vaincu. La « lutte civilisatrice » entreprise contre Rome n'est au fond que la continuation de la lutte contre la France. « Le pape, disait encore il y a peu de jours la *Gazette nationale*, ne peut être atteint qu'à travers le corps de la France. »

A la tête des journaux qui ont pour mission de tenir les esprits continuellement en éveil, de sonner jour et nuit le tocsin, s'avance la *Gazette générale de l'Allemagne du Nord*. Elle porte la bannière de la procession qui sort chaque matin du bureau de la presse, en chantant les litanies de M. de Bismarck : « Délivrez-nous du pape ! Délivrez-nous de la France ! »

La *Gazette générale de l'Allemagne du Nord* est le journal militant de M. de Bismarck. Il faut chercher dans la *Gazette* la pensée politique de l'homme privé, et dans la *Correspondance provinciale* la pensée du chancelier de l'Empire. Le ton de la *Gazette* est d'un diapason beaucoup plus élevé que celui de la *Correspondance*. Souvent, cependant, ces deux organes se confondent dans un duo d'invectives et d'expressions triviales. Le 13 juillet 1870, la *Gazette générale de l'Allemagne du Nord* écrivait cette phrase restée célèbre : « Si la guerre éclate, il n'est pas douteux que nous devrons la faire *au couteau*. » Le rédacteur en chef de ce journal est un M. Pinter. Il a habité longtemps Paris et parle fort bien français. Sa prose suppure un virus de haine sur la France et le catholicisme. M. Pinter a succédé à M. Brass, ancien confident de M. de Bismarck. M. Brass est l'auteur d'un roman échevelé, les *Mystères de Berlin;* il s'est retiré de la *Gazette* avec deux cent mille thalers, ce qui prouve qu'on peut devenir riche en travaillant pour le roi de Prusse.

En quittant, suffisamment repu, le râtelier doré de la *Norddeutsche Allgemeine Zeitung,* M. Brass a fondé la *Post,* dont il a été tant question à propos d'un récent article : *Avons-nous la guerre en perspective ?* La *Post* passe pour l'organe des conservateurs-libres, c'est-à-dire des conservateurs que le chancelier a attachés par la patte. Ce journal a parmi ses actionnaires M. Friedenthal, ministre du commerce, M. le député Bethusy-Huc et M. Strousberg, le fameux lanceur d'affaires. La *Post* dit ce qu'on ne veut pas faire dire par la *Gazette générale de l'Allemagne du Nord,* comme ce journal dit ce que n'ose pas dire la *Correspondance provinciale.* Ces trois journaux forment une espèce de Gruttli officiel. M. Brass, bien qu'il ait annoncé sa retraite, ne continue pas moins d'avoir la direction occulte de la *Post,* et de recevoir ses inspirations du chancelier. M. Brass est un ancien agitateur socialiste touché par la grâce ; M. de Bismarck s'est servi de lui comme intermédiaire, pendant le conflit politique de 1860 à 1866. Liebknecht, un des purs du socialisme allemand, a travaillé avec M. Brass à la *Gazette de l'Allemagne du Nord,* mais il s'est bientôt séparé avec éclat de ce « faux frère. »

Nous trouvons ensuite, dans la hiérarchie de la presse officieuse, dépendant du bureau de l'esprit public, la *National Zeitung* (Gazette nationale). C'est le journal des derviches hurleurs.

Le docteur Zabel, chef de la secte de journalistes fanatiques qui écrit sous ses ordres, ne saurait parler de la France sans se livrer aux contorsions et aux grimaces les plus étranges. Les Berlinois, qui aiment les jeux sauvages, applaudissent à ces exercices de saltimbanques.

La *Gazette nationale* a aujourd'hui un nombre d'abonnés supérieur à celui de tous ses confrères. Pendant le siége de Paris, ce journal s'impatientait des lenteurs des canonniers allemands et prêchait la destruction entière de la « ville maudite. » Cette feuille toute jaune de fiel est l'organe du parti national-libéral. Elle a été fondée en 1848 par une société d'actionnaires parmi lesquels figuraient des princes de la maison royale. Son correspondant politique de Paris est M. Beckmann. C'est lui qui doit avoir signalé le premier à l'Allemagne les achats de chevaux faits dernièrement par le gouvernement français.

En 1872, un rédacteur de l'*Avenir national* rendit compte d'une entrevue de M. d'Arnim avec M. Thiers. « L'inventeur de cette histoire, écrivit le correspondant parisien de la *Gazette nationale*, est un âne idiot (*ein blœdsinniger Esel*). » M. Beckmann, si c'est lui qui est l'auteur de cette prose très-prussienne, devait être bien renseigné. C'était un des familiers de M. d'Arnim. L'ex-embassadeur l'employa dans plus d'une affaire, entre autres dans celle de l'*Echo du Parlement*, ainsi que l'ont démontré les débats du procès.

M. de Bulow, attaché militaire à l'ambassade allemande de Paris, est, dit-on, en même temps attaché à la rédaction de la *Gazette nationale*. Il envoie à la feuille gallophobe, chaque trimestre, une consultation sur l'état militaire de la France. En 1874, après les grandes manœuvres d'automne, M. de Bulow écrivait : « La réorganisation de l'armée française est comme un édifice bâti sur le sable, et qui s'écroulera au moment où l'on s'y attend le moins. Le découragement est général dans les cadres. » Le mois dernier, M. Bulow publiait un nouveau travail dans la *Gazette nationale;* mais cette fois-ci, voyant à travers d'autres lunettes, il embouchait la trompette d'alarme : « La France menace l'Allemagne, s'écriait-il ; le nombre des bataillons vient d'être porté de trois à quatre dans les régiments d'infanterie. C'est une création *ad hoc*, hâtive, en vue d'une guerre très-prochaine, qui éclatera, en tous cas, avant deux ans. »

A côté du boule-dogue, le roquet. C'est la *Bœrsen Zeitung* (Gazette de la Bourse), insolente, hargneuse, anti-autrichienne et avant tout anti-française. Pour elle, la France n'a jamais été autre chose qu'une nation de danseurs de corde et de perruquiers. Les articles de la *Gazette de la Bourse* ne dépassent guère trente à quarante lignes. Ce sont des entrefilets mordants, des coups de griffe, des « gueuleries. »

Parmi les organes nationaux-libéraux d'importance, il y avait encore, l'an dernier, la *Gazette de Spener*, fondée en 1740, par les libraires Hande et Spener. Ce journal a fusionné avec la *Gazette nationale* dont il n'était, du reste, que la doublure.

Les vieux conservateurs hostiles à M. de Bismarck, comptant dans leurs rangs le général de Manteuffel et M. d'Arnim, ont pour organe la *Kreuz Zeitung* (Gazette de la Croix), ainsi appelée à cause de la croix de fer de la landwehr de 1813, qu'elle porte au frontispice avec cette devise : « Avec Dieu, pour notre roi et la patrie. » La *Gazette de la Croix* représentait, lors de sa fondation, en 1848, l'entourage féodal du roi. Elle a pour rédacteur en chef M. Nathusius. Un de ses rédacteurs, M. Fontane, a écrit de nombreux ouvrages sur la France et a été fait prisonnier à Domrémy, par une bande de paysans, pendant qu'il visitait la chapelle de Jeanne d'Arc. M. Fontane n'a conservé aucun ressentiment de sa captivité. « Après avoir passé trois semaines dans une prison militaire française et avoir eu des rapports journaliers avec des gens de toute condition, dit-il dans le livre qu'il a publié, je voudrais rendre à mes lecteurs l'impression qui m'en est restée. Mon premier devoir est de déclarer que cette impression est parfaitement agréable. Il n'y a pas de peuple qui, jugé sur des représentants pris au hasard, gagne aussi vite la sympathie que le peuple français. En général, sur cinq, sept, dix individus, selon les pays, on trouve un être insupportable. J'ai vécu à Besançon avec quatre-vingts prisonniers que l'on a changés au moins deux ou trois fois, ce qui porte leur nombre à plus de deux cents ; eh bien, je n'ai pas eu à me plaindre d'un seul mauvais procédé. Tous, sans exception, se sont montrés polis, prévenants, pleins d'égards, reconnaissants des moindres services, sans rancune, sans jalousie. Sous tous ces rapports, nous ferions bien de nous mettre à leur école. J'ai trouvé chez ces gens-là un inépuisable fonds de bienveillance, de bonne humeur et de souplesse d'esprit. Leur patriotisme était profond et sincère, mais ils ne montraient pas, comme nous, ce qu'on appelle « la haine nationale. » J'ai remarqué que leur instruction ne le cédait en rien à la nôtre. Je crois que nous nous faisons beaucoup d'illusions sur notre supériorité à cet égard. Nous nous imaginons avoir le monopole de l'instruction publique en Europe; il y a chez nous des professeurs qui prouvent, la statistique à la main, que hors la frontière allemande on ne sait plus ni lire ni écrire. Mes observations personnelles m'ont toujours conduit à des observations différentes, et j'ai trouvé que les populations des autres pays civilisés, en Angleterre, en Danemark et en France, ne lisent pas plus mal et écrivent beaucoup mieux que les nôtres [1]. »

Ce jugement est d'autant plus précieux à recueillir qu'il sort de la bouche d'un ennemi. Les journalistes berlinois

[1] *Kriegsgefangen*. Erlebtes 1870, von Th. Fontane, 1 vol. in-16, Berlin, 1871.

comme M. Th. Fontane sont rares ; seul entre ses confrères, il a osé prendre la défense des vaincus contre les calomnies étrangères et même contre les calomnies françaises.

La *Gazette de la Croix* est bien rédigée. Elle donne beaucoup de nouvelles de la cour ; c'est le premier journal qu'ouvre l'empereur. Le 22 mars, jour anniversaire de la naissance de Sa Majesté, la *Gazette* publie chaque année, en tête de ses colonnes, une ode au souverain.

« Protecteur auguste de la patrie, s'écriait, cette année, le poëte de la *Gazette*, ton épée est semblable à celle de l'archange ; elle flamboie victorieuse. C'est l'arrogance de l'ennemi qui t'a forcé de tirer l'épée, — et les lauriers couronnent ta tête aux cheveux argentés.

« Les membres dispersés de la famille allemande vivent à l'ombre de ton bras. Du sang et de la mort est sorti un édifice doré (la capitale des milliards ?) ; le bruit de la grandeur allemande résonne partout où l'on entend le son de la voix humaine, etc., etc. »

En même temps qu'elle entonnait sur la harpe des bardes cet hymne en l'honneur de Guillaume, la *Gazette de la Croix* « bêchait » M. de Bismarck. Elle se répandait en lamentations au sujet des nouvelles lois religieuses, et pleurait, comme Jérémie, sur les ruines de la religion chrétienne en Allemagne.

Les catholiques n'ont qu'un seul organe à Berlin, la *Germania*, fondée après la guerre. Cette feuille courageuse, rédigée avec une grande habileté, et dont le zèle a été récompensé par plusieurs brefs pontificaux, compte maintenant plus de vingt mille abonnés. Son rédacteur en chef, M. l'abbé Majunke, est membre du Parlement. C'est un jeune homme, à la physionomie douce et ouverte. A le lire, on dirait un sectaire ; à le voir, boutonné dans sa redingote, coiffé du gibus, on le prendrait pour un précepteur de grande maison. M. Majunke a fait ses études théologiques dans la Prusse rhénane ; il a eu pour professeur l'abbé Reinkens, aujourd'hui évêque des vieux catholiques, par la grâce de M. de Bismarck. Le rédacteur en chef de la *Germania* a déjà payé par deux ou trois ans de prison le droit de dire la vérité. L'an dernier, il était enfermé dans une étroite cellule du Molkenmarkt, cette prison spécialement destinée aux voleurs, aux vagabonds et aux femmes de mauvaise vie. En ce moment, il est prisonnier au Ploetzensee, à quelques kilomètres de Berlin. C'est pendant sa dernière captivité que M. Majunke a écrit une brochure fort curieuse sur Louise Lateau, qu'il a visitée à Bois-d'Haine. M. Majunke est convaincu du miracle. La stigmatisée belge lui a fait les prédictions les plus terribles sur les malheurs réservés à M. de Bismarck en particulier, et à l'empire allemand en général. M. Cremer, qui vient d'être élu membre de la Chambre des députés, remplit à la *Germania* les fonctions de vicaire général. C'est lui qui pontifie et exorcise en l'absence de M. Majunke. Bourru bon enfant, sous sa grosse crinière rouge, M. Cremer a toujours l'air exaspéré. Il doit rêver souvent que Dieu le métamorphose en ours et lui accorde la grâce de dévorer M. de Bismarck dans les forêts solitaires de Varzin. M. Cremer a parcouru l'Espagne l'an dernier ; il a partagé le pain et le sel avec don Carlos, et a rapporté à Berlin toutes les pièces concernant la condamnation du capitaine Schmidt. Il en résulte que cet ex-militaire prussien jouait non-seulement le rôle d'espion, mais faisait au besoin le coup de feu. M. Cremer a réuni ses travaux sur l'Espagne en un volume, sous le titre de : *Au camp carliste*. En quittant la frontière des Pyrénées, M. Cremer s'est dirigé sur Bruxelles, où il a eu un entretien avec l'ex-maréchal Bazaine, qu'il a cherché à réhabiliter dans un feuilleton fort remarqué.

La *Vossiche Zeitung* (Gazette de Voss) représente l'aile droite du parti progressiste, qui se rapproche du gouvernement. Ce journal n'a jamais combattu M. de Bismarck qu'en matière de presse. Il est inspiré par le député Loewe, nom qui veut dire *lion* en français, mais qui n'indique rien de léonin ni de farouche chez celui qui le porte.

M. Loewe a été membre du Parlement de Francfort en 1848 ; il en présida les débris qui s'étaient réfugiés à Stutgard. Condamné par contumace aux travaux forcés à perpétuité, M. Loewe se réfugia en Suisse. Il vécut deux ans à Zurich, passa en Angleterre, puis se rendit en Amérique, où il exerça la médecine. Après l'amnistie du 11 janvier 1861, il repassa les mers et vint se faire élire député par la ville de Berlin.

Le ton de la « Tante Voss » est gouailleur. Elle donne, le dimanche, une feuille littéraire bien faite. Mais ce qui rend particulièrement intéressante la lecture de ce journal, ce sont ses annonces remplissant des suppléments quotidiens de dix à seize pages.

L'annonce est complètement entrée, depuis cinq ans, dans les mœurs allemandes. Elle préside à tous les grands événements de la vie. Un enfant est-il né ? Vite on l'annonce aux amis et aux parents absents par la voie du journal. Vous fiancez-vous ? Ce serait manquer à toutes les règles de la politesse que de ne point insérer un « avis de fiançailles. » Est-ce la fête d'un de vos amis de province ? Vous lui envoyez « mille vœux et mille souhaits » par l'intermédiaire du journal qu'il lit chez lui ou à la brasserie. Il est juste de dire que l'annonce, dans les plus grands journaux, est restée à la portée de toutes les bourses. Le prix de la ligne varie de 25 à 50 centimes. Ces pages si pittoresquement remplies sont un fidèle miroir de la vie quotidienne. Les instincts et les passions, les grandeurs et les misères de la capitale s'y reflètent comme dans un miroir. Qu'on en juge par les annonces suivantes que je traduis textuellement :

— Je suis un ennemi de la danse, et n'ai pas la prétention

de demander la jeunesse. Je m'accommoderais plus facilement d'une femme qui a quelque défaut organique : bossue, boiteuse, borgne, aveugle même, mais avec une fortune de quarante mille thalers. Écrire aux initiales Y. G., au bureau du journal. Inutile d'envoyer la photographie [1].

— Une jeune et jolie veuve, qui a besoin de conseils, cherche un protecteur déjà d'un certain âge, grand et brun. — A.-H. Poste restante.

— Prière à l'amazone qui se promenait hier, à trois heures, sous les Tilleuls, avec un vieux monsieur, de bien vouloir envoyer son adresse au bureau du journal (V. 134). Un jeune médecin voudrait entrer en relations secrètes avec elle.

— Deux messieurs désirent faire la connaissance de deux jeunes, jolies et gentilles dames, dans l'intention de les accompagner dans les concerts et au théâtre, et pour faire avec elles quelques fines parties dans les environs. Écrire au bureau de la *Gazette de Voss*, aux initiales : J. 168.

— C. B. 115. Salut chaleureux du dimanche, doux et seul petit trésor de mon cœur ! Je me sens horriblement seule et délaissée ; je trouve tes dernières lignes bien froides. N'as-tu donc pas la nostalgie du cœur ? Que de choses j'ai à te dire ! Je t'appelle dans mes rêves, je te vois partout. Tu remplis toutes les secondes de ma vie. Je ne puis rester plus longtemps ainsi. Adieu, mon bien-aimé, je t'embrasse, je te donne mille baisers. A toi dans l'amour !

— Un jeune négociant, âgé de trente-deux ans, désire faire la connaissance d'une jeune fille sage (*sic*) et instruite, pour passer les soirées avec elle.

— Un monsieur s'offre à faire à ses propres frais l'éduca-

---

[1] Le mariage n'étant plus envisagé en Prusse comme un acte religieux, mais comme une simple opération commerciale, ces annonces sont aussi sérieuses que les « demandes de commanditaires ou d'associés. »

tion d'une jeune fille de bonne famille et d'un extérieur agréable, âgée de seize à dix-huit ans, et qui voudrait se vouer au théâtre.

— Une jeune dame, d'une famille noble, cherche un cavalier qui soit auprès d'elle de bon secours et de bon conseil.

— Si un monsieur d'un certain âge et d'une position honorable désire faire immédiatement la connaissance d'une veuve respectable, arrivant au commencement de la trentaine, il est prié d'envoyer son adresse. Elle pourrait partager son logement avec lui.

— Une veuve honorable et instruite, de bonne famille, désire faire la connaissance durable d'un monsieur vieux et riche, à qui elle réservera le plaisir de n'avoir pas besoin d'autre femme auprès de lui.

— Une dame se recommande à la générosité d'un monsieur bienfaisant et riche. Sans amis, abandonnée, sans travail, elle n'a pas réussi jusqu'ici à gagner sa vie.

— Une jeune dame voudrait employer quelques heures à parler français avec un étranger.

— Un jeune homme excessivement intéressant, momentanément dans l'embarras, cherche du secours auprès d'une dame riche et distinguée.

— Une charmante jeune fille de magasin, mais en ce moment ayant besoin d'un peu d'argent, prie un vieux monsieur de vouloir bien lui prêter 25 thalers.

— Plusieurs hommes désirent lier connaissance avec de jeunes demoiselles *fidèles* (c'est-à-dire gaies) pour un grand bal de la Saint-Sylvestre.

— Une jolie et jeune veuve voudrait se faire annexer. (*Sich annectiren zü lassen.*)

— Une dame spirituelle et instruite voudrait connaître un

monsieur qui puisse résoudre un problème avec elle. (*Mit ihm ein problem zü lœsen.*)

— Un jeune commerçant honorable supplie une dame riche de lui faire, mais avec discrétion, un petit prêt d'argent.

— Une jeune dame, très-respectable, très-instruite, demande à un noble ami des arts de lui prêter 50 à 100 thalers qu'elle lui rendra dans trois mois. Elle lui promet son amitié.

— On offre, sous le sceau de la plus grande discrétion, un joli salon meublé à louer présentement, etc., etc. [1].

Voilà pour la prostitution et la mendicité. Il y a d'autres annonces encore, mais j'oserais à peine les traduire même dans la langue qui, « dans les mots, brave l'honnêteté. » Les plus fortes paraissent de préférence chez la « Tante Voss », cette vieille portière qui n'est pas trop bégueule. Grâce à cette lecture substantielle et quotidienne, la jeunesse berlinoise se forme promptement l'esprit et le cœur, et s'initie dès le bas âge à la vie pratique.

Quel thermomètre de la moralité d'un peuple que ces annonces où il se montre sans fard, sans postiche, en déshabillé du matin ! Un seul numéro de la *Gazette de Voss* vous en apprend plus qu'un an de séjour à Berlin et vous fixe, dès l'arrivée, sur l'état de pourriture morale et physique dans lequel cette Prusse « si vertueuse » est tombée, depuis la pluie des milliards [2].

Quelquefois cependant ces annonces ont un côté utile. Un Anglais de mes amis arriva l'été dernier à Berlin, où il n'avait pas de connaissances. Musicien enragé, il vou-

---

[1] Nous avons conservé l'original de toutes les annonces qu'on vient de lire.

[2] Les remèdes secrets et les adresses des médecins spécialistes remplissent la plupart du temps deux a trois pages d'annonces. Avant l'arivée, à Berlin, on distribue dans les wagons des feuilles volantes où ne se trouvent que des réclames de ce genre.

lait à toute force organiser un quatuor. Je lui conseillai l'annonce. Trois jours après, il m'invitait à sa première soirée musicale. Plus de dix jeunes amateurs s'étaient présentés.

L'hiver vint ; il eut l'idée de donner un bal. Il y invita, par une annonce, les « personnes honorables de son voisinage. » A neuf heures, son salon présentait un riant parterre de jeunes filles en toilette légère, accompagnées de leur mère, de leur père, de leurs frères, de leurs cousins et arrière-cousins. On était venu en famille. Parmi les danseuses, il y avait des femmes de notaires, de juges et de conseillers intimes.

La *Tribune*, qui a publié en feuilleton les romans les plus scabreux de Feydeau, le *Tagblatt*, la *Montagszeitung* (Gazette du lundi), etc., sont des journaux de police. Ils vivent de la délation, du crime, du scandale et des nouvelles du monde interlope. Ils servent aussi du prêtre et du Français hachés menu, et accommodés à la sauce piquante. Dans un article extrêmement violent, le *Tagblatt* demandait au mois de mars dernier que l'on prît des mesures énergiques contre les institutrices et gouvernantes françaises en Allemagne. Ce journal signalait ces personnes (de la Suisse française pour la plupart) comme des « émissaires des jésuites expulsés dont elles poursuivaient l'œuvre auprès de la jeunesse allemande. » Cette petite presse berlinoise, qu'on a surnommée la *presse du revolver*, est la plus dangereuse et la plus repoussante de l'espèce.

M. Wuttke, professeur à l'université de Leipzig, nous l'a fait connaître dans un livre courageux. Le directeur d'un de ces journaux disait un jour : « Qui tient à nos faveurs doit les payer : nous sommes des courtisans. » Un autre directeur d'une feuille de cet acabit répondit à un négociant : « Mais un bureau de rédaction qu'est-ce au fond ? C'est une boutique de publicité où l'on vend des articles. » Dans ces journaux on en est arrivé à refuser toute communication qui n'est pas accompagnée d'un mandat à vue. M. Wuttke cite des acteurs et des artistes qui ont dû payer jusqu'à 800 francs pour qu'on ne continuât pas « *l'histoire* commencée. » Enfin, au mois d'avril dernier, lorsque le mot d'ordre était donné contre la France, un journaliste qui sortait de prendre « un bain de boue » au bureau de la presse s'écriait dans une brasserie, en venant rejoindre des confrères : « Quelles inepties on nous a de nouveau fait écrire aujourd'hui ! mais je m'en f.... on paye cinq thalers l'entre-filet. »

La *Gazette du Peuple* représente la gauche progressiste. Elle appartient au député Duncker, et a eu pour rédacteur en chef M. Schultz-Dellitsch. Autrefois c'était l'organe des associations ouvrières fondées sur le principe anglais des *Trades Unions*. La *Gazette du Peuple* (Volkszeitung) a vingt-cinq mille abonnés. La *Staats-Burgerzeitung* (Gazette des citoyens) est d'un radicalisme plus accentué. Les journaux socialistes proprement dits sont au nombre de quatre : la *Gazette démocratique*, le *Nouveau Social-Démocrate*, la *Volonté du Peuple*, et la *Feuille hebdomadaire de Furth*.

Le *Nouveau Social-Démocrate*, « organe central des ouvriers allemands, » a pour rédacteurs les chefs du parti, Hasselmann, Hasenclever et Rotcke. M. Hasselmann est, comme M. Hasenclever, député au Parlement. C'est lui qui prononçait, il y a deux ans, ces paroles qui firent trembler les vitres : « Vous parlez de punir l'ouvrier qui a rompu son contrat, vous feriez mieux de punir les officiers et les fils de famille qui se sauvent d'une ville à l'autre pour ne point payer leurs dettes. La grève est la seule arme du travailleur dans la guerre que vous lui avez déclarée. Ah! prenez garde, messieurs, ne nous poussez pas à bout : nous sommes plusieurs millions d'ouvriers en Allemagne! Vous avez vu les prolétaires français prendre les armes contre les exploiteurs de Versailles, les bandits de l'ordre qui, après trois ans de vengeance, se baignent encore dans les larmes et dans le sang. L'Allemagne est destinée à devenir aussi un jour le théâtre de cette lutte gigantesque ; un jour, les ouvriers en uniforme de soldat, qui se font casser la tête pour des idées qui ne sont pas les leurs, refuseront de tirer sur leurs frères, — les ouvriers en costume de travail. Ce jour-là, la misère et l'esclavage seront supprimés. »

La Waage (la Balance) de M. Guido Weiss, ancien rédacteur à la *Gazette de Francfort*, se rattache, mais d'une manière réservée et douce, à la presse socialiste. M. Guido Weiss est un écrivain d'un savoir solide ; on le considère comme le premier journaliste de Berlin. Il rappelle Proudhon par plus d'un côté.

On dit que les journaux allemands sont mieux faits que les nôtres. C'est une erreur. Ils ont davantage de correspondances, j'en conviens ; ils sont plus universels, mais la rédaction proprement dite est de beaucoup inférieure. Vous trouvez souvent en tête des premiers journaux de Berlin des correspondances parisiennes de vingt à trente lignes. Il n'y a pas d'articles bien écrits, d'articles « enlevés. » Ils sont en général longs, filandreux ; ils se détachent d'une bobine et n'ont ni commencement, ni fin. La polémique n'est jamais brillante, elle n'est que grossière. Deux journalistes allemands qui discutent ont toujours l'air de deux portefaix qui se collettent. Il n'y a pas d'ordre et d'harmonie dans l'arrangement des matières. La science de la mise en page est totalement inconnue. Aussi faut-il une grande habitude pour trouver dans un journal allemand ce que l'on cherche, c'est-à-dire les renseignements de quelque intérêt. Ajoutez à cela qu'ils sont imprimés avec de vieux clous, sur du papier d'emballage.

Quant à la partie littéraire, elle se compose de feuilletons traduits de l'anglais ou du français. Tous les romans de Pigault Lebrun, de Paul de Kock, etc., ont été popularisés par la presse berlinoise, et naturellement les Allemands jugent toute notre littérature d'après ces échantillons. C'est l'histoire de l'Anglais et de la servante rousse.

Les feuilles charivariques pullulent. La plus connue à l'étranger est le *Kladderadatsch*. M. de Bismarck mit plus d'une fois un faut nez pour y écrire et se venger de ses adversaires. Le *Kladderadatsch* a été fondé lorsque la censure fut abolie, en 1848, par un groupe d'écrivains berlinois, silésiens et juifs. Dans son curieux livre sur les journaux allemands, M. Wuttke raconte que ce qui embarrassa le plus ces hommes, ce fut le titre du journal. Ils étaient réunis un soir, avec des amis, et cherchaient. On mit un prix pour celui qui trouverait le premier le titre le plus drôle. — « Eureka ! je le tiens ! » s'écria tout à coup l'un deux, ancien étudiant de l'université de Leipzig ; et avec un bruit de langue imitant une pile d'assiettes qui dégringole, il prononça le singulier mot de *Kladderadatsch*. On l'adopta avec enthousiasme. C'était le sobriquet expressif d'une hétaïre tapageuse et folâtre, qui arrivait toujours comme un coup de vent et ne manquait jamais de briser quelque chose. La « Kladderadatsch » donna plus tard son nom à une maison de tolérance de Leipzig, comme elle l'avait déjà donné au journal de Berlin.

Le *Kladderadatsch* a pendant vingt ans porté au bout de son crayon la tête de Napoléon III. Ses dessinateurs ont immortalisé la « charge » de l'homme de Décembre et de l'homme de Sédan. Après le père, c'est aujourd'hui le tour du fils. Le jeune collégien de Woolwich n'apparaît dans le *Kladderadasch* que sous le nom de *Lulu* (prononcez Loulou). Napoléon, pendant tout son règne, n'a jamais été désigné autrement que par le pronom *er* (lui), « Lui toujours, lui partout ! »

Ce journal, « qui paraît tous les jours sauf les jours d'œuvre », a pour rédacteur en chef un ancien professeur de théologie, M. Dohm. Lœwenstein a inventé les deux types de Strudelwitz et Prudelwitz : le premier, officier de la garde à Berlin ; le second, éleveur d'oies en Poméranie. Ces deux citoyens s'écrivaient chaque semaine pour échanger leurs idées sur la politique allemande. Kallisch, le plus spirituel des Berlinois, a créé Muller et Schultze, les deux bourgeois qui donnent, dans un dialogue familier, leur opinion sur les hommes et les choses du jour.

Il y a encore les *Wespen* (les Guêpes), l'*Ulk* (le Bouffon), le *Figaro*, etc. Le pape, les nonnains et les nonnettes, les cléricaux, le maréchal de Mac-Mahon font ordinairement les frais des caricatures. Pie IX est toujours ignoblement représenté. Tantôt on voit le maréchal de Mac-Mahon avec un cadenas aux lèvres, recevant les hommages de M. Buffet, tantôt traînant un grand sabre sur lequel on lit : *Revanche*. Quand, l'an dernier, la reine mère de Bavière s'est convertie au catholicisme, les feuilles satiriques ont représenté une reine échevelée se jetant dans les bras d'un jésuite.

Berlin possède un grand nombre de revues politiques, littéraires, artistiques, commerciales, etc. Une tentative a été faite récemment pour créer un recueil dans le genre de la *Revue des Deux-Mondes*. Le format, la couverture, tout a été scrupuleusement imité. Les premières livraisons ont été passables ; elles ont donné des nouvelles d'Auerbach, de Paul Heyse, de madame de Hillern, la romancière aujourd'hui en vogue. Mais les dernières livraisons battent de l'aile et ne se maintiennent plus à leur première hauteur.

M. Paul Lindau, qui a longtemps habité Paris et qui est un écrivain et un auteur dramatique estimé, a plus de succès avec sa revue hebdomadaire le *Présent* (die Gegenwart).

Grâce à la rapidité des communications, il y a trois ou quatre feuilles de province qui sont arrivées à prendre rang parmi les premiers journaux de Berlin. Je citerai la *Gazette de Cologne*, la *Gazette de Silésie*, la *Gazette de Magdebourg* et la *Gazette du Weser*. Ces organes sont tous semi-officieux.

La *Gazette de Cologne*, fondée en 1813, joua un rôle important pendant la guerre de délivrance. C'est elle qui publiait la première les chants patriotiques des Kœrner et des Arndt et les répandait dans le peuple. Avant la guerre de 1870, la *Gazette de Cologne* avait des attaches très-intimes avec le gouvernement français. Elle a plus d'une fois publié les discours de l'empereur avant même qu'ils fussent prononcés. L'*Agence Havas* avait reçu ordre de ne puiser ses « nouvelles d'Allemagne » que dans cette feuille docile [1], qui sut chanter tour à tour, avec une égale ardeur, Napoléon, Cavour et Garibaldi.

Les autres journaux allemands étaient tous hostiles à l'Empire, et, depuis 1866, ils ne laissèrent pas passer un jour sans publier des articles dont voici le prototype : « Il y a en France un homme nommé Louis dont les affaires domestiques vont mal. Pour faire diversion à ses embarras, il n'attend que le moment de se jeter sur le Rhin; mais nous avons ici un roi qui s'appelle Guillaume et qui saura remettre Louis dans son chemin. »

Mais, à ces journaux-là, on interdisait l'entrée des frontières.

Cette hostilité incessante de la presse, excitant les esprits, les préparant à la guerre, était cependant bien faite pour nous ouvrir les yeux sur ce que l'avenir nous

---

[1] Voir les *Deutschen Zeitschriften*, von Wuttke. Leipzig, 1875, page 154.

préparait. C'est ainsi que nous avons été bercés quatre ans dans une fausse sécurité, quand l'ennemi, déjà sous les armes, nous provoquait au combat, et réveillait de leur sommeil demi-séculaire ces haines internationales que nous avions cru à jamais ensevelies dans les plaines d'Iéna et de Leipzig.

XVIII.

LA MISÈRE ET LE CRIME.

Je ne connais que Londres où la misère soit aussi affreuse : elle couvre toute la ville comme un épouvantable ulcère. Si encore c'était la misère chrétienne, humble, résignée, ayant honte de sa propre honte ; mais non, c'est la misère païenne, cynique, dépouillant toute vergogne, effrontée et tapageuse comme une ribaude à moitié ivre. Elle s'empare des plus belles rues [1], elle a besoin des plus larges trottoirs ; elle traite la voie publique en pays conquis : les trous de ses haillons semblent cracher le sarcasme et l'injure aux habits neufs et aux robes de soie qui passent. Partout on la rencontre dans l'indécente posture de ce Ganymède du musée de Dresde, qui montre ce qu'il ferait mieux de cacher.

Il faut la voir au Thiergarten, ce vaste parc qui est tout à la fois les Champs-Élysées et la forêt de Bondy. Elle s'étale là, en plein soleil, avec une impudence de brute. L'étranger qui, sur la foi des *guides*, s'avance dans ces splendides avenues, rebrousse chemin aussitôt, épouvanté et écœuré.

Le Thiergarten—qui répond bien à son nom de « Jardin des bêtes » — est, en été, le caravansérail de tous les vagabonds et vagabondes de l'empire, que le libertinage et le vol attirent dans la capitale des milliards. Les ouvriers sans

---

[1] Le Kœnigsmauer, le quartier le plus aristocratique de Berlin, est en même temps le plus mal habité.

travail, les filles sans clients, les filous dans la « dèche » logent tous à cette auberge de la « Mère-Verdure, » comme ils l'appellent : la *Muttergrun.*

Il y a d'autres endroits encore, la Hasenhaide (la lande aux lièvres) et la Jungfrauhaide (la lande aux vierges); mais le gîte de prédilection de ces bohêmes du vice et de la misère, c'est le Thiergarten, avec ses mille petits sentiers qui en font un vaste labyrinthe, et ses profondeurs boisées qui offrent des retraites plus sûres, en rendant les razzias moins faciles.

Il faut un déploiement de forces considérables pour cerner ce bois qui va jusqu'à Charlottembourg, et qui se soude à la Spandauer-Haide et aux îles solitaires de la Havel. Aussi la police n'agit-elle que lorsqu'elle est sûre d'une bonne prise : un assassin ou un forçat en rupture de chaine.

L'expédition part à onze heures, divisée en petits détachements de 50 à 100 hommes. Les gendarmes à cheval (*schutzmanner*) et les sergents de ville sortent par les différentes portes de Berlin, afin de ne pas donner l'éveil, et se rejoignent près du théâtre des opérations.

Les sergents de ville, révolver au poing, s'avancent les premiers dans le bois, fouillant les buissons, explorant les fourrés, sondant les troncs d'arbre, descendant dans les terriers ; à mesure qu'ils s'avancent, le cercle formé par les schutzmanner se rétrécit, de sorte que le gibier humain, refoulé à l'intérieur, se trouve pris comme dans un filet.

Ce sont quelquefois de véritables guerres de Peaux-Rouges. Quand ils se sentent traqués, les jeunes vagabonds se jettent à la nage dans la Havel, ou grimpent au sommet des arbres, d'où on les déniche avec peine.

Sur 500 individus arrêtés, 300 sont ordinairement relâchés le lendemain. Ce sont ceux qui se trouvent sans asile, mais qui n'ont pas encore commis de délits. Depuis que la liberté d'établissement est permise à tout sujet de l'empire, Berlin a subi une véritable invasion de déclassés, d'aventuriers, de mendiants, de vauriens et de vagabonds. C'est, sous une autre forme, la plaie des sauterelles, — la grande armée des dévorants.

Ces tribus vagabondes campaient, en 1872, sur la Schlœchterwiese et la Cottebaser-Damm. En supprimant ces villages de huttes et de baraques, M. de Madaï, préfet de police, a cru supprimer la misère ; il n'a fait qu'augmenter le crime. Les anciens habitants de *Barakia* et de la Prairie-des-Bouchers errent aujourd'hui, presque à l'état sauvage, sur les lisières du Thiergarten, et rendent les routes redoutables. Les Berlinois, en rentrant en ville, à la tombée de la nuit, sont généralement exposés à être dépouillés. On a aussi enlevé des jeunes filles ; il y en a qui sont restées plusieurs jours prisonnières de ces hommes des bois.

Les enfants de ces familles errantes sont habilement dressés au vol. Chiens de chasse lâchés le matin, ils doivent rentrer le soir au repaire avec une proie, — pour avoir à manger et ne pas être battus. Demandez à ces petites filles ébouriffées, qui viennent, pieds nus et en haillons, dans les rues de Berlin, vous offrir des bouquets, et à ces petits garçons qui vous vendent dans des boîtes d'allumettes des adresses « d'aimables et belles dames, » demandez-leur où logent leurs parents, ils vous répondront malignement : « Chez la Mère-Verdure ! » C'est comme s'ils disaient : A la Belle-Étoile ! Mais prenez garde à vos poches ; ils savent plus adroitement que Robert-Houdin escamoter les mouchoirs.

— Croyez-vous en Dieu ? demandait, il y a quelques mois, un juge de Berlin à un de ces jeunes vagabonds arrêté au Thiergarten, et qui avait assassiné un passant attardé.

— Non, monsieur le président, répondit-il d'un air ironique, je ne crois pas à ces blagues-là.

Il y en a qui ont, parmi ces dangereux habitants du

Thiergaten, plus de célébrité que les poëtes de la nouvelle ère. La presse, en enregistrant leurs prouesses, leur fait une réputation rapide. Le nom du *Gewalts-Wilhelm* (Guillaume le Violent) est aujourd'hui dans toutes les bouches berlinoises. On se demande si ce bandit de roman n'envoie pas lui-même, enveloppés dans quelques billets de 10 thalers, les intéressants entre-filets qui figurent dans les petits journaux, entre les réclames financières de M. Strousberg et les nouvelles de la santé de M. de Bismarck.

Pendant la belle saison, l'hôtellerie gratuite de la Mère-Verdure est, certes, plus poétique qu'une cave humide ou un grenier exposé aux quatre vents. Couché sur la mousse, à l'ombre d'un sapin dont la lune argente le faîte, on est même, par les tièdes nuits d'été, mieux que dans un bon lit. Mais l'hiver ! A Berlin, au milieu de ces plaines neigeuses, l'hiver est un tyran inexorable.

Alors commence aux portes des workhouses et des asiles, cette longue procession de la misère et du vice, ce hideux défilé de meurt-de-faim, de sacripants, de faux aveugles et de faux boiteux, d'ivrognes et de prostituées.

Le Thiergarten se vide comme un égout et se transvase, en remplissant la ville de ses lèpres, dans l'*Arbeithaus* et les *Zufluchtshœuser*.

L'Arbeithaus est le plus ancien refuge municipal de Berlin. Le peuple le désigne sous le nom de la « Tête-de-Bœuf. » Ce vieil et vaste édifice, situé sur la place Alexandre, a, pendant plus d'un demi-siècle, servi à la fois de dépôt de police et de mendicité, de lieu de reclusion pour les filles perdues, de maison de fous et de maison de détention pour les jeunes criminels.

« Ni à Londres, ni à Paris, ni à Vienne, ni à Madrid, ni même dans la sauvage Walachie, dit M. Rasch qui l'a visité il y a cinq ou six ans, et qui nous a fourni de nombreux matériaux sur ce sujet, je n'ai vu quelque chose de plus ignoble, de plus sale, de plus infect, de plus dégoûtant ; toutes les misères, toutes les abjections, toutes les pourritures de la capitale y sont entassées. Dans une petite cour, des filles de joie grelottent, gardées par des gendarmes ; dans une autre cour, un homme charge sur ses épaules un cercueil en sapin, qu'il emporte comme un colis ; dans une troisième cour, des condamnés tournent une meule, attachés les uns aux autres, comme des chevaux aveugles. Il y a aussi un poteau auquel on lie, pour les fouetter, les femmes mariées qui se conduisent mal ou battent leur mari. A l'entrée de la salle d'asile se traînent des vieillards épuisés, des femmes affamées, qui viennent chercher un dernier refuge, un coin obscur pour reposer leur tête et mourir.

« Les mâles, les femelles, les nouveau-nés, les adolescents, les vieillards, tous les sexes et tous les âges sont confondus dans la même vermine et la même promiscuité. C'est un grouillement d'animaux à face humaine, d'où sortent des plaintes, des gémissements, des imprécations, des menaces et des obscénités. Et comme un chœur infernal, toute la nuit on entend les cris des fous, les hurlements des folles qui se ruent contre la porte de leur cellule. C'est à devenir fou soi-même.

En 1862, les plaintes s'accentuèrent tellement dans la presse, qu'on transféra les fous ailleurs et qu'on sépara les hommes des femmes. C'est tout ce qu'on put obtenir.

Le tableau de tant de misère attendrit des âmes généreuses ; il se forma aussitôt un comité pour la fondation de deux asiles dignes de ce nom et dignes de la charité chrétienne. La reine Augusta patronna l'œuvre, et deux ans après, le premier de ces asiles, destiné aux femmes, s'ouvrait dans la Fusilierstrasse, n° 3 ; le second, destiné aux hommes, dans la Buschingstrasse, n° 4.

Je désirais depuis longtemps voir ces deux établissements ; mais j'attendais l'occasion de combiner cette visite avec une descente de police dans le monde du crime.

Un jeune diplomate autrichien que j'avais intéressé à mon entreprise m'avait promis son influent concours.

Un matin, je retirai le billet suivant de la boîte aux lettres qui orne la porte de chaque locataire berlinois :

« C'est pour ce soir. Le commissaire de mon quartier nous prend avec lui. Il sera de service au meeting socialiste qui a lieu à sept heures, Sophienstrasse, n° 15. Il espère être libre à neuf heures, et nous accompagnera aux asiles. Vous me trouverez, à sept heures précises, devant la maison indiquée. Petite tenue de rigueur; chapeau mou; pas de montre; un gourdin. »

A six heures, j'endossai une vieille redingote, je chaussai de vieux souliers, et, coiffé d'un feutre à larges bords, armé d'un bâton noueux, je me dirigeai vers le lieu du rendez-vous.

Mon ami m'attendait à la porte, dans un costume à peu près identique. Nous entrâmes sans attirer l'attention. La salle, très-haute, avec des tribunes, était pleine jusqu'au toit. Beaucoup de figures sinistres, assombries par la misère; çà et là cependant quelques visages à la peau blanche et fine, indiquant des commis de magasin, des employés de bureau. Ceux qui avaient pu s'approcher des tables buvaient en silence. Avec quelques quinquets de moins et quelques barbes de plus, on eût dit une réunion de conspirateurs.

Au moment où M. Hasselmann, député au parlement, un des chefs du socialisme allemand, montait à la tribune pour ouvrir la séance, un jeune adolescent grimpa sur une chaise et demanda à l'assemblée si elle consentait à ce qu'on postât deux quêteurs à la porte, avec une assiette « afin que le comité rentrât dans ses frais. » Il n'y eut pas d'opposition.

M. Hasselmann prit alors la parole. Le rédacteur en chef du *Nouveau Social-Démocrate* est petit, trapu; il porte, jusque sur sa barbe, d'un roux presque écarlate, la couleur de ses opinions politiques. Il était vêtu d'une redingote noire et d'un gilet blanc, livrée qui semblait peu orthodoxe à des frères en blouse chuchotant derrière nous.

M. Hasselman a remué toute la vieille ferraille socialiste : il a parlé de l'inévitable « sueur du peuple, » de « l'infâme capital, » de la « femme qui n'est plus qu'une denrée commerciale. »

« Dans l'état socialiste, dit-il, le mariage sera aboli et la femme rendue à sa destination naturelle. La religion, la famille telles qu'on les comprend ne sont plus possibles ; il faut affranchir la femme de tous ses liens. »

La facilité du divorce n'a cependant jamais beaucoup entravé, en Prusse, la femme lasse du devoir ou du sacrifice. « Le mariage, tel qu'il est pratiqué chez nous, dit la *Germania*, est au-dessous du mariage païen qui consacrait la durée de l'union. On se lie et on se délie à volonté, selon ses besoins, selon ses caprices. Il est même de bon ton qu'un gentilhomme qui va dans une ville de bains trouve à l'hôtel quatre ou cinq dames qui ont été ses femmes, et qu'il joue le soir avec elles une partie de wihst. Les enfants ne connaissent ni père ni mère. On expédie en Amérique, où ils meurent ou achèvent de se corrompre, les jeunes gens dont on a négligé l'éducation et qui tournent mal. La société entière est bouleversée, il n'y a plus ni maîtres ni serviteurs, ni fidélité, ni amour, ni obéissance. Il n'y a plus que ceux qui donnent du travail et ceux qui le font. Partagés en deux camps, ceux-ci regardent ceux-là comme des ennemis. Les gouvernements eux-mêmes ont perdu la notion du juste et de l'injuste, et nous voyons la corruption atteindre les princes et leurs ministres. Les arts sont en pleine décadence ; le théâtre est une école d'immoralité. Les lectures préférées sont celles qui enseigne le mépris de toute religion et élèvent l'adultère au rang d'une vertu. Nos professeurs apprennent à la jeunesse à se regarder comme de petites divinités. Aussi, nous le répétons : « notre civilisation est la barbarie ! »

Si M. Hasselmann avait eu connaissance de ce tableau peint d'après nature, il se serait peut-être un peu moins apitoyé sur l'état actuel de la société en Allemagne.

M. Hasenclever monte ensuite à la tribune au milieu de formidables applaudissements; il commence par déclarer que leur maître à tous, Lassalle, est « le plus grand citoyen juif qu'il y ait sur la terre, avec Jésus-Christ, fils légitime de Marie et de Joseph. » Il développe la théorie de l'état populaire, c'est-à-dire de la commune, où la moralité remplacera le vice, où la misère et la haine des classes seront supprimées. Il s'échauffe, se grise de ses propres paroles, et finit par découvrir des mouchards dans la salle. « Mais qu'ils le sachent, nous ne les craignons pas, s'écrie-t-il en faisant allusion à des perquisitions domiciliaires récentes, les chiens de M. de Madaï n'ont jamais trouvé du pétrole que dans nos lampes. »

Une hilarité bruyante s'empare de l'auditoire, mais les éclats de rire se changent rapidement en colère. Un commissaire de police tire M. Hasenclever par les basques de sa redingote et le force de descendre de la tribune, puis, prenant sa place, déclare la réunion dissoute. Les hurlements, les menaces éclatent plus fort. Les commissaires qui gardent les abords de la tribune demeurent impassibles; enfin, voyant que toutes leurs protestations restent sans effet, les braillards évacuent lentement la salle.

Nous sortons et trouvons l'inspecteur qui nous attendait.

— Il m'est impossible de vous accompagner aux asiles, nous dit-il; il y aura peut-être ici une bagarre.

Il nous montra les groupes qui se formaient dans la rue.

— Mais voici, reprit-il en tirant son carnet, ma carte et un mot d'introduction ; allez sans crainte, prenez un fiacre et venez me rejoindre à dix heures à la confiserie qui fait le coin de la rue Frédéric, du côté de l'Hôtel-de-Ville.

Sur la place Monblijou nous rencontrâmes un droshke.

— Fusilierstrasse, dis-je au cocher, mais vous aurez soin de vous arrêter avant le tournant de la rue.

Il nous regarda d'un air singulier et, après avoir hésité, il donna un vigoureux coup de fouet à son cheval.

La nuit était venue. Quelques pauvres becs de gaz, placés à une immense distance les uns des autres, éclairaient funèbrement la longue ruelle dans laquelle la voiture s'était engagée. Quand les roues frôlaient les façades on voyait dans les caves servant de débits de liqueurs, des hommes et des femmes qui buvaient de l'eau-de-vie dans de gros verres.

Un peu plus loin nous croisâmes quelques ivrognes qui se mirent à nous injurier. « Une voiture ! une voiture ici ! Eh, dites donc, bourgeois, est-ce que vous insultez le peuple ? » nous cria l'un d'eux, en nous montrant le poing.

En plein jour, on nous eût sans doute poursuivis à coups de pierre. Les fils du prince royal s'étant aventurés un dimanche dans ces quartiers, sans être reconnus, ne durent leur vie qu'à la vitesse de leurs chevaux. Les femmes leur lançaient, des fenêtres, des tessons de bouteilles et leur jetaient des pots de chambre.

Une bouffée d'air nous rafraîchit soudain le visage ; le cheval ralentit le pas : nous traversions la Sprée sur un pont de bois tremblant de vétusté.

—Que la Seine, soupira mon compagnon, doit être belle à cette heure, avec ses girandoles de becs de gaz qui se reflètent dans l'eau comme des étoiles !

La voiture se mit de nouveau à rouler à travers de sombres petites rues, mal pavées, où régnait un silence plein d'angoisse, interrompu seulement par le trot de notre cheval et les exclamations rauques d'ivrognes regagnant leur cave à tâtons. De temps en temps, les roues s'engageant dans de profondes ornières en faisaient jaillir les eaux croupissantes.

Le trajet dura environ une demi-heure. Le cocher nous déposa comme nous le lui avions recommandé, au coin de la Fusilierstrasse. Nous inscrivîmes ostensiblement son numéro sur notre calepin et lui donnâmes un double *trinkgeld* pour adoucir le temps de l'attente.

La Fusilierstrasse est un peu moins parcimonieusement éclairée que les autres rues populaires que nous venions de traverser. Une grande masse noire piquée de points lumineux se dressait devant nous, à cinquante pas ; c'était l'asile des femmes.

Une quarantaine de malheureuses créatures se pressaient à la porte, les unes avec un nourrisson à demi-mort dans les bras et des enfants pâles, malingreux, accrochés à leurs jupes ; les autres tenaient des hardes nouées dans un mouchoir en lambeaux, — tout ce que l'huissier leur avait laissé. Quelques jeunes filles, enveloppées dans des châles effiloqués, ressemblaient à de pauvres hirondelles jetées là par la tempête. Une toux déchirante sortait de ces groupes sombres qui attendaient, impatients, en battant le pavé de leurs souliers troués, — que la porte s'ouvrît.

Quand furent écoulées les cinq minutes réglementaires, on entendit la pression d'un ressort : un rayon de lumière éclaira la rue, et le troupeau affamé et transi entra.

Nous étions en queue. Le *Hausvater* (le directeur de l'établissement) vint aussitôt à nous, mais sans quitter sa longue pipe et sans soulever sa vénérable calotte de velours; notre mise semblait lui inspirer une médiocre confiance. « Qui venez-vous chercher ? » demanda-t-il d'une voix sèche. Mon compagnon lui présenta la carte de l'inspecteur. Il lut, puis sourit jusqu'aux oreilles et s'inclina autant que le lui permettait son énorme bedaine. « Allez vous placer sur l'escalier, nous dit-il, vous verrez défiler la procession. »

Il rentra dans une espèce de loge, s'installa devant un registre, et procéda à l'inscription des arrivantes. Il leur demanda leur âge, leur lieu d'origine et leur état. Toute autre question est sévèrement interdite par le règlement. La femme du Hausvater, pendant ce temps, passait une rapide inspection de leur visage et de leurs mains, et selon le degré de propreté, indiquait la salle de bains ou simplement la salle de toilette. A leur sortie, on remettait aux « coucheuses » une gamelle de soupe fumante, et on désignait aux plus âgées le premier étage, et aux plus jeunes le second.

Il y a quatre dortoirs, bien aérés en été, bien chauffés en hiver, d'une propreté irréprochable. Les lits sont très-bas, en fer ; un treillis sur lequel on étend une couverture tient lieu de matelas. Sous chaque lit se trouve une paire de pantoufles. Autour des tables placées au milieu de la salle et qu'éclairent des lampes à pétrole, des jeunes filles lisent (l'asile a une bibliothèque), des femmes rapiècent leur robe en loques ; des vieilles, le chef branlant, devisent du temps jadis, moins dur pour le pauvre monde. Ces visages ne portent pas tous les stigmates de la misère ou du vice. Etendues sur leur lit, des fillettes de six ans dorment, l'air calme, souriant, heureux. Elles rêvent.

— Un soir, nous dit le Hausvater qui nous accompagnait, une mère vint nous demander asile pour elle et son enfant mourant. Ma femme donna une poupée à la petite ; c'était le premier jouet qu'elle voyait de sa vie. Ah ! quelle joie ! Vous auriez dû la voir et l'entendre ! Elle parla toute la nuit à sa « belle poupée » ; elle la caressait, elle l'embrassait ; elle mourut le matin en la tenant dans ses bras et en murmurant doucement : « Ma chère belle poupée ! »

En redescendant, nous visitâmes la chambre des malades, où d'excellents lits de plumes sont tout préparés. On nous montra aussi une cellule aux parois capitonnées, dans laquelle on enferme les femmes prises d'accès de folie. Une accoucheuse et un médecin sont spécialement attachés à l'établissement.

Au moment où nous allions sortir, on sonna. Le Hausvater tira le cordon. Une jeune fille entra. Elle était jolie, elle avait les cheveux noirs, les yeux noirs, le teint mat, la bouche un peu grosse et sensuelle, — vrai type de la Berlinoise, qui a dans ses veines du sang slave. A sa mise soigneuse, aux prétentions de son chignon, on reconnaissait une ouvrière en robes ou une modiste. Embarrassée, rougissante, elle demanda si une autre jeune fille de son âge n'était pas arrivée à l'asile. « C'est une de mes amies, dit-elle, et il faut que je lui parle encore ce soir. » — Il y a une demi-douzaine de jeunes filles qui sont entrées depuis une heure, mon enfant, répondit le Hausvater. Je ne sais si votre amie se trouve parmi elles, et n'ai pas le droit de le demander. Montez, allez voir vous-même.

— C'est une honnête fille, reprit le Hausvater, en se retournant vers nous. Mais combien de jours restera-t-elle encore honnête? Voyez-vous, elles succombent toutes. Je vous défie de trouver une Berlinoise qui résiste à un morceau d'oie rôtie. Pourquoi Dieu a-t-il donc créé les oies? N'était-ce pas assez de la pomme?... Si Marguerite avait été une vierge de la Wilhelmstrasse, Faust se serait déguisé en cuisinier, et au lieu d'un coffret de bijoux, il lui aurait présenté une cuisse d'oie rôtie. C'est le *Nationalbraten*, — le rôti national.

Deux minutes après, la jeune fille revenait, plus gênée qu'auparavant. — Je n'ai pas trouvé mon amie, balbutia-t-elle; me permettez-vous de l'attendre?

— Très-volontiers. Puisque vous tenez absolument à la voir ce soir, je vous conseille même de passer la nuit chez nous.

Un éclair de joie brilla dans ses yeux. Elle remonta l'escalier avec la légèreté d'un oiseau.

— Avez-vous remarqué la diplomatie de la petite? nous dit le Hausvater. Elle est sans abri; elle avait honte de venir en demander un ici.

Et se tournant vers la cuisine, il cria à sa femme, de sa grosse voix : « Mère, une soupe à la nouvelle pensionnaire? »

— Des cas semblables sont fréquents, reprit le Hausvater, en nous accompagnant jusqu'à la porte. Le jeunes filles qui cherchent ici un abri ne sont pas toujours sans ressources et sans travail. Vous en avez vu là-haut qui n'ont point l'air trop misérable. Ce sont des ouvrières, des couturières qui en rentrant le soir, chez elles, ne trouvent plus de logis. La famille chez laquelle elles avaient un lit, un « couchoir » a été expulsée, dans le courant de la journée, par le propriétaire. Pas plus tard que lundi, une jeune fille de seize ans, bien vêtue, se présente à notre porte. Elle me raconte en pleurant, sans que je le lui demande, bien entendu, que la vieille dame chez laquelle elle avait été placée avait disparu pendant qu'elle était sortie, emportant tout. Des filles de la campagne, venues pour chercher du service dans la capitale, et qui, à la tombée de la nuit, se trouvent sans place, sont heureuses de nous demander jusqu'au lendemain un gîte plein de sécurité. Vous avez lu les avis affichés dans les gares de Berlin? Que de fois de pauvres femmes qui ont manqué le train viennent chercher un asile dans notre établissement! On nous amène aussi les enfants trouvés. Hier, un marchand du quartier nous en a conduit quatre qu'il avait recueillis couchés au pied du mur de son jardin... En 1871, lors de la grande disette de logements, nous avons recueilli 254 enfants que leurs parents avaient abandonnés. En 1872, 362 enfants que nous avons envoyés aux orphelinats appartenaient à des ouvriers en grève.

« D'après nos registres, depuis quinze jours, nous avons hébergé environ 1,558 personnes, dont 699 femmes, 507 jeunes filles, 258 enfants et 94 nourrissons. La même personne n'est reçue à l'asile que deux fois par mois. Pour beaucoup de malheureuses, c'est une fête que d'y être admises. L'asile de la Tête-de-Bœuf reste ouvert à tout venant, mais les vagabonds y sont souvent pincés, — tandis que les gendarmes n'entrent pas chez nous — et toutes les femmes, honnêtes ou non, y sont soumises le lendemain à une visite médicale. Vous n'avez pas encore visité l'Arbeithaus ?

« Dans une salle basse, fétide, mortuairement éclairée, sur des bancs de bois rangés les uns à côté des autres, dorment des femmes en haillons, échevelées, ivres pour la plupart.

« Au milieu, il y a une espèce de chaire pour le surveillant. Quand une coucheuse fait du bruit, on la fourre dans un trou noir qui ressemble à une fosse. Des grilles aux fenêtres, aux portes; c'est plus triste qu'une prison. »

Une cloche tinta.

— Excusez-moi, nous dit le Hausvater, c'est le signal de l'extinction des feux. Et, cette fois, ôtant sa calotte avec un sourire satisfait, il nous tira un profond salut.

Notre cocher, alléché par la perspective d'un second pourboire, nous avait attendus. Au bout de dix minutes, nous redescendions de voiture et montions à pied la Buschingstrasse, au haut de laquelle se trouve l'asile des hommes. Il est contruit sur le même modèle que celui de Fusilierstrasse, et soumis au même règlement.

A côté de la misère en loques, on y rencontre quelquefois la misère en habit noir. C'est la plus navrante.

— Vous voyez cet homme, nous dit le Hausvater en nous désignant un vieillard qui mangeait avidement sa soupe, dans le coin le plus reculé de la salle: il a soixante-dix ans ; il avait un des beaux magasins de la Friedrich strasse : il était riche, il a fait faillite... le voilà !

De dessous les couvertures surgissaient des figures patibulaires, aux longues chevelures incultes, aux sourcils buissonneux, à l'œil mauvais, à la lèvre cruelle.

— Ceux-là, murmura le Hausvater ne vous diraient pas l'emploi de leur journée.

Nous cherchons à lire dans l'expression de leur figure le bilan de leur conscience ; mais toutes sont empreintes de la même insensibilité bestiale ; des tigres qui ont dévoré une caravane ne sont pas plus impassiblement féroces. On se demande si ces poitrines velues comme celle de la bête renferment un cœur humain.

On dit que le type des basses classes est partout le même : je n'ai jamais vu cependant, dans les derniè- couches des grandes villes, des individus à l'air aussi abject, aussi grossier que ceux qu'on rencontre à Berlin.

L'inspecteur nous fit écrire nos noms sur un registre, et nous rejoignîmes notre voiture. En vingt minutes nous fûmes au coin de la rue Frédéric.

Le commissaire nous attendait dans le fumoir de la confiserie. Les confiseries ou *conditorei* tiennent, à Berlin, lieu des cafés. On y boit du chocolat, du punch, de la limonade ; les Berlinois friands y mangent surtout des gâteaux, des meringues, etc. Quand vous entrez, le confiseur, coiffé de son béret, vêtu de sa veste blanche, vous présente la carte des glacés et des boissons du jour. Il est défendu de fumer dans la première salle, mais la seconde est une véritable tabagie. La confiserie la plus fréquentée de Berlin est celle de Spargnapani, sous les Tilleuls ; elle est en même temps un cabinet de lecture. De onze heures à midi, on y rencontre de graves conseillers d'État qui savourent un morceau de tarte aux fraises tout en mâchant une tartine de la *Gazette de Cologne* ou de l'*Allgemeine*. Les dames fréquentent assidûment ces

« salons de douceurs. » On y parle bas ; rien ne rappelle l'animation si gaie du café italien, français ou espagnol. Tous ces gens qui vous entourent sont absorbés par deux seules préoccupations : se mettre du lest dans le ventre et des idées dans la tête. Chez Spargnapani, on peut suivre heure par heure les événements du monde entier. Non-seulement le facteur apporte à chaque instant un journal nouveau, venant de l'est ou du midi, de Saint-Pétersbourg ou de New-York, mais à mesure que l'agence Wolf reçoit ses télégrammes, elle les envoie sur des feuilles volantes, qu'on affiche à une place spéciale de la confiserie.

Il ne faudrait cependant pas chercher dans ces établissements l'élégance et le confort des cafés parisiens. L'Allemand ne regarde pas à la forme ; ce qu'il veut avant tout, c'est le fond. Ce peuple pratique n'entend payer ni les glaces dorées ni les chaises recouvertes de velours ; il exige des portions ou des verres qui correspondent à son argent. Aussi rien de plus primitif que ces *conditorei* ; on s'assied à de petites tables de marbre, sur des chaises rembourrées de paille, les murs sont nus, et le plancher est recouvert de sciure grise.

Il y a des confiseries ouvertes toute la nuit. Elles sont spécialement fréquentées par les filles, les « Louis », les grecs, les faussaires les filous.

L'inspecteur consulta sa montre :

— Dix heures et demie, fit-il. Nous avons du temps devant nous. Allons un moment au café chantant. Il y en a un tout près d'ici.

Nous prîmes une rue à gauche.

— C'est ici, dit le commissaire.

Nous étions devant la porte d'une cave, surmontée d'une lanterne à gaz, aux verres rouges. C'est à cette couleur qu'on reconnaît les *Tingl-Tang*, c'est-à-dire les caves où il y a de la musique et des chansons.

Nous descendîmes quelques marches et entrâmes dans une salle brillamment éclairée ; sur une estrade occupant le fond, il y avait un piano et une demi-douzaine de divas en costume de nymphes. Elles étaient assises en demi-cercle et jouaient simultanément de l'œil et de l'éventail. Il est difficile d'imaginer plus impudique exhibition d'esclaves blanches. La salle, pleine de buveurs en blouse, en redingote, en veste, en casquettes et en chapeaux, était obscurcie par la fumée des pipes et imprégnée d'une odeur qui vous serre à la gorge. On n'était pas encore en train.

Comme pour saluer notre arrivée, le piano se mit à gémir sous les crispations d'un artiste chevelu. Une des divas s'avança sur l'estrade et bêla une chanson immonde, dont je n'ose pas même donner le titre. Pendant ce temps des sommelières, exposant leur corsage échancré aux regards lubriques des buveurs, nous demandaient si nous voulions du bordeaux, du porter ou de la bière. On donne à Berlin le nom de bordeaux à toutes les teintures dans lesquelles il n'entre pas un grain de raisin.

La ritournelle s'acheva au milieu d'un tonnerre d'applaudissements et la chanteuse, descendant de l'estrade, vint s'asseoir sur les genoux d'un vieux monsieur, attablé près de nous, et qu'elle reluquait depuis un instant. — « Cher, lui dit-elle, j'ai faim, paye-moi à manger. » Ces mots sont toujours les premiers qui sortent de la bouche des Berlinoises de cette catégorie.

Le monsieur fit venir une côtelette de porc, — elle n'en était plus à l'oie rôtie ; — la nymphe prit la côtelette par le manche et la rongea en minaudant.

Le pianiste plaqua de nouveau des accords furibonds, et une blondinette assez gentille, costumée en débardeur, souleva une draperie et sauta sur l'estrade, avec l'agilité d'une chatte. On applaudit avec frénésie. Elle envoya des baisers.

Elle chanta quelque chose d'inepte, moitié allemand

moitié français, avec des contorsions de hanches, des rauquements dans le gosier : les auditeurs se tordaient de rire ; les mots qui nous arrivaient eussent fait rougir un gendarme à cheval.

La débardeuse descendit à son tour dans la salle — *quærens quem devoret* — et se jeta sur les genoux d'un jeune homme auquel elle arracha sa cigarette, qu'elle acheva en renvoyant la fumée par le nez.

D'autres artistes chantèrent en danois, en italien, et, j'ai honte de le dire, en français ! Mais ce français-là était heureusement du français de frontières.

Au moment où nous nous retirions, le vieux monsieur et la chanteuse qui avait dévoré la côtelette entraient dans une chambre réservée, séparée de la salle de concert par une simple portière, portant cet écriteau : « *Hier trinkt man nur Champagner Wein.* » (Ici, l'on ne boit que du champagne.)

Nous revînmes dans la rue Frédéric, nous traversâmes la place Alexandre, et, conduits par le commissaire, nous arrivâmes devant une entrée ornée de colonnes et illuminée par une rangée de becs de gaz.

— La villa Colonna, nous dit l'inspecteur. Entrez les premiers.

Nous nous enfonçâmes dans un étroit couloir qui sentait le ruisseau. Bientôt l'air entraînant d'une valse résonna à nos oreilles ; un monsieur nous remit, contre un peu de monnaie, un programme de la soirée et un billet d'entrée ; puis, il nous ouvrit une porte vitrée qui se ferma sur nos talons.

Des bouffées d'atmosphère chaude, mélangées à des odeurs de fleur, de satin et de chair nous arrivaient en pleine figure ; le son des violons était plus vibrant et plus net. Au bout d'une dizaine de pas, comme si la baguette d'une fée eût entr'ouvert la terre, nous nous trouvâmes sur le seuil d'une salle de danse splendidement décorée. Les danseurs et les danseuses passaient et repassaient devant nous, emportés dans un tourbillon d'une violente harmonie. Les femmes étaient étrangement habillées. On eût dit des Vénitiennes et des Circassiennes de mardi gras. Leurs chevelures abondantes retombaient comme un cimier sur leurs épaules aux blancheurs nacrées. Des colliers d'or et de perles s'enroulaient autour de leur cou. Leur robe, au corsage entre-bâillé, était de couleur voyante et tapageuse. Chaussées de brodequins de soie, leurs pieds effleuraient le parquet comme un oiseau dans son vol.

L'inspecteur nous fit signe de le suivre. Nous montâmes un vaste escalier, où il y avait un grand va-et-vient de sommeliers qui portaient sur des plateaux de ruolz des pâtisseries, des liqueurs et des bouteilles coiffées d'un casque de papier argenté.

— Loge n° 5, dit le commissaire à l'ouvreuse.

Elle nous introduisit dans une loge du fond, à demi dans l'ombre, avec des rideaux, des divans de chaque côté, et une table au milieu. Nous dominions la salle sans être vus. On appelle ces loges qui, dans ces établissements, remplacent les cabinets particuliers, des « loges de famille. » Les soirs de concert, elles sont en effet occupées par des familles de petits bourgeois et de petits commerçants.

La valse venait de finir. Autour des tailles que faisaient éclater les séves de la jeunesse, les éventails battaient amoureusement de l'aile.

— Comme toutes ces femmes sont jeunes et jolies! remarqua mon compagnon. Quel contraste avec les danseurs!

— Ce n'est pas étonnant, répondit le commissaire ; ces jeunes filles sont toutes âgées de seize à vingt ans. On est précoce dans la grande capitale. On ne voit pas ici, comme à Paris, des sépulcres fardés, des lorettes vieillies, encore entourées d'adorateurs. A trente ans, ces jeunes filles se marient ou se rangent. Beaucoup se jettent dans le vice avec la pensée morale d'amasser promptement une petite dot et de donner beaucoup d'enfants à leur mari. La femme berlinoise n'a pas peut-être ce sentiment délicat que vous appelez en français le sentiment de la pudeur. Elle n'a pas très-nettement conscience de son inconduite ; elle est naïvement débauchée. Cela tient sans doute à son tempérament, à l'éducation première et au manque absolu de principes religieux. Je ne suis pas un cagot, mais je crois que la religion est la meilleure des barrières contre le déréglement des mœurs. Les dernières statistiques ont établi que sur les femmes et filles inscrites à la police, 2,070 appartiennent à la confession évangélique, 121 à la religion catholique, et qu'il y a seulement 32 juives. 141 de ces femmes, âgées de 14 à 24 ans, vivent avec leurs parents ; 423 ont leur propre logement ; 794 sont en chambres garnies ; 743 logent chez des « coucheurs, » et 122 errent sans domicile connu. Sur ces 2,223 femmes inscrites au bureau de police, 1,015 appartiennent à des familles d'artisans ; 467 à des familles d'ouvriers de fabrique ; 405 à des familles d'employés de l'Etat ; 222 sont des filles d'industriels et de commerçants ; 87 des filles d'agriculteurs et de jardiniers, et 27 sont des filles de militaires [1].

— Mais il faut qu'elles gagnent beaucoup à ce métier, pour venir se pavaner ici dans des toilettes aussi excentriques, avec des bracelets, des colliers...

— La place de Berlin n'est pas aussi bonne que celle de Paris, interrompit l'inspecteur en souriant... Vous avez remarqué ces vieilles sorcières qui se tiennent au bas de l'escalier ; eh bien ! ces belles robes de soie, ces colliers d'or, ces boucles d'oreilles, ces bottines neuves et ces bas à jour sont leur propriété. Elles ont loué le costume complet jusqu'à demain à midi, et elles viennent ici

---

[1] Le nombre réel des femmes de mauvaise vie dépasse 25,000.

surveiller leurs clientes. Il y a une trentaine de ces loueuses et marchandes à la toilette ; ce sont elles qui tirent les plus gros bénéfices.

Les premières mesures d'un quadrille rappelèrent les danseurs dans la salle. Quelques-uns, le chapeau défoncé, les bottes éculées, arrivaien en gesticulant et en gambadant comme des paillasses. J'en vis qui passaient leur manche sous le nez. Il n'est, du reste, pas rare de rencontrer dans les rues de Berlin des messieurs bien mis qui ôtent leurs gants et se servent de leurs doigts pour ne pas humilier ceux qui n'ont pas de mouchoir.

— Souteneurs, filous, « Bauernfanger [1] » et « Mauerjunge [2] », voilà les hommes, murmura le commissaire. Tous ont leur dossier à la préfecture de police. C'est parmi eux que sont mes voleurs d'oies. Je les « file » depuis une semaine. Il y a marché demain. On m'a indiqué la « spelunke » (la cave criminelle, la caverne) où ils doivent se réunir ce soir pour se concerter ; nous les y pincerons tous. On viendra nous prévenir quand les « Schutzmanner » se mettront en marche.

Un « maître à danser » en habit noir et cravate blanche, le claque sous le bras, debout au milieu de la salle, criait, en français, les figures du quadrille. Danseurs et danseuses tournaient dans une ronde satanique. C'était un simulacre de cancan ; on eût dit les vierges folles conduites au sabbat.

A ce moment, on frappa un coup discret à la loge. Une tête, coiffée d'un casque, passant à travers la porte, dit à l'inspecteur : « Les hommes sont sur la place Alexandre. »
— C'est bien, répondit-il ; prenez les devants.

Nous nous levâmes et sortîmes. L'air de la nuit nous rafraîchit d'une façon délicieuse. Le ciel s'était couvert

---

[1] Grecs.
[2] Apprentis voleurs, qui jouent du couteau comme de véritables bandits.

de nuages, le vent soufflait, et les dernières mesures de la contredanse retentissaient derrière nous, comme un éclat de rire de damnés.

Nous remontâmes la rue Royale, du côté du pont de l'Électeur. Il y avait presque autant d'animation qu'en plein jour; mais tous ces passants avaient un air anormal et suspect; quelques-uns étaient en compagnie de filles qui criaient d'une voix glapissante.

— Où vont ces coureurs de nuit? demandai-je à l'inspecteur.

— A la brasserie borgne, à la confiserie nocturne où ils ont donné rendez-vous à leurs complices pour organiser le vol ou l'effraction de demain, ou pour partager le butin de ce soir. Malgré toute notre vigilance, les brasseries, les caves du crime (*Verbrechenkeller*), les tripots, augmentent dans une proportion effrayante. Berlin est la capitale où il se commet le plus de délits et de crimes, proportions gardées. En 1872, il y a eu 8,193 crimes déférés au jury; en 1873, 8,546. En 1872, les attentats aux mœurs ont monté de 7,5 0/0; et de 8,8 0/0 en 1873. Il y a eu en 1873 40 condamnations à mort, 2,540 condamnations aux travaux forcés. Le nombre des suicides s'accroît dans une progression identique. Beaucoup de criminels se tuent en prison. Le suicide décime même les rangs de l'armée.

Lorsque nous fûmes arrivés près de la rue de l'Evêque, nous prîmes à gauche une ruelle qui va en serpentant jusqu'au pont de Spandau. Cette étroite ruelle est bien connue du Berlinois, qui ne s'y aventure jamais seul. Ces maisons sinistres aux murs lézardés, aux contrevents vermoulus, aux vitres brisées, sont devenues le repaire de la plus vile populace. Il y a vingt ans, avant que Berlin s'appelât la « capitale des bonnes mœurs, » toutes ces portes étaient larges ouvertes. A travers les rideaux transparents des fenêtres, on apercevait les silhouettes de femmes à demi nues, ou en tunique vaporeuse, la tête ornée de rubans et de plumes, dans des poses et des attitudes plastiques faites pour attirer les passants. Des lampes astrales, des candélabres dorés éclairaient ces tableaux vivants ; et un vieux musicien, jouant de la cithare ou de l'armonica, se tenait accroupi dans un coin de la salle. On se fût cru en plein Orient, au pays des almées et des bayadères. De temps en temps, des jeunes filles, fraîches comme l'aurore, à peine pubères, se montraient sur le pas de la porte, en robe de mousseline rose, et disparaissaient en vous jetant une fleur ou un baiser. Elles reparaissaient bientôt aux fenêtres du premier ou du second étage, et vous tendaient les bras comme de belles prisonnières implorant leur délivrance de quelque hardi cavalier. Dans ces salons et ces boudoirs, aujourd'hui abandonnés, le tokai, le bordeaux, le champagne coulaient à flots. Les sons des instruments se mêlaient aux rires joyeux et au bruit des bouchons.

— Ne dirait-on pas maintenant, nous dit l'inspecteur qui nous avait donné ces détails, une cité de la mort? Un cimetière, à cette heure de la nuit, n'est pas plus silencieux. Ces maisons semblent toutes inhabitées quoiqu'elles soient remplies jusqu'aux combles. Dans leurs caves grouillent les invalides du vol et du crime ; les logements du rez-de-chaussée et les autres étages servent de refuge et de repaire aux malfaiteurs les plus dangereux de Berlin. Celui qui se sent traqué par la police vient toujours se cacher momentanément ici. La surveillance est impossible. La population nomade de cette rue change du soir au matin. Je ne voudrais d'ailleurs pas être chargé d'une visite domiciliaire dans un de ces bouges. On n'en ressortirait pas vivant. La police a renoncé à ces sortes de perquisitions et a demandé qu'on rasât le quartier. Il en a été souvent question, mais la municipalité manque d'argent. Et cependant n'est-il pas honteux que dans la capitale de l'Empire les abords du pont Royal servent de camp retranché à toute l'armée des bandits et des malfaiteurs berlinois?

Nous avions atteint l'extrémité de la ruelle. « Nous arrivons, » nous dit l'inspecteur en scrutant de ses regards l'obscurité croissante. Sur nos têtes le ciel était tout noir et autour de nous ne brillait pas la plus petite lumière. Le vent avait éteint les becs de gaz.

Tout à coup, des pas mesurés retentirent à nos oreilles. Nous nous arrêtâmes. « C'est la patrouille, » fit l'inspecteur en reprenant sa marche.

Nous la rencontrâmes un peu plus loin. L'inspecteur échangea le mot de passe ; on ne lui signala rien de particulier.

La patrouille s'éloigna, et nous nous trouvâmes de nouveau plongés dans un silence de mort.

— Il ne faut pas se fier à cette tranquillité, observa l'inspecteur ; les habitants de cette rue connaissent tous l'heure de la patrouille ; ils sont habiles à déjouer la vigilance de la police. Voici une cave dans laquelle on sert du café, on débite de l'eau-de-vie, des vins du pays, des vins étrangers et autres » ; elle est hermétiquement close, et pas un filet de lumière ne passe à travers les interstices de la porte et des soupiraux. Arrêtons-nous un instant et écoutons.

Nous collâmes notre oreille contre l'épaisse porte de bois, bardée de fer, et nous entendîmes, grossissant comme le bruit du flot qui arrive au rivage, des rumeurs sourdes et vagues d'abord, puis plus intenses et plus distinctes.

— On joue, fit l'inspecteur. Ils sont toute une bande, et il y a des femmes. Nos voleurs d'oies ne sont pas là.

Nous reprîmes notre marche.

— Les « voleurs d'oies », continua l'inspecteur, forment une vaste association, parfaitement organisée. Ils guettent, le soir, l'arrivée des gens de la campagne, et de bon matin, ils sont à la porte de leur auberge, leur offrant de porter leurs marchandises sur la place du marché, de leur indiquer les meilleures places, etc. Les paysans et les paysannes qui leur confient leurs caisses de poulets ou leurs oies ne les revoient plus. Depuis quelque temps, cette variété de voleurs montre même une audace inouïe : elle fait des razzias en plein jour sur la place Alexandre. Mais chut! nous approchons de leur quartier général, et demain ils pourraient être bien désagréablement empêchés.

Nous étions à une dizaine de pas d'une petite maison solitaire, entourée d'une espèce de jardin.

L'inspecteur prit les devants, et nous l'entendîmes chuchoter dans l'ombre. En approchant, nous reconnûmes le « schutzmann » qui était venu nous chercher dans la loge de la villa Colonna.

— La maison est cernée, dit-il à l'inspecteur.

Celui-ci lui fit signe de se retirer ; puis il s'avança vers la bicoque, dont tous les habitants semblaient profondément endormis. Il descendit quelques marches et frappa à la porte de la cave, sur laquelle étaient peints des couteaux, des fourchettes et des verres.

Personne ne bougea.

L'inspecteur frappa une seconde fois, puis une troisième, à intervalles égaux.

— Vous verrez qu'on nous ouvrira, murmura-t-il ; je connais le signal. Vous descendrez avec moi, d'un air déterminé... Chut!...

Un pas lourd résonnait sur l'escalier.

L'inspecteur toqua encore une fois.

On entendit une clef grincer dans la serrure. Un verrou fut tiré, et la porte roula lentement sur ses gonds.

Un homme à la figure rouge et boursoufflée, tenant une lanterne, apparut au niveau du sol, en poussant un grognement de mauvaise humeur.

— Que veut-on? demanda-t-il, en dirigeant sur nous la lumière de sa lanterne.

— Bonsoir... ou plutôt bonjour, Pasqui, lui répondit l'inspecteur en posant, comme un grappin, sa main de fer sur son épaule.

— Aïe! aïe! cria le gros wirth...

— Tais-toi, ou je te fais immédiatement emmener par mes hommes.

Le tavernier, muet d'étonnement et de surprise, ouvrait des yeux comme des poings.

— On fait fête chez toi, Pasqui? Il y a une odeur d'oie rôtie qui vous réjouit avant d'entrer.

— Non, je vous assure, monsieur le commissaire, vous vous trompez...

— Tu sais, Pasqui, si tu dis un mot, si tu donnes un signal, tu es un homme perdu...

— Oh! monsieur l'inspecteur, pourriez-vous douter de moi?... Pasqui est des vôtres, Pasqui vous appartient, vous êtes ici chez vous...

— Pas un mot de plus... et sois bien sage, sinon...

Le gros wirth, tremblant de peur, se colla contre le mur pour nous laisser passer.

Nous arrivâmes à une petite porte vitrée; mais il nous fut impossible de rien voir à travers, tellement les vitres étaient crasseuses. Nous écoutâmes : les conversations se confondaient dans un brouhaha étrange, entrecoupées d'éclats de rire.

— Entrons, fit le commissaire.

Il poussa la porte sans bruit. La cave assez vaste, mais très-basse, était heureusement pleine d'une épaisse fumée. Notre arrivée passa inaperçue et nous nous glissâmes sur un banc caché par le comptoir.

Au moment où Pasqui rentra avec sa lanterne éteinte, sa femme, — une énorme dondon, — se montra sur le seuil d'une pièce voisine où l'on entendait les pétillements d'un bon feu. Elle tenait sous son bras une oie qu'elle était en train de plumer. Son mari lui lança un regard si foudroyant qu'elle se retira aussitôt, les traits bouleversés.

La scène que nous avions devant nous était digne du pinceau de Callot. Autour d'une grande table qu'éclairaient deux chandelles fixées dans un goulot de bouteille, une douzaine d'hommes et de femmes se tenaient grotesquement enlacés, buvaient, fumaient et jouaient. D'autres groupes s'accusaient dans la pénombre, mais l'épaisseur de l'atmosphère nous empêchait de les nettement distinguer.

Parmi ceux qui étaient autour de la table, il y en avait de tout costume et de tout âge. Un gamin de quinze ans, — un pâle voyou berlinois—fredonnait un couplet de corps de garde à une fille mafflue qui riait avec un bruit de trompette. Un vieillard à la tête chauve, au visage ravagé, empreint de tous les stigmates de la misère et du vice, jetait, l'œil farouche, les dents serrées et en frappant du poing, des cartes noires et graisseuses sur la table. Son partenaire, coiffé d'un feutre sinistre, portant une longue barbe rousse, était vêtu d'une ancienne robe de chambre à superbes ramages qu'il avait raccourcie, et qu'une ficelle retenait autour de sa taille.

Deux jeunes gens s'amusaient à se renvoyer le corps d'une maritorne, pleine comme une outre, et qui, à moitié endormie, oscillait, tantôt à droite, tantôt à gauche. Vis-à-vis, des jeunes filles de dix-sept à vingt ans, assez jolies, parlaient à l'oreille à trois grands diables de six pieds, forts et chevelus comme Samson. Ces Dalilas aux ciseaux ébréchés avaient des costumes fort dépenaillés, et il nous sembla qu'elles renseignaient « leurs hommes » sur la devanture de certains magasins de nouveautés.

Les autres buveurs, les coudes sur la table, le visage caché par les mains, et la pipe passant entre les doigts, s'entretenaient en sourdine. Ils dressaient le plan de l'expédition.

— Si tu chantais plus haut ! Petri, cria au gamin un drôle de vingt-cinq à trente ans, la casquette sur l'oreille, vêtu d'un vieil uniforme de soldat français, dont les boutons avaient été arrachés. Ma Thuneslda a aussi des oreilles... elle les a même très-grandes... les bijoutiers le savent mieux que moi !... Ma Thuneslda, reprit-il en serrant galamment sur son cœur une blonde fadasse, qui poussait de petits cris de souris blanche, ma chère Thuneslda voudrait bien savoir ce que tu chantes à ta tourterelle.

— Ah ! mon vieux papa, je ne roucoule plus de romances d'amour... Depuis que ma Grita a assisté à une séance du Reichstag et a entendu un discours du grand Michel (M. de Bismark), elle ne parle plus que du pape et des jésuites... Je complète l'éducation politique de la petite, qui ira loin, tu verras... Elle se fera enlever un jour par un conseiller secret...

— Alors, tu lui chantais.....

— La dernière chanson qu'on a faite contre l'Infaillible. Et il se mit à fredonner :

> Contre Rome et les calotins !
> Chez nous partout ce cri résonne.
> Contre Rome, vaillants Germains,
> Marchez en épaisse colonne.
> Debout pour le dernier combat
> Contre Rome et contre la France !
> A bas le pape !..., *Pereat*
> Le Vatican et son engeance !

— Bravo ! bravo ! crièrent les buveurs.

— C'est nous, Hans, qu'on devrait charger de porter à Rome le denier de Saint-Pierre, dit l'homme à la robe de chambre à ramages.

— Si l'homme aux trois cheveux (M. de Bismark) voulait supprimer les couvents, ajouta un des joueurs, il n'aurait pas besoin de faire une loi: qu'il nous envoie seulement un petit mot.

Le chanteur reprit sur un ton gouailleur :

> Honneur au moine dont la main
> Tapissa de vignes le Rhin.
> La vigne que chante la Bible
> Rend le franc buveur infaillible.
> Vive, vive le vin,
> La bière et le raisin.

— Ta chanson donne soif, s'écrièrent les hommes en vidant leur verre. — A boire, tavernier du diable !...

— Il n'y a donc personne ici ?

Pasqui avait disparu dans la pièce voisine.

— A boire ! hurla le Samson en uniforme. Et cette oie, elle est donc bien longue à rotir ?

Une de ces servantes d'auberge qu'on appelle en allemand *Viehmagd* (servante pour le bétail) arriva avec une bouteille d'eau-de-vie, en jetant un regard soupçonneux de notre côté. Au lieu de remplir elle-même, comme c'est l'habitude, le verre des clients, elle déposa la bouteille au milieu de la table.

Aussitôt un grand silence se fit, et nous vîmes les buveurs diriger d'étranges regards vers la place que nous occupions.

Le commissaire, avec la prompte résolution d'un vieux général, s'élança à la porte, et dit d'un ton bref et énergique :

— Messieurs, vous êtes arrêtés.

Ces paroles firent l'effet d'un obus qui éclate. Tous se levèrent et se précipitèrent sur nous, en vociférant d'horribles menaces.

— Arrière, misérables ! Le premier qui frappe est mort, cria le commissaire en sortant un revolver de sa poche et, au même moment, il donna un coup de sifflet.

La bande furieuse s'arrêta, et aussitôt une douzaine de « schulzmanner » en uniforme, casque en tête et sabre au côté, descendirent comme une avalanche dans la cave.

Les buveurs avaient repris leur place autour de la table.

L'inspecteur leur demanda leur nom, leur domicile, leur profession. Ils répondirent pour la forme.

— Maintenant, sortons, fit le commissaire. Si vous résistez, on vous mettra les chaînes.

Ils obéirent sans répliquer. Quelques jeunes filles pleuraient et suppliaient qu'on ne les emmenât pas.

En dix minutes la cave fut évacuée.

Nous nous mîmes à la recherche de Pasqui. Il s'était blotti au fond de son lit, dans la pièce adjacente, qui servait de chambre à coucher et de cuisine. Sa femme, que l'embonpoint et la frayeur suffoquaient, nous disait en levant des bras désespérés : « Mon pauvre homme !... Il est malade ! C'est la fièvre... Ayez pitié de mon pauvre homme !...»

— Le coussin sur lequel il est couché est-il en duvet d'oie ? demanda l'inspecteur.

La grosse femme poussa un gémissement sourd et se laissa tomber sur une chaise.

— Pasqui, cria le commissaire en secouant le tavernier... Pasqui...

Un grognement sortit de dessous les couvertures.

— Pasqui, je vous ai assez averti. Votre cave sera fermée.

Nous nous retirâmes.

L'hôtesse nous courut après. Pendant qu'elle usait le reste de son éloquence pour attendrir l'inspecteur, j'examinais quelques gravures affichées près du comptoir. Une entre autres fixa particulièrement ma curiosité. C'était un tarif illustré de l'ivresse. A côté du prix que coûte chaque différent degré d'ébriété, on voit une image figurant l'état dans lequel on se trouvera après avoir bu le nombre de chopes indiqué.

Il y a l'ivresse de caporal (*caporalrausch*) qui coûte 2 francs ; à ce degré-là, on frôle les murs, « en disant des bêtises aux femmes. » L'ivresse d'étudiant (*studentrausch*) coûte 2 fr. 50 : on brise les vitres, on se bat avec des pieds de tabourets ; on a le cerveau en véritable ébullition. La « *saurausch* » (ivresse de cochon) est le nec plus ultra ; ce n'est pas seulement l'oubli, c'est l'abrutissement complet, c'est cet état ineffable de non-être célébré par la philosophie allemande et dont l'animal qui se nourrit de glands nous donne la parfaite image, quand il est vautré dans la fange, les yeux béatement clos, le ventre gonflé et luisant au soleil.

Devant l'inflexibilité de l'inspecteur, la *wirthin* désespérée s'était de nouveau affaissée sur un banc. Nous nous esquivâmes.

La colonne était déjà en marche, dans la direction du Molkenmarkt, où se trouve le dépôt de la préfecture de police. Le pas cadencé des « schutzmanner » attira quelques curieux aux fenêtres, mais dès qu'ils virent briller, à la lueur vacillante des becs de gaz, la pointe dorée des casques, ils se retirèrent furtivement.

— Je parie qu'après-demain, nous dit le commissaire, les journaux n'auront pas de vols à relater sur la place du marché. — Ne croyez cependant pas que les voleurs et les filous se réunissent toujours dans des « trous » comme celui dans lequel nous venons de descendre. Je connais, par exemple, dans la rue Stralau, un restaurant de premier ordre, avec des glaces et des dorures partout, des tapis sur les escaliers, des sommeliers en habit noir : c'est un infâme tripot ; les messieurs bien mis, bien peignés, avec chaîne d'or en sautoir, bagues aux doigts, les messieurs qui jouent au whist dans les salons, sont tous des grecs, des escrocs, des filous. Ceux qui se font appeler « comte » ou « baron » portent des titres imaginaires et usurpés ; cet autre qu'on appelle « monsieur le capitaine » a été renvoyé de l'armée pour dettes ou insubordination. L'étranger ou le naïf provincial qui s'aventure dans cette société-là en sort déplumé comme un pigeon des mains d'un cuisinier... Dans la rue Royale, il y a une confiserie d'apparence très-convenable, où l'honnête bourgeois qui prend son café l'après-midi ne se doute guère de ce qui se passe la nuit. Les pièces du fond servent de rendez-vous aux filous les plus habiles de la capitale, qui viennent y discuter la chance des coups qu'ils préparent. On reconnaît ces établissements à leurs annonces ; ils essayent d'attirer les clients par un « service piquant » (*Mit pikanter Bedenung* [1]).

Tout en causant, nous étions arrivés au bas de la rue Royale. Une horloge sonna une heure et demie du matin. Le vent avait cessé ; des gouttes de pluie tombaient. Une voiture vide passa en ce moment ; la Providence prend quelquefois les traits d'un cocher.

— A l'Orphéum ! cria le commissaire. Et il ajouta en s'asseyant au fond du fiacre : « J'ai le pressentiment que nous la trouverons. »

— Il s'agit donc d'une femme ? demanda mon compagnon, qui, en toute occasion et en tout temps, témoigne un vif intérêt pour le beau sexe.

— Oui, d'une fille, de la blonde Dora, — une des célébrités du monde galant de l'Orphéum, de la villa Colonna, de la villa Médicis, etc. Le fils d'un riche propriétaire des environs de Magdebourg est venu, il y a huit jours, à Berlin, acheter des meubles pour son père. A la table d'hôte il a fait la connaissance d'un monsieur décoré, qui l'a invité à souper avec des femmes. On l'a enivré de champagne, et, quand il s'est réveillé le lendemain, il n'avait plus ni montre, ni porte-monnaie, ni portefeuille. Il n'a pas revu le monsieur. D'après la description qu'il m'a faite d'une des

[1] C'est-à-dire un service de sommelières « très-piquantes. »

« soupeuses, » je suppose que Dora était de la partie. Une visite domiciliaire a eu lieu aujourd'hui chez elle, pendant son absence, mais n'a amené aucun résultat. J'espère être plus heureux en l'interrogeant moi-même, bien qu'elle soit rusée comme une pie, et fine comme l'ambre.

Au bout de vingt minutes, notre droshke s'arrêta devant un portail brillamment illuminé. Les sons étouffés d'un orchestre venaient jusqu'à nous. Ni Londres, ni Paris, ni aucune ville au monde, si ce n'est Vienne, ne possède un établissement aussi riche et aussi grandiose que l'Orphéum.

Mabille, comparé à l'Orphéum, n'est qu'un théâtre de banlieue comparé au nouvel Opéra. Il faudrait le crayon pour montrer cette profusion de glaces, de dorures, de peintures, de salles, de salons, de boudoirs, et cette merveilleuse enfilade de jardins avec des arbres illuminés à giorno, des cascades, des jets d'eau. Au milieu de ce luxe, de ces parfums, dans ce cadre changeant comme les décors d'une féerie, se promènent ou dansent, aux sons d'une musique voluptueuse, les prêtresses peu vêtues de l'amour païen. Leurs costumes sont complétement mythologiques. Quelques-unes, cyniquement étendues sur des divans, avec des chevelures qui retombent en flots dorés sur leurs épaules, ressemblent à Danaé attendant Jupiter. D'autres cherchent à attirer les regards en reproduisant dans leurs postures les fresques pompéiennes qui décorent la galerie : Jules Romain n'a rien inventé de plus brutalement obscène que ces compositions académiques.

Dans les loges qui se déploient autour de la salle, à une hauteur où l'œil indiscret ne peut atteindre, on entend des pétillements de champagne, des battements de mains, des éclats de rire. Nous traversâmes la première salle de danse dans toute sa longeur, en effleurant des robes de soies tissues d'or, des épaules et des bras nus.

L'inspecteur examinait attentivement les femmes qui allaient et venaient autour de nous comme un vol de papillons, ou qui s'épanouissaient sur les divans des salons, comme des fleurs toujours prêtes à se laisser cueillir.

— Je ne découvre pas la blonde Dora, nous dit-il d'un air légèrement dépité. Ah! elle a pris le large, il n'y a plus de doute, c'est elle qui est la voleuse, mais courez après!

Nous étions arrivés sur le seuil d'une petite pièce tendue de rouge, à l'ameublement rouge, et éclairée par une lampe au globe de cristal rouge. Des messieurs habillés à la dernière mode causaient avec des femmes qu'on eût prises pour des figurantes d'opéra, ou, assis à de petites tables, avalaient des huîtres et buvaient du champagne. On eût dit un tableau d'*Orphée aux enfers*.

Une de ces déesses propices aux faibles mortels nous frappa par l'impudeur de sa pose. Une tunique de satin bleu-pâle, montant jusqu'à la naissance des seins, laissait voir sa gorge rosée comme les glaciers au coucher du soleil. Sa chevelure blonde et bouclée avait des flamboiements sous les reflets rouges de la lampe. Ses yeux bleus comme le myosotis cachaient la perversité de Messaline sous la candeur de Marguerite. Serré dans une bottine de satin, son pied mignon avait de petits frémissements nerveux, trahissant l'impatience ou la contrariété.

— Quelle belle femme! s'écria mon compagnon. Et s'adressant à l'inspecteur, il lui demanda s'il la connaissait.

— Mais, répondit celui-ci après l'avoir regardée, c'est elle! oui, je ne me trompe pas, c'est Dora!

— La voleuse? oh! c'est impossible.

— Je vous jure que c'est elle. — Mais l'argent qu'elle a volé est sans doute déjà au diable

— Vous n'allez pas l'arrêter?

— Je fais les choses discrètement, vous verrez, répondit l'inspecteur à mon trop sensible compagnon.

Et, sans changer d'allure, il traversa le salon et alla s'asseoir à côté de la jeune femme. Elle vidait à longs traits un verre de champagne. Il me sembla voir la blonde buveuse de rosée de Hamon.

— Ne me reconnaissez-vous pas ? lui demanda l'inspecteur.

— Certainement, monsieur le commissaire, répondit-elle avec un sourire qui nous montra une rangée de perles. Que me voulez-vous ?

— Veuillez, s'il vous plaît, me suivre dans la pièce voisine.

Elle se leva sans répliquer, avec une douce nonchalance, en inclinant d'un air mélancolique sa belle tête au profil de Diane chasseresse.

— Dora, je vous arrête, lui dit l'inspecteur. Vous allez me suivre au Molkenmarkt.

— Pour quel motif ? demanda-t-elle d'une voix suffoquée, la poitrine haletante.

— Vous avez volé, la nuit dernière, deux mille thalers à un jeune homme de Magdebourg ; où est l'argent ?

Elle maîtrisa subitement son émotion. Un étonnement profond se peignit sur son visage.

— J'ai volé deux mille thalers ? Vous dites que j'ai volé deux mille thalers ? répliqua-t-elle en pesant sur chaque syllabe ; je ne comprends absolument rien à cette histoire.

— C'est bien. Vous vous expliquerez devant le juge d'instruction. Voulez-vous me suivre de bonne grâce, Dora ?

— Mais certainement, monsieur le commissaire, dit-elle en se retournant. Et d'un ton vif, elle ajouta : Vous êtes responsable de mon arrestation.

L'inspecteur s'inclina avec un sourire.

Un domestique tendit à la jeune femme un superbe manteau de velours, dans lequel elle s'enveloppa. Il n'y eut pas la moindre surprise à sa sortie. Les gens de l'établissement sont habitués aux scènes de ce genre.

Dora monta dans la voiture que l'inspecteur avait fait avancer. Elle se pencha encore à la portière, comme pour aspirer les dernières mesures de l'orchestre, qui expiraient dans le lointain, tristes comme un adieu.

— A la Prévôté ! cria le commissaire.

Le cocher fouetta son cheval avec vigueur. Dora retira rapidement sa tête blonde, et le droshke se perdit dans l'obscurité.

TABLE DES MATIÈRES.

PREMIÈRE PARTIE.

L'Allemagne du Sud et l'Allemagne centrale.

Pages.

I. — Qui n'a pas vu Berlin n'a pas vu l'Allemagne. — Le défaut de la cuirasse du colosse germanique. — Ulm. — Cathédrale et forteresse. — Le service militaire en Allemagne. — Vie de garnison 1

II. — Encore la forteresse. — L'Alpe-Rude. — Vieilles ruines et vieilles chansons. — Le Wurtemberg. — La vallée du Neckar. — Les chasseurs d'hommes 14

III. — Stuttgard. — Café des dames. — Le roi et la reine. — Le Château-Vieux. — Un menu wurtembergeois. — Le fils de Schiller 19

IV. — Le *Burger Museum*. — Son jardin d'été. — Comment on se marie dans l'Allemagne du Sud. — M. Karl Mayer. — Le Sud lors de la déclaration de guerre. — Les écoles. — Village français 29

V. — Les fêtes de Stuttgard. — Un palais des *Mille et une nuits*. — Le bal de la Wilhelma. — La revue 35

VI. — Les Vénus de Rosenstein. — Le sérail du duc Charles.

— Ludwisgsbourg. — Trait de bravoure du prince Napoléon. — Heilbronn. — Heidelberg...................... 44

VII. — Une ville universitaire. — Les étudiants. — *Verein* et *Burschenschaft*. — Un *Commers*. — Les *Renards*. — Chants d'étudiants. — Le *Landesvater*. — Cavalcade des *Fuchs*. — La fin de l'orgie................................... 51

VIII. — Le vieux Francfort n'est plus. — L'ancienne et la nouvelle ville. — La maison paternelle de Gœthe. — L'enfance du poëte. — Le jardin des Palmiers. — Le faubourg de Sachsenhausen. — Le drapeau rouge à Francfort......... 58

IX. — M. Jules Favre à Francfort. — Francfort et Stuttgard. — M. Sonnemann. — La *Lanterne de Francfort*. — La perruque parlementaire de M. de Bismarck. — L'*hôtel de la Justice*. — Beaux traits de l'occupation prussienne........ 70

X. — Wiesbade depuis la guerre. — La demeure de l'empereur. — Les courses en Allemagne. — L'éventail de Guillaume IV. — On boit du lait............................. 77

XI. — Les fêtes de la Pentecôte. — Festins champêtres. — L'idée de la revanche. — Eisenach. — La Wartbourg. — Sainte-Élisabeth. — Luther.............................. 82

XII. — Le mont de Vénus. — Un couple allemand. — Le parc de Fridrichshein. — Collections curieuses. — La maison Justus Perthes. — Les hommes à queue. — Ce qu'il faut pour être belle. — L'*Almanach de Gotha*, journal de modes. — L'*Almanach* et l'empereur............................ 93

XIII. — Weimar est une ville. — Le duc Charles-Auguste — Les joyeuses années de Gœthe. — Gœthe acteur et directeur de théâtre. — Gœthe propriétaire. — Gœthe et Napoléon. — La vieillesse de Gœthe. — La maison de Schiller. 107

XIV. — Première vision de la Prusse. — Un peu de cuisine. — La vie de famille. — Un peu de politique. — Leipzig. — La haine de la France. — Le bilan intellectuel de l'Allemagne. — La librairie allemande. — La foire de Leipzig. — La Bourse. — La cave d'Auerbach...................... 121

XV. — Une journée à l'Université de Leipzig. — La république académique, ses lois, ses coutumes. — Les professeurs allemands.. 135

VI. — Le socialisme en Allemagne. — Une visite au tourneur Bebel. — Le député Liebknecht. — Son *Histoire de la révolution française*. — Ce que sera la grande révolution allemande.. 144

DEUXIÈME PARTIE.

Berlin et les Berlinois.

LA CAPITALE DES MILLIARDS.

1. — De Leipzig à Berlin... 155
2. — Premier aspect... 159
3. — Sous les Tilleuls... 165
4. — Les statues... 177
5. — L'Arsenal.. 180
6. — Le Château-Vieux... 189
7. — Le Musée... 199

LA FAMILLE IMPÉRIALE.

1. — Une visite au palais de l'empereur............................. 209
2. — L'impératrice Augusta.. 227
3. — Le prince de la couronne....................................... 233

M. DE BISMARCK.

La Maison de Bismarck.. 242

LES FINANCES.

La Bourse.. 250

L'ÉDUCATION.

1. — L'Université... 262
2. — Les écoles... 287

	Pages

LA GUERRE.

1. — Le grand état-major.................................... 287
2. — M. de Moltke.. 287

LA POLITIQUE.

Une séance du parlement.................................... 298

LA PRESSE.

Journaux et journalistes.................................... 318

LA MISÈRE ET LE CRIME.

Le dessous de Berlin.. 348

Clichy. — Impr. Paul Dupont, rue du Bac-d'Asnières, 12. (550, 5-5.)

EN VENTE A LA MEME LIBRAIRIE

ANCELOT
Un Salon de Paris (1824 à 1864), 2ᵉ édition, avec eaux-fortes, 1 fort vol. gr. in-18............ 5 »

ED. DE BARTHÉLEMY
Les Amis de madame de Sablé, 1 vol. in-8º................ 6 »
Armorial général de la noblesse de d'Hozier, 1 vol. in-8º........ 8 »

Cte BEUGNOT
Mémoires (1783-1815), publiés par son petit-fils le comte ALBERT BEUGNOT, 2 vol. in-8º........ 12 »

BIGNON
Souvenirs d'un diplomate (1811-1813) avec une préface par M. Mignet, 1 fort vol. grand in-18........ 3 50

DE BOURGOING
Souvenirs d'histoire comtemporaine. Episodes militaires et politiques. 1 vol. in-8º................ 7 »

MARQUIS DE BOISSY
Mémoires (1798-1866), rédigés d'après ses papiers, par PAUL BRETON, 2 vol. in-8º........ 10 »

D'ALBANÈS-HAVARD
Voltaire et Madame du Châtelet. Souvenirs intimes, 1 volume grand in-18................ 3 »

C. DESNOIRESTERRES
Les Cours galantes. Histoire de la société polie du XVIIIᵉ siècle, 4 vol. in-18............ 12 »

DANIELO
Conversation de Châteaubriand, 1 vol. in-8º................ 6 »

PH. AUDEBRAND
Souvenirs de la tribune des journalistes (1848-1851), 1 volume grand in-18................ 3 »

DE LESCURE
Nouveaux Mémoires du maréchal duc de Richelieu (1696-1788), 4 vol. grand in-18 jésus........ 14 »

CHAMPFLEURY
Souvenirs et portraits de jeunesse. 1 vol. gr. in-18............ 3 50

F. DE LAMENNAIS
Œuvres inédites.
mélanges philoso...
A. Blaise, 2 vol....

A. DE LAMARTINE
Fior d'Aliza. Nouvelles confidences. 1 vol. gr. in-8º............ 6 »

MADAME ÉLISABETH
Mémoires et correspondance, publiés par F. de Barghon-Fort-Rion, 1 vol. in-8º................

GAILLARDET
Mémoires sur la chevalière d'Eon; la vérité sur les mystères de sa vie d'après des documents inédits, 1 vol. in-8º................ 6 »

MARIE-ANTOINETTE
Correspondance inédite, publiée les documents originaux par le comte Paul Vogt d'Hunolstein, 5ᵉ édition, 1 vol. in-8º avec portrait et fac-simile................

MARIUS TOPIN
L'Homme au masque de fer, 1 vol. in-18................ 3 50

DE NOAILLES
Anne-Paule-Dominique de Noailles, marquise de Montagu. Souvenirs de famille, 5ᵉ édition, 1 volume grand in-18................ 3 »

ALF. MICHIELS
Histoire des idées littéraires au XIXᵉ siècle, 4ᵉ édition, 2 volumes in-8º................ 12 »

RAUDOT
Napoléon Iᵉʳ peint par lui-même, 1 vol. gr. in-18............ 3 »

CH. PAUL DE KOCK
Mémoires inédits, écrits par lui-même, 1 volume grand in-18 jésus, avec portrait............ 3 50

MARQUIS DE VALFONS
Mémoires et souvenirs du règne de Louis XV, 1 vol. gr. in-18....

MARQUISE DE LAROCHEJACQUELEIN
Mémoires sur les guerres de la Vendée, 2 vol. gr. in-18 jésus, ornés de gravures et cartes........ 6 »

DE TALLEYRAND
Souvenirs intimes, recueillis par Amédée Pichot.............. 3 50

Clichy.—Impr. P.

www.ingramcontent.com/pod-product-compliance
Lightning Source LLC
Chambersburg PA
CBHW050431170426
43201CB00008B/628